Die Stargate-Verschwörung

Andreas v. Rétyi

Die Stargate-Verschwörung

Geheime Spurensuche in Ägypten

JOCHEN KOPP VERLAG

Satz und Layout: Bürodienstleistungen Rose Rauch, Rosenfeld.
Druck und Bindung: Wiener Verlag, Himberg.

ISBN 3-930219-33-6

Gerne senden wir Ihnen unser Verlagsverzeichnis:
Kopp Verlag
Graf-Wolfegg-Straße 71
D-72108 Rottenburg
E-mail info@kopp-verlag.de
Telefon (0 48 45) 79 04-0
Telefax (0 48 45) 79 04-11

Unser Buchprogramm finden Sie auch im Internet unter:
http://www.kopp-verlag.de

Inhalt

Anstelle eines Vorworts

»Leserbrief«

Ein Brief an meine Leser

Als ich mich entschloss, dieses Buch zu schreiben, ahnte ich, dass ich mich auf ein Abenteuer einlassen und gleichzeitig auch Ihnen, meinen Lesern, ein solches zumuten würde. Ich habe »riskiert«, anhand unzähliger Informationen, wie ich sie im Verlauf der Jahre gesammelt habe, einmal laut nachzudenken und diese Gedanken hier weiterzugeben – teils fast im Sinne eines Gedankenexperiments. Diese Informationen und Fakten fügten sich im Zuge der Recherchen zu einem ungewöhnlichen und doch bestechend einheitlichen Gesamtmuster. Seltsamerweise fand sich alles immer genau im richtigen Moment. Als sich während der Arbeit viele jener Querverbindungen und Hintergründe wie von selbst auftaten, konnte ich mich gelegentlich des unsinnigen Gefühls nicht erwehren, jemand anderes schreibe dieses Buch.

Es ist letztlich unmöglich, die Grundthese wirklich zu beweisen. Um diese definitiven Beweise zu liefern, müsste ich selbst zum engen »Zirkel der Verschwörer« zählen. Doch dann würde oder könnte ich sicherlich überhaupt nichts berichten! Es ist ein schwieriges, sogar gefährliches Thema. Gleich wie, ich denke dennoch, die geschilderten mysteriösen Ereignisse, die nachweislich vielerorts um ägyptische Rätsel stattfindenden Vertuschungen und Verfälschungen sprechen eine sehr deutliche Sprache: Geheimniskrämerei an allen Ecken und Enden! Besonders heute tun wir uns natürlich sehr schwer damit, hinter die Kulissen zu blicken. Die Technik ist selbst für Experten großteils undurchschaubar geworden, wir werden von Eindrücken überflutet und haben keine Zeit mehr. Über allem merken wir schon lange nicht mehr, dass die Welt, in der wir leben, in Wirklichkeit eine ganz andere ist. Dies liegt ganz im Interesse einiger weniger Mächtiger, die wirklich wissen, was auf diesem Planeten so alles geschieht. Mir ist das unter anderem schon bei meinen langjährigen Recherchen zur »Geheimbasis Area 51« immer wieder aufgefallen.

Was beabsichtige ich nun mit »Die Stargate-Verschwörung«? Gleich vornweg gesagt: Ganz bestimmt ist mir nicht gelungen, die Rätsel dieser Welt zu lösen; dies auch nur im Entferntesten anzunehmen, wäre natürlich reinster Größenwahn meinerseits. Ich habe gerade einmal hier und da ein bisschen an der Oberfläche kratzen können. Doch schon dabei ist Verblüffendes ans Licht gedrungen. Ich möchte Ihnen auf den folgenden Seiten anhand sehr ungewöhnlicher und mysteriöser Vorgänge und Fakten zeigen, wie etliche scheinbar komplett verschiedene Rätsel äußerst fein miteinander verwoben sind. Ich möchte Ihnen zeigen, welche Bedeutung das alte Ägypten noch heute für geheime Organisationen hat, die unter Ausschluss der Öffentlichkeit mit großem Aufwand und Interesse dort herumschnüffeln. Und ich möchte Ihnen einige Informationen vorlegen, die dafür sprechen, dass die Geschichte schon in der »Steinzeit« verfälscht wurde und unsere Zukunft an einigen Orten der Erde bereits begonnen hat.

Bei meiner Darstellung muss ich mich oft auf die Aussagen von Zeugen verlassen, auf Indizien, auf alte Überlieferungen, auf mysteriöse Vorfälle, auf unkonventionelle wissenschaftliche Ideen, auf ungewöhnliche Schlussfolgerungen und auf erstaunliche Fakten. Obwohl so viele unabhängige Quellen aufeinander stoßen, fügt sich alles zu einem sehr einheitlichen Bild, nämlich dass im alten Ägypten ein noch heute brisantes Geheimwissen gehütet wurde, dass dort Spuren zweier technologischer Kulturen zu finden sind und dass das Militär und hochgeheime Kreise in verdeckten Unternehmungen versuchen, das uralte Wissen für sich wiederzugewinnen – mit Hilfe utopisch wirkender Technologien.

Ich möchte Sie aber nicht zuletzt auch dazu anregen, selber unkonventionelle Gedanken aufzugreifen, in neuen Kategorien zu denken und dann und wann den Blick zu öffnen für Möglichkeiten, die dem vielzitierten »gesunden Menschenverstand« unmöglich erscheinen. Ich möchte Sie dazu ermuntern, nicht alles als gegeben hinzunehmen, was uns gesagt wird. Ganz bestimmt wittere ich nicht hinter allem und jedem eine Verschwörung. Aber, ist es nicht besser, präventiv ein wenig misstrauisch zu sein als naiv und blauäugig durch die von Menschen geformte Welt zu gehen? Stellen Sie alles in Frage! Alles, was ich schreibe, doch ebenso alles, was offiziell gesagt wird! Wenn Sie aber nach der Lektüre dieses Buches vielleicht doch ein wenig ins Grübeln gekommen sind und sich öfters fragen, ob denn unsere Welt, ob das uns offiziell vermittelte Bild nicht eine Kulisse und das scheinbar Unmögliche nicht vielleicht doch möglich sein kann, dann – so meine ich – hat sich dieser ungewöhnliche Ausflug schon gelohnt!

Andreas v. Rétyi

im »Frühjahr der Zukunft«

1.

Spurensuche

Am frühen Abend des 20. April 1959 fand man im Park von Dade County, Florida, einen sterbenden Mann. Er atmete nur noch ganz schwach und lag bewusstlos über dem Lenkrad seines Kombis. Durch einen Spalt im Fenster führte ein Schlauch vom Auspuff ins Wageninnere – das typische Arrangement einer finalen Verzweiflungstat. Niemand kann heute noch sagen, wann der unglückliche Mensch seinen letzten Atemzug tat, doch muss es sehr bald geschehen sein, vielleicht schon auf dem Weg ins Krankenhaus. Später behaupteten einige, die den Verstorbenen kannten, es habe sich wohl nicht um Selbstmord gehandelt. Gleich wie, es stand schnell außer Zweifel, dass dieser Todesfall im Licht sehr ungewöhnlicher Ereignisse stand.

Der Tote war ein gewisser Dr. Morris Ketchum Jessup, Astronom und Mathematiker. Jessup war ein vielseitig interessierter Mann, der sich auch nicht scheute, über ungewöhnlichere Phänomene nachzudenken. Er nahm an Expeditionen durch den mittelamerikanischen Dschungel teil und erforschte die Tempelruinen der Maya, wobei er als einer der ersten vermutete, dass diese Bauten nicht allein von Menschenhand errichtet worden sein konnten. Jessup schrieb mehrere Bücher über das Rätsel der fliegenden Untertassen und versuchte in seinem 1955 erschienenen Werk »Was für die UFOs spricht« (»The Case for the UFO«) einen Gesamtüberblick über dieses Phänomen zu geben. Immer wieder betont er darin die Wichtigkeit, weiter nach einer großen Vereinheitlichten Feldtheorie zu forschen, die Albert Einstein bislang vergeblich zu finden versucht hatte und auch nicht mehr finden sollte. Das im Alter als das »Gewissen der Welt« bezeichnete Physikergenie starb im April desselben Jahres, in dem Jessups Buch erschien. Jessup war sich sicher, dass die verzweifelt gesuchte Theorie das Rätsel des Antriebs jener unbekannten Flugobjekte birgt.

Morris Ketchum Jessup

Titel eines UFO-Buches aus Jessups Feder

Mit seinem Buch aber ist noch eine besondere Geschichte verbunden, eine Geschichte, die wahrscheinlich gleich ein ganzes Bündel an gewaltigen Rätseln umfasst. Gegen Ende Juli 1955 nahm die Sache ihren seltsamen Anfang, als ein Exemplar des Jessup-Buches bei Admiral Furth, dem Chef des Marineforschungsbüros (dem *Office of Naval Research, ONR,* in Washington) eintrudelte – der Absender hüllte sich vornehm ins Dunkel der Anonymität. Der Poststempel verriet immerhin, dass das Päckchen in Seminole, einem Ort in Texas aufgegeben worden war. Mehr ließ sich nicht herausfinden. Viel interessanter aber: Die Seiten dieses Buchexemplares wimmelten nur so von Anmerkungen, die mit verschiedenfarbigen Stiften, aber offenbar von einer einzigen Person, angebracht worden waren. Was wollte das Navy-Büro mit einem bunt vollgekritzelten UFO-Buch? Immerhin, den drei ONR-Leuten Ritter, Sherby und Hoover schien das Ganze immerhin interessant genug, um sich näher damit zu befassen und auch einmal den Autor des Werkes zu sich einzuladen. Jessup war natürlich verblüfft über das alles, vor allem die Randbemerkungen versetzten ihn zunehmend in Staunen. Wer immer sie angebracht hatte, musste einiges über die unerklärlichen Erscheinungen am Himmel wissen, und nicht nur darüber. Es gab da einen Zusatz, der das Interesse aller in besonderem Maße weckte. Darin ging es um ein streng geheimes Marineexperiment aus dem Jahr 1943, bei dem ein Zerstörer der US-Marine, die (DE173) USS *Eldridge*, angeblich unsichtbar gemacht wurde. Das eigentliche Ziel war gewesen, das Kriegsschiff voll und ganz in ein Magnetfeld zu hüllen und damit der damals gerade frisch entwickelten Technik der Radar-Ortung zu entziehen. Doch geschah offenbar noch etwas ganz anderes bei diesem Versuch – ein Durchbruch durch das Raum-Zeit-Kontinuum, bei dem das Schiff samt Mannschaft sich wirklich auflöste. Und – ob nun bei diesem oder einem zweiten Experiment ist unklar – die *Eldridge* soll auch teleportiert worden sein und etliche hundert Meilen entfernt vor Norfolk, Virginia, wieder aufgetaucht sein.

Als Morris Jessup die Anmerkungen in seinem Buch las, glaubte er die Handschrift wieder zu erkennen. Sie war die gleiche wie in Briefen, die er kurz zuvor von einem rätselhaften Mann erhalten hatte, der sich Carl M. Allen nannte oder auch Carlos Miguel Allende – so sollen ihn während seiner wiederholten Reisen nach Mexico die dortigen Zigeuner »getauft« haben. Allen behauptete, das Experiment als Augenzeuge von einem anderen Schiff aus, der S.S. *Andrew Furuseth*, vollständig verfolgt zu haben. Tatsächlich soll das folgenschwere Experiment unter dem Codenamen »Project Rainbow« gelaufen sein; da die *Eldridge* aber im Marinestützpunkt von Philadelphia stationiert war, ist die unglaubliche Geschichte als das »Philadelphia-Experiment« in die Annalen des Unerklärlichen eingegangen. Allen schrieb wiederholt an Jessup. Die beiden Männer trafen sich allerdings nie persönlich. Der mysteriöse Zeuge erklärte schlicht und ergreifend, dass Einstein seine angeblich nie vollendete Einheitliche Feldtheorie in Wirklichkeit bereits in den zwanziger Jahren abgeschlossen habe und das Philadelphia-Experiment eine praktische Anwendung davon sei, wenn auch mit einem völlig unerwarteten, sehr weitreichenden Resultat. In einem flapsigen, manchmal bewusst provokativen Ton und einer chaotischen Rechtschreibung, mit der er vielleicht einer möglichen späteren Identifizierung seiner Person durch stilistisch-orthographische Übereinstimmungen vorbeugen wollte, klärte Al-

len den amerikanischen Astronomen über einige weitere Hintergründe des Experiments auf. Das sah dann in etwa so aus:

»Mein Lieber Dr. Jessup,
Ihr Aufruf an die Öfentlichkeit, ihre vertreter en masse zu mobilisiren ... dass sie ein Gesetz zur erforschung an Dr. Allbert Einsteins einheitlicher Feldtheorie (1925–1927) heruasgeben, IST ganz und gar NICHT NÖTIG. Es mag sie interessiren, zu erfahren, das der gute Doktor nicht so sehr von der Matematik geleitet war wie viel mehr von der Humanik, als er seine Arbeit zurückzog. Das Result seiner spätren Berechungen ... entpörte ihn. Darum wird uns heute gesagt diese Theorie war nicht beendet worden. Dr. B. Russell Behauptet privat dass sie beendet ist; er sagt auch das der Mensch für sie nicht reif Ist und das auch bis nach dem III. Weltkrieg sein wirt.«

Ungefähr in diesem Stil geht es weiter. Allen(de) nennt einen Wissenschaftler namens Dr. Franklin Reno, dessen Ergebnisse für das Projekt benutzt worden seien. Die Marine fürchte sich aber trotz guter physikalischer Resultate und gruppentheoretischer Wiederdurchrechnung, diese Ergebnisse anzuwenden. Allen versichert daher:

»Das Resultat war und ist heute der Beweis, dass die Einheitliche bis zu einem gewissen Grad tatsächlich stimmt. Jenseits dieses gewissen Grades wird keine Person, die bei allen Sinnen ist oder überhaupt einen Sinn hat, noch wagen, weiter zu gehen ... Das Ergebnis war die totale Unsichtbarkeit eines Schiffes

vom Typ eines Zerstörers auf See sowie seiner kompletten *Besatzung (im Oktober 1943). Das Magnetfeld hatte die Form eines Rotationsellipsoids und reichte um die hundert Meter ... weit von beiden Seiten des Schiffes. Alle Personen, die sich in diesem Feld aufhielten, hatten nur noch verschwommen erkennbare Umrisse. Sie sahen aber alle, die an Bord waren, im offensichtlich selben Zustand und zudem so, als würden sie in der Luft gehen oder stehen. Niemand außerhalb des Magnetfeldes konnte irgendetwas sehen außer dem* scharf begrenzten Abdruck des Schiffrumpfes im Wasser, *natürlich nur unter der Voraussetzung, dass sich die betreffende Person nahe genug, aber gerade außerhalb des Magnetfeldes befand.*
Warum ich Ihnen das heute erzähle? Ganz einfach: Wenn Sie Ihren Verstand verlieren wollen, dann geben Sie diese Information preis. Gegenwärtig ist die Hälfte der Offiziere und Besatzungsmitglieder jenes Schiffs völlig durchgedreht. Manche werden sogar heute noch in entsprechenden Anstalten verwahrt, um geschulte wissenschaftliche Hilfe zu erhalten ...«

Allen beschreibt nun ausführlich, welche Auswirkungen die Matrosen an Bord der Eldridge durch das Experiment zu spüren bekamen. Einige »schwebten« ab, wurden also unsichtbar, andere blieben im Kraftfeld stecken und wurden regelrecht darin »eingefroren«. Es gab Besatzungsmitglieder, die – so erklärte Allende – durch Stahlwände verschwanden, mit dem Metall verschmolzen oder Feuer fingen. Niemand hatte offenbar damit gerechnet, dass die Schaffung eines kräftigen Magnetfeldes neben der gewünschten Wirkung von »Stealth«-Eigenschaften im Sinne einer Tarnkappe noch viel weitreichendere und markerschütternde Auswirkungen haben würde.

In seinem ausführlichen (zweiten) Brief gab Allen noch einige Hinweise, wo Jessup suchen und nachforschen solle, um weitere Bestätigungen für den Vorfall zu erhalten, und beschließt seine Schilderung nicht ohne nochmal auf Jessups so sehnlichen Wunsch anzuspielen, die Suche nach der Vereinheitlichten Feldtheorie anzutreiben:

»Ich bitte Sie, diese wenigen Nachforschungen durchzuführen, damit sie an Ihrer eigenen Zunge ersticken, wenn Sie daran denken, was Sie da zum ›Gesetz machen‹ gedrängt haben.
Missachtungsvoll Ihr Carl M. Allen.«

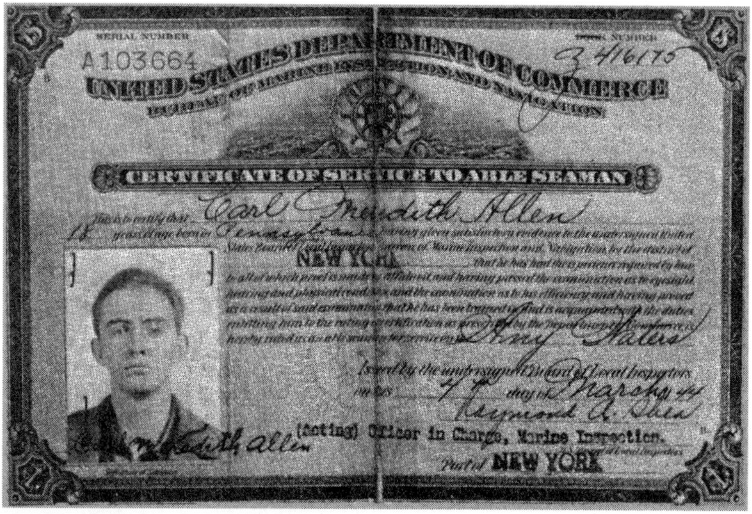
SERIAL NUMBER
A103664
Z 416175
UNITED STATES DEPARTMENT OF COMMERCE
BUREAU OF MARINE INSPECTION AND NAVIGATION
CERTIFICATE OF SERVICE TO ABLE SEAMAN
Carl Meredith Allen
NEW YORK
(Acting) Officer in Charge, Marine Inspection.
Port of NEW YORK

Abbildung oben:
Carl M. Allen als junger Mann auf einem Marinedokument

Abbildungen links und unten:
Fotos eines alten Mannes, der sich als Allende ausgab

Eine zynische Bemerkung, wie sie wohl aus dem schockierenden persönlichen Erlebnis um das Philadelphia-Experiment resultierte, nachgerade zynisch auch, wenn wir einmal an die Todesart Jessups denken. Hatte sein unnatürliches Ende irgendetwas mit den Enthüllungen Allens zu tun? Ohne jede Frage veränderte sich der Astronom seitdem auf bemerkenswerte Weise. Später charakterisierte einer seiner engsten Freunde, Dr. Ivan Sanderson, ihn als einen »überschwenglichen Enthusiasten ... fast zu enthusiastisch und von seinen Theorien überzeugt.« Der radikale Wechsel kam mit den Allende-Briefen. Von dieser Zeit an zog Jessup »alles in Zweifel«. Dass das kein zufälliges Zusammentreffen von Ereignissen war, machte Jessup selbst deutlich. Sanderson erinnerte sich genau: »Als wir das letzte Mal zusammen waren, sagte er, er könne einfach nicht ›kosmisch‹ denken und machte mir klar, dass die in den Briefen von Allende geäußerten Gedanken sowie die Randbemerkungen im Buch über sein Fassungsvermögen hinausgingen und sich über alles hinwegsetzten, was er sich an Wissen angeeignet zu haben glaubte.« Wie Sanderson feststellte, war sein Freund seit dem Allende-Kontakt »völlig mystifiziert«, meinte aber selbst ebenso, dass in den Briefen viel zu viel an Information enthalten sei und man dieses Material nicht einfach ignorieren könne. Das große Problem an der Sache war: Zwar ließen sich etliche Angaben Allens durchaus nachprüfen und sogar bestätigen, zum Beispiel die Existenz der *Eldridge* sowie auch seine persönliche Anwesenheit auf der *Andrew Furuseth*, doch im Grunde blieb eben Allen der einzige Zeuge für den enormen, alles übersteigenden Vorfall.

Allerdings haben sich mittlerweile einige weitere Dinge zugetragen, die dafür sprechen, dass Carl M. Allen alias Carlos Miguel Allende die Wahrheit sagt und dass hochgeheime Experimente mit Raum und Zeit durchgeführt wurden und immer noch durchgeführt werden.

Die Zeit, genauer gesagt, die Ehe aus Raum und Zeit, spannt den Roten Faden, an dem sämtliche Ereignisse der irdischen und kosmischen Geschichte wie auf einer unendlich langen Wäscheleine schön hintereinander »aufgehängt« sind. Normalerweise kommt nichts in Unordnung – außer, wenn jemand entsprechend von außen eingreift, so, wie es wohl beim Philadelphia-Experiment unerwarteterweise geschah. Oft wird gefragt, wer denn eigentlich diese Welt beherrscht, wer unseren Planeten beherrscht. Natürlich sind es diejenigen, die in der Raumzeit herrschen – das war immer so. Wer aber herrscht in der Raumzeit? Ganz gewiss sind es diejenigen, die auch die Raumzeit *beherrschen*. Insofern ist es kein Wunder, wenn Menschen immer schon danach strebten, in dieser »Übung« erfolgreich zu sein – denken wir nur an die Wünsche der Alchimisten und ihr Lebenselixier! Spätestens seit einem erfolgreichen Raumzeit-Experiment im Sinne von »Philadelphia« müssten bestimmte Gruppen, allen voran geheime Institutionen der Regierung und des Militärs und mit allem mehr oder minder verbunden auch andere »geheime Zirkel« ein vorrangiges Interesse daran haben, auf diesem Gebiet weiterzukommen und eventuelle Fähigkeiten zu kultivieren. Plötzlich gebe es praktisch überhaupt keine Barrieren mehr, vor allem (leider) für das Militär. Eine Macht, die imstande ist, ganze Flottenverbände zu teleportieren, durch die Zeit zu reisen und unsichtbar überall präsent zu sein, ist beinahe allmächtig. Keine Frage, dass militärische Kreise selbst bei den kleinsten Anzeichen für eine Chance, an diese Macht zu gelangen, alles daran setzen und demnach fieberhaft daran arbeiten dürften, um dieses Ziel auch wirklich zu erreichen.

Sicherlich werden Sie das nun alles schön und gut finden – oder eher einigermaßen unheimlich und schlecht! – sicherlich werden Sie aber auch mit der berechtigten Frage schwanger gehen, was nun dies alles eigentlich mit dem Thema dieses Buches zu tun hat, mit Geheimnissen im alten Ägypten und den Hinweisen für eine Verschwörung, die sich merkwürdigerweise entlang der Nilufer abzuspielen scheint. Auf den ersten Blick lässt sich tatsächlich überhaupt kein Zusammenhang aufspüren. Doch, gönnen wir uns einen zweiten, etwas tieferen Blick. Lassen Sie uns gemeinsam das hohe Schilfgras ein wenig zur Seite schieben und nachsehen, was dahinter steckt. Dabei ist uns so manche Überraschung garantiert! Stück für Stück kristallisiert sich hier nämlich heraus, dass die *Zeit*, vielleicht eines der größten Phänomene überhaupt und mitverantwortlich für viele offenbar unergründliche Rätsel, eine buchstäblich übergreifende Rolle spielen dürfte.

Um zu erkennen, welche Verbindungen zwischen scheinbar völlig bezuglosen Ereignissen und Fakten existieren, müssen wir uns nur – ein wenig *Zeit* nehmen! Dann werden wir auch feststellen, dass in Ägypten einiges mit der Zeit nicht stimmt, dass dort manches geschehen ist und geschieht, was nicht ins übliche Bild passt; wir werden erkennen müssen, dass hier auch bestimmte Informationen verborgen gehalten werden – schon sehr lange – für die wohl nicht einmal unsere Zeit reif zu sein scheint. Wir werden sehen, dass sich dann und wann auch gewisse Organisationen für gewisse Dinge im Land am Nil interessieren, Gruppierungen, die wir wohl dort am wenigsten vermuten würden. Und wir werden sehen, dass diese Kräfte offenbar darum bemüht sind, einige Informationen nie ans Tageslicht kommen zu lassen.

Riskieren wir, bevor wir dann ans berühmte »Eingemachte« gehen, einmal einen kurzen verschämten Blick zurück, in die lange und unvergleichlich beeindruckende Geschichte Ägyptens und seiner Erkundung durch Heerscharen von Archäologen.

Wer sich mit Ägypten auseinandersetzt, spürt vom ersten Moment an jenes unvergleichliche Gefühl für Abenteuer und für ein einzigartiges Mysterium, für das ewige Rätsel dieser alten Kultur. Dieses Land begeistert jeden. Die alten Stätten und riesigen Tempelanlagen reihen sich unter die hartnäckigsten und größten der ungelösten Menschheitsrätsel. Sie wirken wie unverrückbare Felsen in der Brandung der Zeit.

Im Verständnis der alten Ägypter spielte Zeit eine ganz zentrale Rolle. Nicht umsonst drehten sich die Riten und Bräuche oft um nichts anderes. Der gesamte Totenkult war darauf ausgerichtet, die Zeit zu beherrschen und sich weitgehendst auf den für jeden Erdenbürger unausweichlichen Augenblick vorzubereiten, den ein intelligenter Mann einmal als die »Geburtsstunde der Ewigkeit« bezeichnet hat. Für die Ägypter war klar, dass die Zeit das Einzige ist, was nicht altert. Und sie suchten etwas, das es ihr gleichtun sollte: das ewige Leben. Wie Sie noch sehen werden, verbinden sich das Phänomen »Zeit« und das Phänomen »Ägypten« noch in einer ganz anderen, unerwarteten und mehr als aussergewöhnlichen Weise.

Der Morgen dieser grandiosen und mit Mythen förmlich beladenen Kultur liegt weit zurück. Schon in der Mittel- und Jungsteinzeit hinterließen die Ägypter genügend Spuren in Form von Felszeichnungen und Gebrauchs- beziehungsweise Kunstgegenständen, die uns, den verblüfften Beobachtern von heute, ganz deutlich vors Auge führen, dass sich damals eine begabte und vielseitige Kultur zu entwickeln begann. Doch in dieser Dämmerphase erster ägyptischer Zivilisation ging alles noch einigermaßen langsam voran. Dann aber, ganz unglaublich plötzlich, war die ägyptische Kultur da. So ungefähr um 3000 vor Christus gab es etwas, das wir fast als eine Art kulturelle »Explosion« bezeichnen könnten – nicht das blaue Wunder, sondern das »ägyptische Wunder«. Tatsächlich haben auch bis ins Mark konventionell orientierte Fachleute in diesem Zusammenhang nicht selten schon von einem »Wunder« gesprochen, so schnell blühte diese Kultur damals auf, vor rund fünftausend Jahren. Archäologen murmelten sogar schon von einer Art »Mutation«, die damals zur plötzlichen Entstehung der Hochkultur am Nil geführt haben müsse! Sicher war das in einem übertragenen Sinne gemeint, aber die Wortwahl zeugt von kopfschüttelndem Staunen! Offenbar gab es da wirklich einen göttlichen Schöpfungsknall. 3000 v. Chr. war mit einem solchen »Knall« auch die Hieroglyphenschrift da, anscheinend wiederum ziemlich schlagartig. Sie schien überhaupt keine wesentlichen Entwicklungsstufen durchgemacht zu haben: Gleich als Dreingabe für die 1. Dynastie lagen auch die rund tausend verschiedenen Hieroglyphen auf dem Tisch. Es ging sowieso alles wie mit einem grandiosen Paukenschlag los. Der legendäre König Meni schloss damals Ober- und Unterägypten zusammen und schmückte sich sogleich mit der ebenso berühmten Doppelkrone, ägyptisch *pschent*, die die Symbole beider Reiche vereinte. Sie setzte sich aus der Roten Krone des Deltagebietes zusammen, die ein Kobrakopf zierte, und der oberägyptischen Weißen Krone, die einer Mitra nicht unähnlich war und einen Geier als Totemtier trug. Meni, besser bekannt in der ans Griechische angelehnten Form Menes, ist eigentlich nur so etwas wie ein Oberbegriff oder die »Standardbezeichnung« für den Namen des Königs, der die beiden Reiche einte. Wie dieser König aber in Wirklichkeit hieß, kann heute offenbar niemand mit Sicherheit sagen, vielleicht war es Narmer, vielleicht aber auch Aha (der allerdings nichts mit dem gleichnamigen Effekt zu tun hatte).

In jedem Falle herrschte dieser König in Memphis, südlich der heutigen Millionenstadt Kairo, und ließ Ägypten zu einer beeindruckenden Macht werden. Da die ersten Könige der Stadt Thinis entstammten, wird die Zeit der 1. und 2. Dynastie als Thinitenzeit bezeichnet oder auch als die Zeit der Thinitenherrscher. Damals schon existierte eine Stadt, die Ihnen in diesem Buch noch oft begegnen wird, denn sie birgt ein wahrlich wundersames Geheimnis. Ich meine *Abydos*, jene alte Totenstadt – oder, wie Fachleute zu sagen pflegen: Nekropole – zwischen Asyût und Theben. Aber ich will darüber jetzt noch nicht zuviel verraten, sondern eher um ein bisschen Geduld »heischen«.

In der einstigen Hauptstadt Memphis machte sich König Djoser in der 3. Dynastie daran, das Alte Reich zu gründen, und kurioserweise gilt diese frühe Epoche als die Glanzzeit, der absolute Höhepunkt der ägyptischen Kultur. Perfektion gewissermaßen gleich am Anfang! Wo gibt es denn so etwas?

Djoser war es auch, der den göttlichen Baumeister Imhotep beauftragte, ein wahrhaft königliches Denkmal in den Wüstensand zu setzen. Das Ergebnis war die älteste große »Pyramide«, die Stufenpyramide von Sakkâra, die immerhin einundsechzig Meter in den Himmel ragt. Als eine richtige Pyramide kann man sie eigentlich nicht bezeichnen, denn von der Grundfläche her ist sie rechteckig, nicht quadratisch. Aber ein

Gott Nun auf einem Relief im Tempel von Abydos. Durch die Wandmalereien und Hieroglyphen-Inschriften der Tempel ist viel über das alte Ägypten bekannt. Noch heute rätseln Archäologen aber darüber, wie es zur »Kultur-Explosion« vor dreitausend Jahren kommen konnte.

beachtlicher Anfang war gemacht. Nur eine Dynastie später entstanden dann nämlich schon die unvergleichlichen Monumente von Giseh. Sie werden dem Pharao Cheops und seinem Sohn Chephren zugeschrieben. Und dann folgte noch, wie es heißt, die Pyramide dessen Sohnes und vorletzten Herrschers der 4. Dynastie, des guten und gerechten Herrschers Mykerinos, der sich mit einem Bau von »nur« etwas über sechsundsechzig Metern Höhe begnügte. Damit war der »Giseh-Clan« der 4. Dynastie perfekt. Einige Rätsel, die vor allem mit der Großen Pyramide zu tun haben, jener, die angeblich für Cheops erbaut wurde, werden wir uns noch einzeln auf der Zunge zergehen lassen, als einen konkurrenzlos schmackhaften Cocktail spannender Fakten; spannend vor allem in dem Sinne, dass sie ein kräftiges Spannungsfeld zwischen unlogischen Argumenten der etablierten Lehre, merkwürdigen Vernebelungen, geheimen Aktionen und eingängigen, aber wohl häretischen Erklärungen schaffen. Wenn ich nun mit Blick auf die Pharaonennamen immer so vorsichtig »angeblich« sage, dann einfach deshalb, weil bis heute nicht ein einziger echter Beweis existiert, dass das Pyramidentrio unter deren Ägide entstanden ist. Es kann sein, aber es muss nicht! Wie im übrigen so vieles.

Im Moment soll das aber noch nicht näher interessieren. Die drei großen Pyramiden und ihr Wächter, der mysteriöse Sphinx, wurden allerdings ebenso wie die gewaltigen Tempelanlagen späterer Zeiten zu den unausweichlichen Magneten einer richtigen »Zauberkultur«. Nur, um es nebenbei kurz zu erwähnen: Keiner weiß wohl so genau zu sagen, ob das gewaltige Mischwesen im Osten der drei Pyramiden nun Männlein oder Weiblein ist. Auch mir geht da eigentlich die weibliche Form leichter von der Zunge. Da ich aber dieses Monument für eine Wächterfigur halte, mit der ich wiederum eher männliche Attribute verbinde, schließe ich mich – fast hätte ich gesagt: *ausnahmsweise* – der archäologischen Vereinbarung an, von *dem* Sphinx zu sprechen, zumindest in diesem Buch. Wenn in einer Unterhaltung das Thema auf Giseh und seine Rätsel fällt, dann spreche ich allerdings zugegebenermaßen auch immer nur von *der* Sphinx …

Nun, vor allem im 19. und auch 20. Jahrhundert verfiel die westliche Zivilisation geradezu in einen tranceartigen Ägyptenrausch. Eine echte Ägyptomanie war ausgebrochen. Die alte Nilkultur war auf mannigfaltigste Weise unfassbar und einzigartig; die Faszination verströmte von überall her. Sei es von den alten Papyri oder den Grabinschriften, die in zahllo-

Der Pyramiden-Komplex von Giseh *(Darstellung nach Reisner)*

1: die Große Pyramide
2: die dem Chephren zugeschriebene Pyramide
3: die dem Mykerinos zugeschriebene Pyramide
4: das dem Chentkau zugeschriebene Stufengrab
5: der Sphinx,
6: westlicher Friedhof
7: östlicher Friedhof
8: zentraler Friedhof

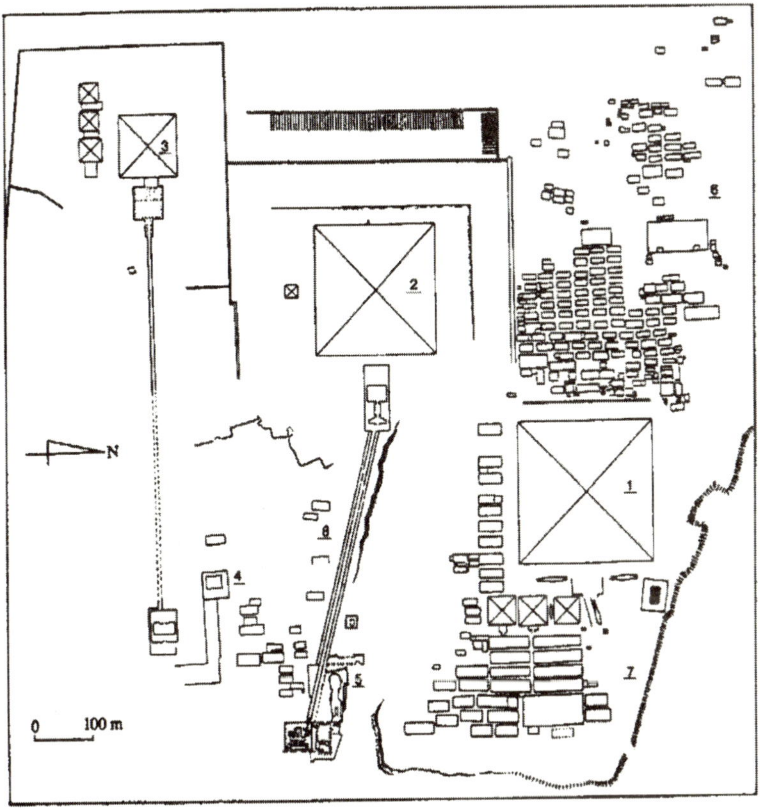

sen jener magischen Hieroglyphen gemalt waren und kaum begreifliche Totenlitaneien enthielten, sei es von den malerischen Oasen, sei es von den weitläufigen Tempelanlagen mit ihren mächtigen Obelisken, Sphingen und Pylonen, sei es von den grusligen Mumien. Feine Leute im viktorianischen England begeisterten sich für Zeremonien, bei denen die konservierten Leichname aus ihren Bandagen ausgewickelt wurden. Ein paar Verrückte kamen sogar auf die eklige Idee, zerstösselte Mumienbestandteile als Medizin zu vermarkten. Zu Risiken und Nebenwirkungen …

Der ägyptische Sphinx in einer frühen Darstellung – die Ähnlichkeit zum Original hält sich in Grenzen.

Der Ägyptenrausch wurde durch großartige Expeditionen und Ausgrabungserfolge ständig neu angefacht. Die europäische Begeisterung für die Pharaonenkultur hatte vor allem mit dem Feldzug Napoleons losgelegt. Als der machtbesessene Korse im Monat Floréal, dem Blütenmonat Mai 1798, den ägyptischen Boden in Alexandria betrat, dachte er bei dieser Aktion in erster Linie an einen strategischen Winkelzug, den Engländern den Seeweg nach Indien über das Rote Meer abzuschneiden. Als er mit seinen Streitkräften die Pyramiden erreichte, rief er dann doch sehr ehrfürchtig aus: »Soldaten, vierzig Jahrhunderte blicken auf euch herab!« Damals wusste man zwar schon Einiges über die alte ägyptische Kultur, doch ein ganz wichtiger Zugang zu ihr fehlte, denn noch war niemand imstande, die Hieroglyphen zu lesen. Napoleon hatte auf seiner kriegerischen Monumental-Expedition ins Land der Pharaonen auch 175 Gelehrte dabei, vielleicht um der ganzen Geschichte einen etwas zivilisierteren Anstrich zu verpassen, vielleicht auch, um wirklich ein paar Neuigkeiten über die alte Hochkultur herauszufinden.

Unter den Militärs allerdings genossen die Gelehrten kein besonderes Ansehen. Da war von unnützen Schatzgräbern und Ziegenbärten die Rede, und das allgemeine Amüsement lag auf Seiten der Soldaten, wenn bei Mamelucken-Angriffen regelmäßig der Ausruf zu hören war: »Gelehrte und Esel zur Mitte!«

Geradezu ironisch ist in Anbetracht dessen die Tatsache, dass die bedeutendste Entdeckung der napoleonischen Expedition nicht von einem der alten Graubärte gemacht wurde, sondern von einem französischen Offizier namens Pierre Bouchard. Im August 1799 stolperte er bei Erdarbeiten im Fort Julien nahe Rosette, einer Hafenstadt die ungefähr siebzig Kilometer östlich von Alexandria zu finden ist, über einen recht seltsamen Stein. Wie sich später herausstellte, stammte der Stein aus der Herrschaftszeit des Ptolemaios, 196 v. Chr., und enthielt den Text eines königlichen Erlasses. Das eigentlich Interessante daran war: Dieser Text war dreimal aufgeschrieben worden, einmal in Griechisch, dann in Demotisch, der Schrift des ägyptischen Volkes beziehungsweise der Beamten und Juristen, und zuletzt, als krönender Abschluss, in der heiligen Schrift der Priester und Könige, in Hieroglyphen.

Schon damals, kurz nachdem Bouchard den Stein entdeckt hatte, kam mancher auf die Idee, dass dieser Stein der lange gesuchte Schlüssel zu den Hieroglyphen sein könnte. Wer würde die Zeichen entziffern? 1801 wanderte der Stein von Rosette nach der französischen Niederlage ins Lager der Engländer, genauer: ins Britische Museum, wo er noch heute ruht. Man kann es wohl ausgleichende Gerechtigkeit nennen, wenn trotzdem ein Landsmann des Finders hinter die Geheimnisse der Hieroglyphen kam. 1822 knackte der französische Ägyptologe Jean-François Champollion nach übermenschlichen Anstrengungen den Hieroglyphen-Code. Schon als Jugendlichen hatte ihn der Stein in den Bann gezogen. Champollion schwor sich, die Schrift zu entschlüsseln, und er war sicher der geeignetste Mann dafür. Das französische Wunderkind hatte das perfekte Gedächtnis, eine unerreichte Kombinationsgabe und, nicht zu vergessen: Er war mit neunzehn schon Geschichtsprofessor! Bereits als Kind lernte er schwierigste Sprachen in kürzester Zeit und war von Ägypten und jenem Stein regelrecht besessen. Ganz natürlich war das – *natürlich!* – nicht, aber es diente der Sache ungemein. Nachdem er tage- und nächtelang ohne jeden Schlaf wie wahnsinnig über den Schriftzeichen und den Texten des Rosette-Steins gebrütet hatte, gelang ihm endlich der Geniestreich. Er konnte gerade noch zu seinem Bruder gehen und ihm verkünden »Ich hab's gefunden!«, um dann umzukippen und das Bewusstsein für volle fünf Tage zu verlieren. Doch er hatte einen der bedeutendsten Meilensteine gelegt.

Im 19. Jahrhundert spürten Altertumswissenschaftler einer ganzen Reihe archäologischer Rätsel des ägyptischen Reichs nach, mit mehr oder weniger Erfolg. Zu den Glanzpunkten zählen:

- *die Entdeckung des Felsentempels von Ramses II. – »Ebsambel« oder Abu Simbel – in Nubien durch Johann Ludwig Burckhardt, 1813,*
- *die Entdeckung des prächtigen Grabes von Sethos I. durch Giovanni Battista Belzoni, 1817,*
- *die Entdeckung der Königskammer der Chephren-Pyramide durch Belzoni, 1818,*

- *die gerade erwähnte Entzifferung der Hieroglyphen durch Champollion, 1822,*
- *die Entdeckung von dreißig weiteren Pyramiden, hundertdreißig Gräbern und Kultanlagen durch Richard Lepsius, 1842 und 1846,*
- *die Entdeckung der mysteriösen granitenen Riesensarkophage im »Serapeum« von Memphis durch Auguste Mariette, 1851 und 1855,*
- *die Entdeckung von vierzig Königsmumien beim grandiosen Felsentempel der Königin Hatschepsut in Dêr el-Bâhari durch Emil Brugsch, 1881,*
- *die zahlreichen Entdeckungen von Sir Flinders Pertrie in Ägypten – darunter die Ausgrabung der prädynastischen Negade-Nekropole 1894 und der mysteriöse Fund einer uralten optischen Linse (bereits 1883 – 1884).*

Zu Anfang des 20. Jahrhunderts folgten bald weitere triumphale Entdeckungen, darunter die Auffindung der Büste von Nofretete durch Ludwig Borchardt 1912 und die Ausgrabung des Tut-ench-Amun-Grabes 1922/23 durch Howard Carter, eine Grabstätte, die nicht nur wegen der immensen Goldschätze berühmt wurde, sondern mindestens genauso wegen des unheimlichen Fluchs der Pharaonen. Es ist jetzt und hier natürlich unmöglich, auch nur die wichtigsten Funde der Ägyptologie im Kurzüberblick wiederzugeben.

Die Freilegung unzähliger Tempelanlagen und Gräber, in denen Tausende von Grabgemälden und Inschriften an den Wänden, Stelen, Sarkophagen und Säulen angebracht sind, förderte massenweise Informationen über das Leben, die Religion, Philosophie und Mythen der alten Ägypter ans Tageslicht. In Totenbüchern, Unterweltsbüchern und Pyramidentexten finden sich detaillierte Beschreibungen zum sogenannten »Jenseitsglauben« der Ägypter. Es gibt kaum eine alte Kultur, über die soviel bekannt geworden ist, wie über die ägyptische. Während wir uns beispielsweise über die Etrusker kaum ein sinnvolles Bild machen können, traut sich eigentlich jeder unter uns zu, sich die Zeit des alten Pharaonenreichs einigermaßen realistisch ausmalen zu können. Ist damit diese Kultur ihrer echten Rätsel und Geheimnisse beraubt? Kann es denn in Anbetracht dieser Wissensflut noch solche Mysterien geben? Kurz: Es gibt sie zu Haufe! Gerade eben deshalb, weil soviel bekannt geworden ist, sind vielerorts auch riesige Fragezeichen aus dem Wüstensand gewachsen. Es scheint wie überall zu sein. Dort, wo viele Informationen erscheinen, tauchen auch viele Fragen auf. Daran ist an und für sich überhaupt nichts Bemerkenswertes. Im Fall Ägypten hat sich allerdings herausgestellt, dass die aus dem Dunkel gezerrten Rätsel eine ganz andere Qualität besitzen, um nicht zu sagen: Dimension. Wie Sie immer wieder feststellen werden, hüllen sich die tatsächlichen Mysterien in eine Zwiebelschale. Wir müssen erst einige Außenschichten wegpeelen, bevor wir am eigentlichen Kern der Seltsamkeit »schnuppern« können. Das ist in Ägypten nicht anders, eher noch komplizierter und noch verzwiebelter.

Natürlich bringt diese Situation auch mit sich, dass mit jenen ungelösten Mysterien nicht selten relativ haltbare wie auch unhaltbare Spekulationen verbunden sind. In den folgenden Kapiteln will ich versuchen, Ihnen allerdings einige *Anregungen* zu vermitteln, die meiner ganz persönlichen Meinung und Erfahrung nach über das »statistische Grundrauschen« der konventionellen Erklärbarkeit hinausgehen. Ich will Ihnen behutsam, Stück für Stück, eine Reihe von Funden, Fakten und Folgerungen vorstellen, die meiner wiederum sehr persönlichen Meinung nach geradezu zwingende Zusammenhänge nahelegen,wie sie sich ganz bestimmt auf konventionelle Weise nie und nimmer beweisen lassen werden und dennoch aufgrund der Indizienlage einfach fast schon danach schreien, zum Bodensatz absichtlich unterdrückter Tatsachen des Weltgeschehens zu gehören. Halten Sie mich ruhig für einen Verschwörungstheoretiker und Phantasten, doch seien Sie sich selbst gegenüber stets ehrlich und dem Möglichen gegenüber stets neutral! Ich gebe zu, das ist nicht leicht, vor allem, weil alles Unbekannte und Unerklärliche unsere Angst und daraus eine kaum überwindbare Opposition erzeugt. Sie und nur Sie allein werden dann im Stillen *für sich* darüber befinden können, wie wahrscheinlich gewisse Szenarien sein mögen. Niemand, ich am allerwenigsten, erwartet, dass Sie eine aus allem vielleicht neu gewonnene Überzeugung sogleich mit anderen teilen. Im übrigen halte ich die Erkenntnis beinahe für die wichtigste Einsicht, dass zumindest im Prinzip vieles grundlegend anders sein kann als uns von offizieller Seite aus bestimmten Gründen glauben gemacht werden soll.

Für die alten Ägypter war der Traum der »Königsweg der Prophezeiung«, ist nicht genauso die Realität der »Königsweg des Phantastischen«?

2.

Geheimnisse um neun Urgötter

»Es spricht Anubis, der Einbalsamierer, Gebieter der Gotteshalle, wenn er seine Hände auf den Sarg des Verstorbenen gelegt und ihn ausgerüstet hat mit allem, was er benötigt:
›Sei gegrüßt, Schöngesichtiger, Herr des Schauens,
der Ptah-Sokhar zusammengeführt
und Anubis erhöht hat,
dem Schu Unterstützung gab,
Schöngesichtiger unter den Göttern!

Dein rechtes Auge ist die Nachtbarke,
dein linkes Auge die Tagesbarke,
und deine Augenbrauen sind die Götterneunheit.
Dein Scheitel ist Anubis,
dein Hinterkopf ist Horus,
deine Finger sind Thoth,
deine Haarlocke ist Ptah-Sokar.‹

Du, Anubis, stehst vor dem Verstorbenen – durch dich sieht er,
du leitest ihn zu den guten Wegen,
du schlägst für ihn die Bande des Seth zurück
und wirfst für ihn die Feinde unter seine Füße
vor der Großen Neunheit im großen Fürstenhaus von Heliopolis.
Du trittst den guten Weg an vor Horus, dem Herrn der Vornehmen.«

So steht es im »Ägyptischen Totenbuch« geschrieben, jener berühmten Sammlung von Texten, die dem Verstorbenen einen sicheren Weg ins Jenseits beziehungsweise zur Auferstehung und zu einem ewigen Leben garantieren sollten. In Wirklichkeit gab es *das Totenbuch* nie. Vielmehr wurde jedem Verstorbenen ein Text dieser Art ins Grab mitgegeben, in Form einer Papyrus-Handschrift, auf der Beschwörungsformeln in verschiedener Zahl und Ausführlichkeit verzeichnet waren. In den Gräbern bedeutender Persönlichkeiten entdeckten Archäologen natürlich die prunkvollsten Papyrusrollen, die dreißig Meter lang sein konnten und wundervoll illustriert waren. Bei weniger bedeutenden Toten fiel auch das Beiwerk bescheidener aus, eben genau so, wie das heute noch bei Bestattungen der Fall ist. Da gab es nur noch verhältnismäßig kurze Totentexte auf schmucklosen Papyri. Im 19. Jahrhundert stellte der Archäologe Richard Lepsius die Formeln verschiedener Grabtexte zu einer Sammlung zusammen, die als das »Totenbuch« bekannt geworden ist. Gleich wie, diese hieroglyphischen Schriften geben ein einzigartiges Zeugnis ab von der ägyptischen Götterwelt, hinter deren Gestalten und Wirkungen sich mehr zu verbergen scheint als reine Mythologie.

Die Suche nach den ägyptischen Urgöttern führt zu den Zeiten und Stätten zurück, in denen die Anfänge der Nilkultur liegen: den heiligen Orten von Hermopolis und Heliopolis. Hier liegen die Wurzeln der immer noch rätselhaften Götterlehre Ägyptens und einer Zivilisation, die offenbar in kürzester Zeit aus dem Nichts entstand.

In Hermopolis war der Glaube an acht Urgottheiten aus einer Zeit noch vor der Schöpfung beheimatet. In dieser Zeit herrschten noch chaotische Zustände, und ganz danach waren auch die Gottheiten beschaffen. Sie beschrieben nicht mehr und nicht weniger als Urzustände und Urmächte, in Form von vier Götterpaaren. Nun und Naunet waren die Gottheiten des Urgewässers. Huh und Hauhet entsprachen der Unendlichkeit des Raumes, Kuk und Kauket umschrieben die anfängliche große Finsternis der Welt, und Amûn und Amaunet ließen sich mit der gähnenden Leere der ersten Tage gleichsetzen, dem Nichts, dem Vakuum oder auch dem Verborgenen. Ich will hier keine mystischen Querverbindungen forcieren, aber bemerkenswert ist dabei schon die vielleicht intuitive Ähnlichkeit zu heutigen Ideen über die Welt und ihre Entstehung. Es wird sich noch zeigen, *wie viele* verblüffende Parallelen in Wirklichkeit existieren. Am Anfang des ägyptischen Universums herrscht eine Symmetrie von vier Urkräften, von denen die Physik im übrigen auch heute spricht, und die Rede ist unter anderem auch vom Nichts, das mit dem Verborgenen gleichzusetzen ist. Doch wenn etwas verborgen und damit nicht sichtbar ist, so ist es immer noch vorhanden, nur eben unterschwellig. So verhält es sich auch mit dem Vakuum der modernen Physik. Es hat nichts mit völliger Leere zu tun, sondern kommt vielmehr einem Energiezustand gleich, aus dem nach den Gesetzen der Quantentheorie kurzzeitig Teilchen entstehen können. In diesen Ideen finden sich auch die neueren Ansätze für eine Schöpfung aus dem Nichts oder aber dem Zustand eines in Zeit und Raum nicht mehr definierbaren Quantenschaumes. In der ägyptischen Lehre vom Anfang aller Tage gibt es zumindest diesen Schöpfungsakt aus dem Nichts auch schon, nur klingt das natürlich anders. Die ersten greifbaren Wirkungen der Welt, in Form der acht Urgötter, haben sich aus einer Art primordialen Schlammes – vielleicht so etwas wie jener Quantenschaum – selbst hervorgebracht. Hermopolis galt als *Chemenu* oder *Khemenu*, also die »Stadt der Acht«, eine Bedeutung, die noch im heutigen Namen anklingt, Eschmunên.

Bestimmt wollten die alten Ägypter mit ihren acht Urgöttern nicht zum Ausdruck bringen, dass sie die Physik des 20. Jahrhunderts beherrschten, was sicherlich auch nicht der Fall war. Doch scheint es, als ob die Urgötter faktisches Wissen vermittelten und selbst weniger transzendental als physisch in Erscheinung traten. Vor allem der ibisköpfige Gott Thoth, der als Gott der Weisheit sowie Kulturbringer galt und zu den acht Göttern von Hermopolis hinzustieß, um sie schließlich abzudrängen, gibt eine ganze Menge handfester Rätsel auf. Für den Moment nur soviel: Er soll an Bord einer himmlischen »Barke« aus der Höhe herabgestiegen sein, einer Barke, die auch als »kosmisches Ei« beschrieben wird. Genau um 3000 v. Chr., als die ägyptische Kulturexplosion erfolgte, so heißt es, tauchte Thoth in Hermopolis auf. Thoth bediente sich merkwürdiger Gerätschaften, zum Beispiel eines »Zauberspiegels«, in dem er weit entfernte Dinge sehen konnte, und er wurde von einem »Hör-« und einem »Sehvogel« begleitet, mit deren Hilfe er ebenfalls Nachrichten aus der Ferne empfangen konnte.

Thoth spielt immer eine gesonderte Rolle. In Hermopolis löst er als Hauptgott die acht anderen ab. Auch in der Zahlensymbolik des *Udjat*-Auges (= *gesundes Auge*), jenes Falkenauges des Himmelsgottes Horus nimmt er eine Sonderstellung ein. Seltsamerweise teilten die Ägypter jedem einzelnen Bereich dieses Auges eine Bruchzahl zu. Ihre Summe ergibt sich zu $^{63}/_{64}$, und zwar genau durch Aufaddieren von Brüchen, in deren Nenner die Potenzen von 2 mit Exponenten zwischen 1 und 6 stehen: Also $^1/_2 + ^1/_4 + ^1/_8 + ^1/_{16} + ^1/_{32} + ^1/_{64}$. Das Ergebnis sind jene $^{63}/_{64}$. Das letzte $^1/_{64}$ wird in einen unbekannten magischen Zusammenhang mit Thoth gestellt. Ob bei dieser Zahlenmystik eine tiefere Bedeutung in der 64 liegt, ist nicht klar.

Auffallend ist aber, dass auch hier die Zahl Acht hineinspielt; multipliziert man die 8 mit sich selbst, kommt ja 64 heraus. Deutet diese Spielerei vielleicht auf die Achtheit hin, die sich aus sich selbst heraus geschaffen hat? Merkwürdig an jenem doppelten Götterquartett oder besser: vierfachen Götterduo ist jedenfalls vieles, unter anderem auch, dass die acht Urgötter wie normale Sterbliche endeten und auch so bestattet wurden, angeblich unter dem Hügel des einstigen Ortes Djême im südlichen Bereich der Totenstadt Thebens. Dort soll auch der mächtige Urgott Amûn zum allerersten Mal in Erscheinung getreten sein. Dort stehen heute immer noch die Ruinen des gewaltigen »Tempels der Millionen Jahre« – ein etwas merkwürdiger Name. Während die aus einer Zeit noch vor der eigenen Schöpfung stammende Achtheit in Hermopolis, rund dreihundert Kilometer südlich von Kairo, zu Hause ist, findet sich ihre Nachfolgeschaft, die *Neunheit* oder *Große Enneade*, im Nordosten von Kairo, in der heiligen Gründerstadt Heliopolis. Heute ist nicht mehr viel übrig von den Wundern dieser alten Metropole, die bei den Ägyptern als *Ounu* oder *On* bekannt war. Zwischen den Trümmern einstiger Pracht ragt noch ein Obelisk des Pharaos Sesostris I. in die Höhe, mehr erinnert nicht an das einst so glanzvolle *On*.

Die Priester von Heliopolis galten immer als besondere Männer, die »in allen Dingen des Himmels sehr erfahren sind.« Auch die Urgottheiten von Heliopolis waren *kosmische Erscheinungen*, die aber entgegen der Achtheit nicht das Chaos des allerersten Anbeginns bezeichneten oder umschrieben, sondern die Ordnung der Urkräfte und des Kosmos in der ersten Ära nach der Schöpfung des Alls. Die Große Neunheit, entsprechend einer dreifachen Triade, setzte sich wiederum aus acht plus einer Erscheinung zusammen – dem mächtigen Schöpfergott Atum, der sich selbst aus einem Urzustand heraus schuf, dann seinen Kindern Schu (Luft) und Tefênet (Feuchtigkeit), seinen Enkeln Geb (Erde) und Nut (Himmel) sowie deren Kindern, den göttlichen Paaren Osiris und Isis beziehungsweise Seth und Nephthys.

In Wirklichkeit fassten die Ägypter jede dieser Gestalten als eine besondere Erscheinungsform oder als besonderen Aspekt von Atum auf,

Obelisk im Tempelbezirk von Karnak

so dass die Neun zusammen eine vollendete Einheit bildeten. Mit der heiligen Gruppe der Neun verbinden sich über die altägyptische Kultur hinaus zahlreiche Mysterien, die auf ein geheimes Wissen hindeuten. Die eingeweihte Priesterschaft von Heliopolis hütete einen Schatz an Geheimnissen, und es ist ganz und gar nicht undenkbar, dass sich darunter schicksalshafte, geschichtsbestimmende Geheimnisse befinden, die noch heute von geheimen Gruppierungen vor der Öffentlichkeit zurückgehalten werden.

Die Epoche der Enneade endete »offiziell« mit dem Eindringen anderer Religionen, vor allem des Christentums, in das Land der Pharaonen.

Doch dieses vermeintliche Ende war nur vordergründig zu verstehen. Es bestand dem immer noch kursierenden Glauben nach lediglich in einer zeitweiligen Regression der Großen Neun. Die Götter zogen sich wieder in die unzugänglichen kosmischen Sphären zurück, um zu späterer Zeit wiederzukehren.

Das sehr spontan aufgetauchte Wissen der Priester von Heliopolis, das tatsächlich auf die damalige Anwesenheit materiell greifbarer Kulturbringer hinweist, mündete in vielfältigen erstaunlichen Erkenntnissen in der Sternkunde und war auch Voraussetzung und Ausgangspunkt für den Bau der Pyramiden. Der sagenhafte, einem Gott gleichgesetzte Baumeister Imhotep und Hohepriester von Heliopolis war bekanntlich der Geist hinter der Architektur der ersten Pyramide, der Stufenpyramide von Sakkâra. In Heliopolis soll einst auch ein bemerkenswerter Urhügel existiert haben, von dem sich ein Gestirn gen Himmel erhob. Immer wieder lesen wir in den uralten ägyptischen Hieroglyphen-»Dateien«, sprich: in den Pyramidentexten, von einer »Flammeninsel«, aus der ein hüglig gewölbtes Objekt – vielleicht jener Urhügel selbst – in qualmendem Rauch und mächtigem Donner zum Himmel aufgestiegen sei.

Alles doch ziemlich wundersam!

Wie ich schon angedeutet habe, die geheimnisvolle Große Neunheit zog sich wieder für lange Zeit in die Anonymität zurück; die Götter verschwanden von der Bildfläche – wortwörtlich alle Neune!

Im 20. Jahrhundert unserer Zeitrechnung begann dann etwas Seltsames zu geschehen. Mir bleibt dazu jetzt nichts übrig, als einen kleinen Haken zu schlagen, ich komme aber gleich wieder auf die »direkteren« ägyptischen Rätsel zurück.

Alles begann damit, dass der recht mysteriöse Arzt, Neurologe und CIA-Mitarbeiter – ! – Dr. Andrija Puharich im Jahr 1952 einen indischen Mystiker namens Dr. D. G. Vinod in sein Labor einlud. Puharich hatte im Jahr 1948 ein privates Zentrum zur Erforschung paranormaler Phänomene gegründet, die *Round Table Foundation* in Glen Cove im US-amerikanischen Maine. Er betrieb dieses Laboratorium rund zehn Jahre lang und arbeitete mit einer ganzen Reihe bekannter psychischer Medien zusammen – Jahre später, 1972, kooperierte er auch mit dem als »Gabelbieger« bekannt gewordenen Israeli Uri Geller. Als Dr. Puharich jenen Dr. Vinod einlud, ging es ihm vor allem darum, sich dessen Lehren anzuhören, die er selbst auf übersinnliche Weise erhielt. Schon lange bekannt sind die Geschichten von sensitiven Menschen, die in Trance plötzlich in der Lage sein sollen, Dinge zu tun, die sie sonst nie bewerkstelligen könnten. Sie entwickeln in diesen psychischen Zuständen angeblich außergewöhnliche körperliche und geistige Eigenschaften. Sie beginnen, Instrumente perfekt zu spielen, deren Beherrschung sie angeblich niemals erlernt haben, sie berichten als bekannte Persönlichkeiten der Geschichte und enthüllen dabei völlig neue Details, sie sprechen in fremden Sprachen alter Kulturen und so weiter. Mit anderen Worten, sie scheinen zu Vermittlern zwischen den Zeiten zu werden, sogar zwischen Raum und Zeit, zwischen Diesseits und Jenseits. Offenbar können sie, aus welchen Gründen auch immer, wenigstens zeitweilig beispielsweise zum Sprachrohr für verstorbene Persönlichkeiten werden. Die modernen Esoteriker sprechen in diesem Zusammenhang gerne auch von »Channeling«, in dem Sinne, dass sich hier eine Art »Funk-Kanal« des Transzendentalen entwickelt.

Ich sehe schon förmlich, wie meine Leser die Nase zu rümpfen beginnen. Und ich kann das gut nachempfinden. Sicherlich werden Sie sich fragen, ob denn nun die Geheimnisse des alten Ägypten mit Channeling zu tun haben sollen oder vielleicht damit gelöst werden können, mit Channeling als so etwas wie einer sehr bequemen Patent-Lösung für alles Unerklärliche. Nein, sicherlich nicht. Ich muss zugeben, dass ich mit gechannelten Botschaften auch so meine Probleme habe. Nicht deshalb, weil ich grundsätzlich diese Möglichkeit ausschließe. Eher schon, weil sich vieles nur schlecht nachprüfen lässt und viele, wirklich sehr viele angeblich paranormal begabte Medien zumindest *ein* übersinnliches Kunststück mit Bravour vollführt haben – nämlich jene art-übergreifende Mutation, sich von einem ungewöhnlichen Menschen in eine gewöhnliche Ente zu verwandeln! Die vielleicht authentischen Medien, dann selbst geplagt vom Rufmord der Scharlatane, mögen mir verzeihen!

Ich will hier aber eigentlich nur sagen: Das Thema dieses Buches hat mit Channeling eigentlich nicht sehr viel am Hut. Trotzdem bleibt mir nichts anderes übrig, als die Sache zumindest zu streifen. Und noch etwas (das ist jetzt vielleicht die »frohere Botschaft« für diejenigen, die aus bestimmten Gründen vom Channeling überzeugt sein mögen): Gerade seit den achtziger Jahren sind etliche kluge Bücher erschienen, in denen ausgebildete Wissenschaftler von Rang und Namen plötzlich völlig unerwartete Gedanken geäußert haben. Da ging es mit einem Male um ganzheitliche physikalische Weltbilder, um die Ähnlichkeit alter Lehren mit modernem Gedankengut, um philosophische Folgerungen aus physikalischen Entdeckungen der vordersten wissenschaftlichen Front und auch um nicht mehr erklärbare Synchronizitäten von Ereignissen. Das ganze althergebrachte Weltbild schien einer Renovierung unterzogen zu werden. Irgendwie war immer die Rede von einer neuen Dimension, einer Ebene der Welt, auf der letztlich alles miteinander verbunden ist – ohne zeitliche und räumliche Schranken. Es ging darum, dass wir in unserem beschränkten Lebensraum, der aus drei räumlichen und einer zeitlichen Dimension besteht, viele Ereignisse als verschieden wahrnehmen, während sie in Wirklichkeit, also auf einer um (mindestens) eine Dimension erweiterten Ebene identisch sind. Aufs Zweidimensionale umgemünzt würde das dann so aussehen: Man bringt Sie in einen kleinen Versuchsraum. Sie haben zwei Bildschirme vor sich, die zeigen Ihnen jeweils einen Fisch in einem Aquarium. Die Bildschirme sind zweidimensionale Flächen und können die Wirklichkeit nicht getreu wiedergeben. Nun beobachten Sie auf diesen Flächen, was sich abspielt. Sie gucken sich die beiden Fische eine Weile an, bis Ihnen plötzlich etwas auffällt. Die beiden bewegen sich völlig synchron. Zwar sehen Sie den einen gerade von der Seite, wenn der andere direkt auf Sie zuschwimmt, trotzdem führen die beobachteten Tiere alle Bewegungen exakt gleichzeitig aus. Woher aber weiß der eine, was der andere gerade tut? Folgerung: Offenbar sind die beiden Fische, die Ihnen auf den beiden Bildschirmen als zwei voneinander getrennte Individuen erscheinen, in Wirklichkeit nicht mehr als ein einziges Tier, das von zwei Kameras im dreidimensionalen Raum aus zwei verschiedenen Blickwinkeln aufgenommen wird. Basta, etwas anderes kommt nicht in Frage.

Tatsächlich, die Tür geht auf, ein Laborant kommt herein und führt Sie in den Aufnahmeraum. Dort stehen die beiden Kameras im rechten Winkel zueinander und weisen auf ein Aquarium. Es ist alles genau so, wie Sie es sich vorgestellt haben: In dem gläsernen Bottich schwimmt ein einzelner Fisch. Der Blick in die dritte Dimension offenbart Ihnen, dass keine unbekannte mentale Kraft eine telepathische Verbindung zwischen den beiden Fischen schafft, so dass sie sich aufeinander abstimmen und im Gleichtakt bewegen können. Denn es ist ja nur ein einziger Fisch!

Gut, und wie ist es in der Natur, im Kosmos, in unserer Welt? Physiker beobachten Elementarteilchen, die unendlich weit voneinander entfernt sind und sich trotzdem genauso verhalten wie jene angeblich getrennt vegetierenden Individuen im Aquarium. Auch die Teilchen stehen irgendwie in Wechselwirkung, obwohl sie sich so schnell gar nicht untereinander austauschen könnten, denn dazu sind sie einfach viel zu weit voneinander entfernt, und nach den heutigen Vorstellungen kann im Normalfall nichts schneller als das Licht sein. Aber auch die Lichtgeschwindigkeit ist *endlich*, so groß sie auch sein mag. Folgerung: Was die Physiker da als zwei getrennte Teilchen in unserer Raumzeit beobachten, ist in der Realität, erweitert um eine Dimension, offenbar nur ein einziges Teilchen. Diese noch hypothetische erweiterte Ebene unserer Welt, auf der scheinbar getrennte Phänomene sich vereinen, wird als *Subquantenebene* bezeichnet – ein schönes Wort oder auch nicht, unter dem wir uns zunächst nicht viel vorstellen können, aber das ist auch gar nicht nötig. Im Prinzip entspricht diese Ebene den berühmten, von Rupert Sheldrake propagierten *morphogenetischen Feldern* oder genauso auch dem Jung'schen *kollektiven Unbewussten*.

Vielleicht lässt sich das alles am eingängigsten auch mit dem Begriff *Weltgedächtnis* umschreiben, einem natürlichen, der Raumzeit übergeordneten Reservoir, in dem alles gespeichert ist, was je irgendwo geschehen ist. Wichtig ist nur die grundsätzliche Überlegung, die in letzter Konsequenz und aufgrund vieler anderer Beobachtungen zu hochinteressanten Schlussfolgerungen und Möglichkeiten führt. Denn, wenn alles dort irgendwie miteinander verbunden ist, dann könnte das sehr vieles erklären, was bisher als *paranormal* und unmöglich erschien. Zum Beispiel Telepathie, die Übertragung von Gedanken von einer Person zur anderen. Damit im Zusammenhang erklärte sich auch, warum Menschen, die offenbar den geistigen Schlüssel zur Subquantenebene gefunden haben, seherische Fähigkeiten entwickeln und Ereignisse anderer Zeiten absolut genau mitbekommen oder vorhersagen könnten – eben, weil auch die Zeiten miteinander in Verbindung stehen. Alles das könnte auch erklären, dass jenes Channeling dann und wann wirklich funktioniert! Erklärbar würde auch die erlernbare Fähigkeit, sich gedanklich an andere Orte zu versetzen und sie exakt zu beschreiben – das berühmte *Remote Viewing*, das die Geheimdienste nachweislich sehr ernst nehmen.

Ich bin mir sicher, für die meisten, vor allem für Naturwissenschaftler, ist das jetzt ein unangemessenes Schnellzugtempo, in dem ich hier gerade über dieses eigentlich wahnsinnig komplizierte Thema hinweggegangen bin. Völlig untragbar. »Nichts ist bewiesen!« So klingt es mir in den Ohren. Ganz klar, aber die Ansätze sind doch immerhin interessant und vielversprechend, vor allem weil sie erstmalig eine logische Grundlage für das angeblich Unmögliche liefern *könnten*.

Mit diesen letzten Bemerkungen gerate ich nun langsam auch wieder auf die ursprüngliche Schiene der Diskussion zurück, zu den Ereignissen um Dr. Puharich. Seine erste Sitzung mit dem Medium Dr. Vinod war für den 31. Dezember 1952 festgesetzt. Der Inder verfiel in Trance, und genau um neun Uhr abends fing er an zu sprechen, und zwar die sonderbaren Worte: »Wir sind die neun Prinzipien und Kräfte.« Es handelte sich anscheinend um neun Personen oder Wesenheiten, von denen sich eine lediglich als »M« bezeichnete, eine andere als »R«. Offenbar als Beweis für die Authentizität und Bedeutung der geheimnisvollen durch Vinod sprechenden Quellen übermittelte »M« sehr ausführliche Informationen, die sich auf eine abgewandelte Form der »Lorentz-Transformation« bezogen, eine bekannte, in der speziellen Relativitätstheorie von Albert Einstein allgegenwärtige Gleichung. Sie beschreibt die Veränderungen von Zeit, Länge und Masse, wie sie bei einer Bewegung mit Geschwindigkeiten nahe der Lichtgeschwindigkeit auftreten.

Nach einiger Zeit versammelte Puharich eine Gruppe von neun Sensitiven um sich, von denen jeder das mediale Sprachrohr einer jener neun Wesenheiten sein sollte. Sie stellten sich als Komponenten einer Gesamtheit dar, die als »die Neun« durch Dr. Vinod sprach. Sie erklärte: »Gott ist niemand anderes als das, was wir zusammen ergeben, die Neun Prinzipien Gottes. Es gibt keinen anderen Gott außer dem, den wir zusammen bilden.« Eine entweder ziemlich anmaßende, verrückte oder aber wahre, ohne Frage aber Neugier weckende Botschaft!

Als Dr. Vinod nach Indien zurückkehrte, löste sich die ursprüngliche Gruppe von Trance-Medien auf, nicht aber die Neun. Über die Jahre und sogar Jahrzehnte hinweg traten die Neun immer wieder in Erscheinung und übermittelten ihre verschiedenen Botschaften kontinuierlich über voneinander unabhängige Medien. Interessanterweise kamen sich die einzelnen Sprachrohre dabei nicht gegenseitig ins Gehege, was zu erwarten gewesen wäre, wenn die ganze Geschichte nichts als eine fortgesetzte Schwindelei war – außer vielleicht, es wäre wirklich der abgekartetste Schwindel aller Zeiten! Irgendetwas schien also doch hinter dem Ganzen zu stecken, es musste offenbar einen wahren Kern an der Sache geben.

Doch wer waren »die Neun« wirklich? Die beiden Autoren David P. Myers und David S. Percy erklärten im Zusammenhang mit ihren Interpretationen der umstrittenen geometrischen Strukturen in der Cydonia-

Region des Mars, unter denen merkwürdigerweise auch regelmäßig geformte Pyramiden gefunden wurden, dass sie ihr Wissen darüber auf ungewöhnliche Weise erhalten hätten. Demnach zählten sie zu einer Reihe von Personen, die allesamt glauben, in direktem Kontakt mit einer Gruppe sehr hoch entwickelter, gottähnlicher Außerirdischer zu stehen.

Die Geschichte klingt wahrhaft wild. Da sollen vor rund 1,6 Millionen Jahren fremde Wesen von einem fernen Planeten namens Altea das Sonnensystem erreicht und zunächst den Mars besiedelt haben. Von dort aus machten sie sich zur Erde auf, Generationen nach ihrer Ankunft, und führten genetische Manipulationen an der geistig entwickeltsten Lebensform aus, um auf diese Weise Hybridwesen und somit die Begründer der menschlichen Rasse zu schaffen. Der Einfluss der Wesen von Altea soll auch zum Bau der alten Megalithmonumente, der Pyramiden von Giseh, der Sphinx und anderer geheimnisvoller Stukturen geführt haben, wobei die ägyptischen Pyramiden als Gegenstück zu den marsianischen Bauwerken dienen sollten.

Das ist schon eine Behauptung! Nun stehen wir da und wissen nicht weiter – was stimmt hier, was ist erstunken und erlogen? Jeder normal und vernünftig denkende Zeitgenosse wird natürlich vor Lachen vom Stuhl kippen, wenn jemand, und seien es die Neun selbst, ihm so eine Geschichte serviert. Sicher würde er zurückfragen, was es denn da überhaupt noch zu überlegen gibt. Solche Äußerungen können ja doch nur blanker Unsinn sein! *Wahrscheinlich* sind sie es. Aber, allgemein gesprochen, es sind schon Leute vor Lachen vom Stuhl gekippt und haben sich dabei das Genick gebrochen. Andere sind mit todernster Miene aus dem dritten Stock gefallen und haben sich dabei nicht einmal etwas gebrochen. Will sagen: Möglichkeiten scheren sich nicht um Wahrscheinlichkeiten! Oder: Wir können weder das eine noch das andere hundertprozentig beweisen, wir können auch nicht verlangen, dass irgendjemand beispielsweise die *Nicht*existenz extraterrestrischer Bauten auf dem Mars nachweist. Auch ist die Behauptung unsinnig, allein die Tatsache, dass niemand diesen Nachweis führen könne, beweise schon die *Existenz* solcher Bauten. Umgekehrt ist es aber völliger Blödsinn, von vornherein alles, was außerhalb unserer althergebrachten Weltauffassung liegt, im geheiligten Feuer eines Schein-Rationalismus zu verbrennen – *Feuer-Schein*! Denn dann sind wir wirklich bald wieder bei der tödlichen (Ver)logik der Inquisition, bei der angebliche Wahrheiten und Geständnisse aus den armen Opfern grausamer Folterungen im Wortsinne *herausgequetscht* wurden. Eine kleine Nebenbemerkung, die ich mir aus unerfindlichen Gründen im Moment nicht verkneifen kann: In unseren Zeiten wird mancherorts die Methode zunehmend favorisiert, nicht den Körper, sondern den Geist auf eine Streckbank zu legen, mit ähnlich einschneidenden Wirkungen. Aber das ist ein anderes Thema. Die Vielfalt der Zusammenhänge reizt einfach zu ausschweifenden Abschweifungen...

Doch zurück zu Myers und Percy sowie ihren Behauptungen. Der grundsätzliche Plot ihrer »Story« enthält nämlich einige immer wiederkehrende Elemente, Behauptungen, wie sie von unterschiedlichen Quellen stets aufs Neue geäußert worden sind. Die moderne »UFO«-Forschung kennt beispielsweise eine Unmenge von Zeugen mit teils beeindruckendem militärischen, geheimdienstlichen und wissenschaftlichen Hintergrund, die davon sprechen, dass fremde Wesen bereits vor vielen Jahrtausenden oder gar Millionen von Jahren unseren Planeten besucht und dabei wiederholt genetische Manipulationen am Menschen durchgeführt haben. Deutet der rätselhafte Name »Tempel der Millionen Jahre« aus Hermopolis am Ende gar darauf hin? Nach diesem Tempel wurden in späterer Zeit übrigens auch andere Bauten benannt.

Wenn eine Geschichte immer wieder erzählt wird, muss sie deshalb noch lange nicht wahr sein, aber wie gesagt, die Quellen scheinen unabhängig voneinander zu sein, außerdem handelt es sich dabei durchaus auch um Leute, die es eigentlich nicht nötig hätten, Windeier zu legen. Eine andere Möglichkeit dafür, dass solche Leute solche Geschichten erzählen, könnte wohl Desinformation der Öffentlichkeit sein, vielleicht auch die Vorbereitung auf kommende, einschneidende und sehr ungewöhnliche Ereignisse.

Der Engländer David Percy wurde 1995 direkt darauf angesprochen, woher genau er denn seine Informationen beziehe. Darauf erklärte er, er habe sie zum Teil mittels eines telepathischen Kontaktes zu den »Neun« erhalten. Myers und Percy waren wesentlich an der Verbreitung der Theorien über den künstlichen Ursprung der Cydonia-Strukturen beteiligt und arbeiteten eng mit deren exponiertesten Verfechter, Richard Hoagland, zusammen. Auch Hoaglands Weltbild wird weitgehend von den »Neun«, oder dem, wie sie sich auch nennen, »Rat der Neun« bestimmt.

Richard Hoagland ist schon seit Jahren eine schillernde Persönlichkeit. Er arbeitete für das New Yorker *Hayden Planetarium* und beriet unter anderem über die Jahre hinweg zahlreiche Fernsehsender bei der Gestaltung und Recherche für Sendungen zu Weltraum-Themen.

Zusammen mit dem britischen Journalisten und Buchautor Eric Burgess, der gleichfalls für die NASA zahlreiche Abhandlungen zu Raumfahrt-Missionen verfasste, kam Hoagland auf die später vom berühmten Dr. Carl Sagan geförderte Idee, eine hauptsächlich symbolisch gemeinte Informationsplakette an die Pioneer-10-Sonde anzubringen – für den Fall, dass in ferner Zukunft einmal fremde intelligente Wesen diese menschliche Flaschenpost aus dem Sternenozean fischen. In der zweiten Hälfte der siebziger Jahre war Hoagland selbst beratend für die NASA, genauer gesagt: für das Goddard-Raumflugzentrum bei Washington tätig. Hoagland besitzt ein sehr ausgeprägtes Ego, mit dem er durchaus unangenehm in Erscheinung treten kann, ob bewusst oder unbewusst; er verkauft sich aber in der Öffentlichkeit glänzend. So gilt er – selbst dabei unangefochten – als Hauptverfechter der unkonventionellen Cydonia-Theorie. Allerdings gab es vor ihm andere, die diesen Gedanken vertraten und dies zum Teil noch heute tun, wobei sie oftmals mit einer solideren Argumentation aufwarten. Hoagland arbeitet hingegen oft weniger wissenschaftlich als es den Anschein hat. Er erklärte zum Beispiel, dass das berühmte Marsgesicht, jener gen Himmel gerichtete Cydonia-Fels von zweieinhalb Kilometern Länge, der menschen-ähnliche Züge trägt, genau so orientiert ist, dass für einen Beobachter aus der »Stadt« – einer anderen anscheinend künstlichen Anordnung im Cydonia-Gebiet – die Sonne zur Sommersonnwende exakt darüber aufgeht. Aber, heute ist das nicht so. Hoagland erklärt auch, dass die Achse des Mars sich mittlerweile verschoben habe. Vor fünfhunderttausend Jahren aber, so rechnet er vor, passte alles perfekt. Er kurbelt also einerseits so lange am Rad der Zeit, bis die Situation stimmt und leitet andererseits daraus auch schon wieder das Alter der Strukturen ab. So geht es natürlich nicht.

Als die NASA-Raumsonde *Mars Global Surveyor* im Frühjahr 1998 über die Cydonia-Region hinweg rauschte und Detailfotos zur Erde blitzte, schien der »Moment der Wahrheit« gekommen zu sein und als große Ernüchterung für alle zu enden, die fest von einem künstlichen Ursprung des beinahe sphinxhaften Gesichts, der Pyramiden und anderer seltsam regelmäßiger Gebilde dort überzeugt waren. Erst auf den Druck der Öffentlichkeit hin, so wirkte es, hatte die NASA während dieser Mission auch das Marsgesicht noch einmal fotografiert, um – wie schon im Vorfeld laut und deutlich erklärt wurde – endgültig alle Gerüchte einer Vertuschung vom Tisch zu fegen und einwandfrei zu demonstrieren, dass dieses Gesicht genau das war, was die gewaltige Weltraum-Behörde von

Anfang an erklärt hatte: nämlich nichts anderes als »ein Spiel von Licht und Schatten«. Also kam es dann auch.

Die neuen Bilder zeigten einen viel flacher, unregelmäßiger und ziemlich uninteressant wirkenden Fels, der kaum mehr echte Symmetrien oder menschliche Züge aufwies. Das Ganze sah aus, als ob ein riesiger Panzer über das Gesicht gerollt wäre und es zur Unkenntlichkeit plattgedrückt und verstümmelt hätte. Der »NASA-Enthüllung« folgte ein Aufschrei der Entrüstung, der nicht viel stärker hätte ausfallen können, wenn die US-Behörde zugegeben hätte, dass sie tatsächlich vernebelte. Nein, nicht sie, sondern der Mars vernebelte, so erklärte die NASA indirekt, indem sie den niedrigen Kontrast auf schlechte atmosphärische Bedingungen zum Zeitpunkt der Aufnahme zurückführte. Das ist beim Mars durchaus drin.

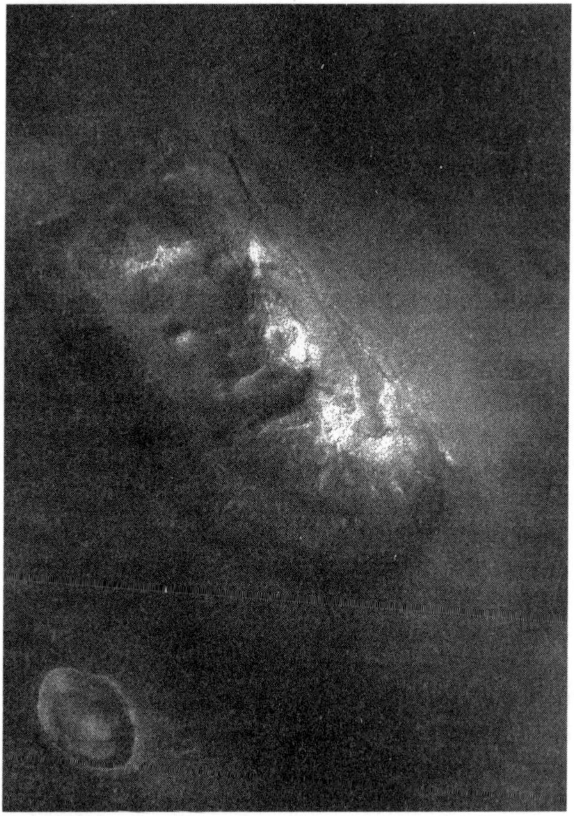

Das berühmte Marsgesicht, aufgenommen vom Mars Global Surveyor, NASA/7PL. *Wurde dieses Bild manipuliert?*

Doch viele wollten weder daran glauben, noch akzeptieren, dass das auf den Viking-Aufnahmen klar erkennbare, direkt hervorstechende Marsgesicht aus viel größerer Nähe plötzlich kaum mehr erkennbar war. Das extremste Lager der Entrüsteten vermutete, irgendwer musste die Felsskulptur zwischenzeitlich absichtlich vernichtet haben, vielleicht durch eine kräftige Sprengung. Zumindest aber musste das Bildmaterial manipuliert worden sein. Davon sprach auch Hoagland, anschließend machte er sich daran, die Bildinformation des neuen Fotos im Computer zu verstärken und die Perspektive rechnerisch zu verbessern. Er ist nicht der einzige, der an einem künstlichen Ursprung festhält. Andere geben ihm dabei recht, und tatsächlich bleiben bis heute offene Fragen und Rätsel. Denn die Umrisse des Gesichts sind erstaunlich geradlinig, außerdem fanden sich neuerdings offenbar sehr feine regelmäßige, netzartige Muster über der Struktur, die nicht natürlichen Ursprungs sein können. Was immer noch stutzig macht, ist auch eine Besonderheit des Programms *Viking*. Als diese NASA-Sonde 1976 die ersten Bilder vom Marsgesicht und von Cydonia schoss, machte sie ausgerechnet über dieser Region in schneller Folge vier Aufnahmen hintereinander. Das *muss* vorprogrammiert gewesen sein, denn live ging es einfach nicht, wegen der viel zu langen Signal-Laufzeit zwischen Mars und Erde. Wenn man nach der angeblichen Erst-Entdeckung der Cydonia-Besonderheiten spontan größeres Interesse entwickelt und das Signal für weitere Bilder abgeschickt hätte, wäre es erst angekommen, als die Sonde schon längst wieder weit weg von Cydonia war. Die NASA *muss* also schon vorher gewusst haben, dass hier etwas Außergewöhnliches zu finden ist! Woher aber?

Spielen auch hier die »Neun« wieder eine Rolle, an deren Prophezeiungen sich so viele orientieren? Immerhin, wiederholt war ihre kurz bevorstehende Wiederkehr ein Thema der Botschaften. Die gerade in unseren Tagen erkennbar gewordenen und nach wie vor zumindest nicht ganz gewöhnlichen Mars-Monumente sollen – als Spiegel der Anlagen von Giseh – ein Hinweis auf die göttliche Wiederkehr sein, ebenso soll sich das große Ereignis in den Botschaften des längst noch nicht »entlarvten« Kornkreis-Phänomens äußern.

Mit den Prophezeiungen der Neun war aber nicht alles eitel Sonnenschein. Denn manchmal traten wesentliche Behauptungen nicht ein. Zum Beispiel fanden in den siebziger Jahren keine Massenlandungen außerirdischer Raumfahrzeuge statt – zumindest hat niemand etwas davon mitbekommen, während bei einer Massenlandung eigentlich eher das Gegenteil zu erwarten wäre. Dann gab es gelegentlich auch ausgewachsene Fehler in den übermittelten Botschaften. Eine Entität der Neun zeigte sich nicht ganz bibelfest und brachte Abraham und Jacob durcheinander. Begründet wurden solche Ausrutscher damit, dass die Qualität des Empfängers mitentscheidend für die Güte der Botschaft sei, aber trotzdem, es fällt schon schwer zu glauben, dass hinter den gechannelten Neun die *echte* Enneade steht, jene uralte ägyptische Neunheit, die in Anbetracht der vielen sehr merkwürdigen Überlieferungen tatsächlich den Eindruck vermittelt, als wäre sie nicht von hier gekommen – dieser Punkt wird uns noch beschäftigen (will sagen: Ich bitte noch um ein wenig Geduld!).

Wer aber steckt hinter dem »*Rat* der Neun«, also den *gechannelten* Wesenheiten? Immerhin haben sie sich jahrzehntelang über verschiedene Medien bemerkbar gemacht und können aufgrund der bemerkenswert konsequenten Übereinstimmung der Aussagen auch nicht ohne einen realen Hintergrund sein. Offenbar sind es verdeckte *irdische* Mächte, geheime Organisationen, Geheimdienste. Und schon rutscht die nächste Frage nach: Warum in aller Welt sollten sie das tun? Die Antwort darauf dürfte nicht zuletzt beim Hauptakteur der Geschichte liegen, jenem mysteriösen Dr. Puharich, einem Mann, der viele der Fäden um den »Rat der Neun« in der Hand und einen Großteil seines Lebens geheim hielt.

Der Mediziner und Neurologe Dr. Andreji Puharich war nach seinem Studium kurzzeitig in der US-Armee tätig, trat dann aber laut offizieller Darstellung bereits sehr bald aus. In der Zeit, in der er seine *Round Table Foundation* betrieb, also zwischen 1948 und 1958, war er allerdings auch auf einem anderen Sektor tätig, er arbeitete sowohl für das US-Verteidigungsministerium als auch für den Geheimdienst CIA. Offenbar verlor er die Verbindung zu diesen Organisationen nie. Wie sagt man: »Einmal Geheimdienst – immer Geheimdienst«! Persönlichkeiten, die Puharich näher kannten, bezeugen auch, dass er in den Jahren nach seinem vermeintlichen Austritt aus der Armee ebenfalls undercover für sie tätig war und das angebliche Ausscheiden aus dem Militärdienst einzig dazu diente, seinen verschiedenen Projekten einen privaten, zivilen Anstrich der Unverdächtigkeit zu geben. Das Hauptbetätigungsfeld des Doktors deckte sich mit einem der streng geheim gehaltenen Hauptinteressen der obskuren Organisationen. Es ging um die Manipulation des menschlichen Geistes (*Mind-Control*), totale Einflussnahme, totale Kontrolle. Es ging um psychische Methoden der Beeinflussung, um die

Ausnutzung von Fernwahrnehmung (*Remote Viewing, RV*) und den unterstützenden, verstärkenden Einsatz von Drogen. In jener Zeit stieg man ganz groß in die Erforschung der psychologischen Kriegsführung ein, denn der »Heiße Krieg«, der Zweite Weltkrieg, war vorüber, und nun begann die Zeit des Kalten Krieges, in dem andere Regeln galten, in dem die Destruktion auf einer anderen Ebene fortgesetzt wurde. Alle wesentlichen, den Ton angebenden Institutionen waren in die *Mind-Control*-Maschinerie verwickelt. Der US-Auslandsgeheimdienst CIA startete 1950 mit dem Projekt BLUEBIRD, das anschließend als ARTICHOKE fortgesetzt wurde – ein merkwürdiger Name für ein Gedankenkontroll-Experiment, der sich wohl kaum mit der Gemüsepflanze in Verbindung bringen lässt, eher schon mit einem *arti*fiziellen *Choke*, einem künstlichen Ersticken des freien Willens und ursprünglichen Bewusstseins. 1953 lief das Projekt als MK-ULTRA weiter, die ultimative Mind Control, wobei die Verwendung eines »K« anstatt eines »C« für »Control« schon manch einen berechtigterweise nachdenklich gestimmt hat ...

Die amerikanische Marine befasste sich gleichfalls schon früh sehr emsig mit ähnlichen Ideen – die US-Marine wird uns sowieso noch öfters beschäftigen! – und verlieh ihrem Projekt wiederum einen merkwürdig-harmlosen Namen: Projekt CHATTER. Woran dachte man da nur? Mir fällt nichts ein, außer, was zugegebenermaßen sehr weit hergeholt ist: ausgerechnet der ägyptische Weisheitsgott Thoth aus Hermopolis, jener Gott, der das Urwissen brachte und auch den kuriosen Beinamen »Der Große Schnatterer« trug. Thoth wurde ibisköpfig, aber auch affengestaltig wiedergegeben. Aber sicher ist es nur ein Zufall, dass das Verb »schnattern« (engl. chatter) vorwiegend auf Affen bezogen wird. Da hätten wir zwar schon wieder eine ziemliche Nähe zu den ägyptischen Urgöttern. Doch, wie gesagt, das ist weit hergeholt. Immerhin eine kuriose Koinzidenz am Rande.

Es gab noch eine Reihe anderer vergleichbarer Projekte. Wir wollen uns aber nun nicht verzetteln, sondern lieber weiter der Rolle von Dr. Puharich widmen. Das Militär und die Dienste zeigten sich unbestritten fortwährend sehr interessiert an seinen parapsychologischen Forschungen zur Bewusstseins-Kontrolle, für die er sich in intensiven Studien auch bestimmten exotischen Halluzinogenen widmete. Die US-amerikanische Armee testete LSD an Tausenden unwissender Versuchspersonen, und auch der CIA verstrickte sich tief in Drogen-Experimente zur Mind Control. Eine mysteriöse und natürlich völlig verleugnete »Liebesbeziehung«, die nachweislich bis heute anhält. Unfraglich tat man alles, um die CIA-LSD-Liason im verborgensten Kämmerchen zu halten. Der größte Teil des wirklich belastenden Materials wurde vernichtet, so dass Jahre später, als das amerikanische Gesetz zur Informationsfreiheit (*Freedom of Information Act, FOIA*) in Kraft trat, nur noch relativ harmlose Dokumente, wenn auch immer noch viele tausend Seiten (!), ans Licht kamen, was wenigstens ein paar grobe Schemen vom Ausmaß von MK-ULTRA vermittelte. Die Unterlagen wurden 1973 vernichtet.

Zur zusätzlichen Verwirrung war die Zeit gut geeignet, denn in keinem Jahr lösten sich die CIA-Direktoren und damit die Zuständigkeiten so schnell gegenseitig ab, wie just 1973. Bis Februar 1973 war Richard Helms Direktor des mächtigen Dienstes, dann folgte von Februar bis Juli James R. Schlesinger, anschließend bis September 1973 der General Vernon D. Walters und zuletzt William E. Colby, der dann bis 1976 im Amt blieb. Richard Helms wäre ein guter Kandidat gewesen, wenn es um die Vernichtung des belastenden MK-ULTRA-Materials ging, galt er doch als »der Mann, der die Geheimnisse wahrte«. Colby hingegen war das Gegenteil, er wurde zum »Verräter« der eingeschworenen geheimen Gesellschaft. Er ging mehrmals mit sensitivem Material vor den Kongress. Im Mai 1973, schon bald, nachdem er CIA-Chef geworden war, prangerte er den Machtmissbrauch dort an. Dann wagte er es, dem Kongress – Sinnbild der Öffentlichkeit – die sogenannten »Familienjuwelen« des CIA zu zeigen: Aufzeichnungen und Berichte über sehr zweifelhafte CIA-Operationen wie das illegale Durchforsten der Post von US-Bürgern, ebenso ungesetzliche Telefon-Abhöraktionen und nicht zuletzt Drogen-Experimente an arg- und ahnungslosen Bürgern.

Colby schien gerade damit befasst zu sein, weitere Informationen über LSD-Experimente zur Mind-Control weiterzureichen, als das Unvermeidliche geschah. Er erlitt einen bedauerlichen Unfall, der zudem bedauerlicherweise auch noch tödlich verlief. Zwar gab es dabei etliche hochmerkwürdige Begleitumstände, doch das scherte bald kaum jemanden mehr. Der geradezu penibel genaue, extrem organisiert lebende Colby soll angeblich sein Haus verlassen haben, ohne die Türe zu schließen, er ließ seinen Computer laufen, das Abendessen halb verteilt über den Tisch liegen, und machte sich auf eine kleine Bootsfahrt im Potomac River, ohne etwas davon seiner Frau gesagt zu haben, mit der er kurz zuvor telefoniert hatte. Nie vergaß der passionierte Kanufahrer, seine Schutzweste mit einzupacken, doch ausgerechnet an jenem ungemütlichen, ja stürmischen Abend blieb sie zu Hause, während Colby aus unerfindlichen Gründen in die Dunkelheit aufbrach – und lebendig nicht mehr gesehen wurde. »Selber schuld!«

Einer, der Geheimnisse sicher weit besser als Colby zu verbergen wusste – und wohl mindestens so gut wie Richard Helms – war Dr. Puharich. Er stand mit beiden Beinen fest auf dem Boden und steckte mit dem Kopf in der tiefsten Geheimhaltung. Das nennt man dreifach bodenständig!

Seltsamerweise drehten sich einige Botschaften der »Neun« ebenfalls um Psychodrogen. Harry Stone, eines der Medien jenes Kreises um Puharich, verfiel im Sommer 1954 in einen sehr tiefen Dämmerzustand und fing an, in einer seltsamen Sprache zu murmeln. Dann schrieb er einige Hieroglyphen auf und wechselte plötzlich wieder in die englische Sprache, um von einer altägyptischen Droge zu berichten, die sich stark auf die Psyche auswirkte. Das war genau das, was die MK-ULTRA-Leute und ihre Verwandten so brennend interessierte! Sie versuchten alles, um an entsprechende Informationen heranzukommen und kontaktierten ohne ihre eigentliche Identität preiszugeben Personen, die als Experten auf dem Gebiet der Halluzinogene bekannt waren. Dr. Puharich könnte allerdings ohne weiteres ihr Musterknabe gewesen sein. Er schrieb sogar ein Buch über halluzinogen wirkende Pilze, mit dem geradezu liebenswert klingenden Titel »Der geheiligte Pilz«.

Die Vermutung liegt nahe, dass Puharich im Auftrag der Geheimdienste sein persönliches Programm zur Mind Control und Gedankenübertragung durchführte. Welche Rolle die geheimnisvollen ägyptischen »Neun« dabei spielten, bleibt im Dunkel, doch sind mehrere Szenarien denkbar, die von Untersuchern dieser ungewöhnlichen Geschichte bereits ins Feld geführt wurden. Zum einen sollte wohl getestet werden, wie weit eine Gruppe wie die der Medien von Puharich aus der Ferne beeinflussbar ist und wie gut ihre »gechannelten« Botschaften sich zur Deckung bringen lassen. Zum anderen galt das Interesse wohl einer tatsächlichen Botschaft. Möglicherweise sollte über die mächtigen »Neun« ein neues Glaubenssystem zur Kontrolle der Massen aufgebaut werden – und wirklich sind zahllose einflussreiche Menschen ihrerseits in ihrem Handeln bereits selbst von den Botschaften der »Neun« beeinflusst worden – möglicherweise sollen wir auch schrittweise auf einige bevorstehende und nicht gerade unerhebliche Entwicklungen vorbereitet werden, die in direktem Zusammenhang mit Ägypten beziehungsweise den echten ägyptischen Göttern stehen.

Äußerst bemerkenswert ist die feststehende Tatsache, dass genau jener militärisch-geheimdienstliche Komplex verschiedenster mächtiger Organisationen und Behörden der USA sehr offenbar auch ein gediegenes Interesse an den Forschungen um diverse Rätsel des alten Ägypten besitzt. All sie sind in auffallender Kontinuität immer wieder in unmittelbarer Nähe der großen Monumente des Pharaonenreichs zu beobachten, sie führen zum einen eigene aufwendige Forschungen durch, scheinen zum anderen aber auch sehr daran interessiert zu sein, dass gewisse Informationen im Wüstensand verborgen bleiben. Warum? Was suchen sie? Haben ihre Aktivitäten mit einem Bündel an unerklärlichen Anachronismen der altägyptischen Kultur zu tun? Könnte man dort vielleicht wirklich auf der Suche nach einem Raum und Zeit übergreifenden Sternentor sein – in Form eines technologischen Systems, eines geheimen Mechanismus oder aber festgehalten in verborgenen Schriften? Viele ungewöhnliche Fragen am Ende eines Kapitels. Also, sehen wir uns die Rätsel einfach einmal an, um mögliche Hinweise und Zusammenhänge aufzuspüren! Es wird noch eine interessante Reise durch die Zeit.

3.

Rätsel in Stein und Staub

Das Komplott zum Brudermord hatte sich Mr. Seth perfekt ausgetüftelt. Auf einem großen Fest hielt er eine ganz besondere Überraschung bereit. Als er einen wunderschönen, prunkvoll verzierten Sarg in die Halle tragen ließ, staunten die geladenen Gäste bestimmt nicht schlecht. Auch sein ebenfalls anwesender Bruder war verblüfft über diese befremdliche Aktion. Mr. Seth aber lachte nur und meinte, er würde den Sarg demjenigen schenken, der ganz genau hineinpasste. Es musste also jemand sein, der nicht zu groß, aber auch nicht zu klein war. Der Sarg sollte nämlich wie maßgefertigt passen.

Da er so ausnehmend prachtvoll war, wollte natürlich jeder in seinen Besitz gelangen. Also machten nacheinander alle Gäste jenes makabre Spielchen mit. Niemand aber hatte Glück; dem einen war das Prunkstück zu groß, dem anderen zu klein. Nun war Mr. Seths Bruder an der Reihe. Auch er ließ sich zur »Anprobe« verleiten. Tatsächlich passte der Sarg wundersamerweise wie angegossen! Doch genau in dem Moment, in dem der Ahnungslose darin lag, stürzten sich die Gäste auf den Sarg und schlugen den Deckel zu, wanden feste Stricke um das Behältnis und versiegelten es auch noch mit Blei. Doppelt hält besser!

Mr. Seth hatte seinen Bruder buchstäblich ganz schön hereingelegt! Er hatte eines Nachts bereits sehr sorgfältig die Körpermaße seines schlafenden Bruders abgenommen und dann zweiundsiebzig Komplizen gewonnen, die später als vermeintlich unbedarfte Gäste auf dem ungewöhnlichen Fest erscheinen sollten, das nur einem Zweck diente: dem Brudermord. Wer da nun im Sarg lag, war kein Geringerer als Osiris, der wohl bekannteste der ägyptischen Götter. Sein Bruder Seth neidete ihm das hohe Ansehen und die Liebe, die Osiris unbestrittenerweise von überall erfuhr, also entschloss er sich, ihn umzubringen. So geht so was!

Seth und seine Verbündeten warfen den Sarg mitsamt Inhalt in den Nil, dessen reißende Strömung den unglücklichen Osiris ins Meer entsorgen sollte. Soweit der erste Teil der Überlieferung über das Schicksal jenes Gottes, der im alten Ägypten als Sinnbild des Guten galt, als Symbol der Fruchtbarkeit und des ewigen Lebens. Er wurde verehrt als das »ewig gute Wesen« Wenennofer, das der Welt die Kultur brachte.

Seths hinterlistige Mission schien erfüllt, doch bald gab es Schwierigkeiten. Die beiden Schwestern von Osiris, zwei Mädels namens Isis und Nephthys, von denen Isis zugleich auch die Frau des Ermordeten war, entdeckten den göttlichen Leichnam, und Isis brachte ihn an ein geheimes Versteck. Doch Seth fand diesen Ort heraus, zerstückelte Osiris und verstreute die Einzelteile des Gottes im ganzen Land. Isis aber begann verzweifelt nach den Überresten ihres Gatten zu suchen, und beinahe hört man sie dabei murmeln: »Mein Gott! Bist Du heute wieder zerstreut!« – Gut, dieser zugegeben geschmacklose Scherz liegt nahe, doch natürlich war die Sache bitter ernst. Isis und Nephthys flehten den Verstorbenen an, wieder auf die Erde zurück zu kommen. Der Sonnengott Rê sowie die Mutter des Osiris, Erdgöttin Nut, und nicht zuletzt der allwissende Thoth wurden später als diejenigen genannt, denen die Wiedererweckung von Osiris gelang. Und somit wurde Osiris auch zum unanfechtbaren Symbol des ewigen Lebens.

Auffallend an der Person des Osiris ist, dass er im Gegensatz zu den meisten anderen ägyptischen Göttern nicht als ungewöhnliches Mischwesen auftritt, sondern in ganz gewöhnlicher menschlicher Gestalt. Interessant ist auch, dass er als Sohn von Geb und Nut in den ursprünglichen Götterzirkel der großen Neunheit eintrat. Osiris wurde vor allem in der seit Urzeiten hochberühmten Tempelstadt Abydos (auch: Abtu oder Abedjou) verehrt. Bis etwa zur fünften Dynastie herrschte dort noch ein Gott namens Chontamenti, dann verschmolz seine Identität immer mehr mit Osiris, dessen Kopf dort beerdigt sein soll.

Das Osireion von Abydos gilt als Osirisgrab. Es gibt viele andere Osirisgräber, was Ägyptologen der großen Verehrung jenes hochpopulären Gottes zuschreiben, die ihrer Ansicht nach auch die Legende vom zerstückelten und über das Land verteilten Gott notwendig machte. So würde jede heilige Stätte ihre Rechtfertigung als letzter Ruheort für eines der

Körperteile des Osiris besitzen. Das Osireion von Abydos soll übrigens einem unterirdischen Osirisgrab bei der Cheops-Pyramide nachempfunden sein. Interessant: Dieses Osiris-Grab von Giseh wurde im Februar 2000 gefunden.

Pharao Sethos I., der in der 19. Dynastie herrschte, Sohn von Ramses I. und Vater des gewaltigen Pharaos Ramses II., ließ den Osiristempel von Abdyos errichten. Das entbehrt nicht einer gewissen Ironie, denn im Namen Sethos schwingt noch der des Gottes Seth mit, des Mörders, der zur Personifikation des Bösen wurde und sich auch im »Satan« des Christentums wiederfindet.

Die grandiosen Tempel von Abydos liegen nahe der Stadt El-Balyana, nur wenig nördlich (nilabwärts) der ebenso berühmten Anlagen von Luxor, Theben, Karnak und Dendera.

Das Osireion von Abydos

1859 grub Auguste Mariette die bereits über hundert Jahre vorher von seinem Landsmann N. Granger entdeckten Abydos-Ruinen aus dem Wüstensand aus. Der herrlichste Tempel ist ohne irgendeinen Zweifel der von Sethos I. Es ist ein nie fertig gestellter Prachtbau mit Reliefs, die zu den schönsten des Neuen Reichs in ganz Ägypten gerechnet werden.

Der Tempel, dessen ältesten Abschnitte schon aus der Frühzeit um 2900 v. Chr. stammen, ist der »Neunheit von Abydos« geweiht, die allerdings nur sieben Urgötter umfasst. Seine Mauern sind über und über mit Hieroglyphen bedeckt, wie man sie in anderen Tempeln auch findet. Doch im Sethos-Tempel gibt es darüber hinaus ein paar Schriftzeichen, die bisher niemand wirklich befriedigend erklären konnte. Sie befinden sich in einem Deckenbalken der Eingangshalle und stechen in ihrer Ungewöhnlichkeit sofort ins Auge, vor allem deshalb, weil sie nie und nimmer in jene längst vergangene Epoche hineinpassen. Man muss nicht erst zweimal hinblicken, um in diesen sonderlichen Hieroglyphen moderne technische Produkte zu erkennen. Ganz deutlich heben sich die

Umrisse eines Hubschraubers ab, der ähnlich wie ein Apache-Attacke-Hubschrauber aus den vierziger Jahren aussieht! Eine Öffnung an der Unterseite erinnert an die Konstruktion eines »fliegenden Kranes«, wie er erstmals bei einem Sikorsky-Hubschrauber realisiert wurde. Hier bleibt nichts, als eine wirklich kaum zufällige Ähnlichkeit zu bemerken. Dieser Hubschrauber aber ist nicht das einzige, was als ziemlich »unägyptisch« bezeichnet werden kann. Direkt rechts des »Hubschraubers« finden sich noch drei weitere sehr technisch anmutende Hieroglyphen. Auf der gleichen Höhe wie der Helikopter scheint eine Art gepanzertes Gefährt abgebildet zu sein, darunter folgt offenbar die Querschnitts-Darstellung eines submarinen Vehikels mit ganz klar erkennbarer Heckflosse. Die Art der Abbildung deutet darauf hin, dass sich der Künstler wohl darum bemühte, das Objekt als Hohlkörper wiederzugeben. Unter diesen beiden merkwürdigen Hieroglyphen erscheint dann noch eine dritte, die aussieht, wie eine umgedrehte Schusswaffe. Der Lauf ist an der Öffnung leicht verdickt; etwa auf halber Distanz zum Griff ist noch eine annähernd halbkreisförmige Ausbuchtung zu erkennen, dann schließlich, am Griffansatz, tritt ein Bügel hervor, genau wie er beim Abzug zu erwarten wäre.

Ich frage Sie jetzt: Kann das alles Zufall sein? Sie werden wahrscheinlich zurückfragen: »Was sonst?« Denn, was sollten schon Hubschrauber, Panzer, U-Boote und Schusswaffen im alten Ägypten zu suchen haben? Es ist auch völliger Quatsch anzunehmen, die Ägypter hätten damals schon ihre Schlachten mit solch modernen Gerätschaften geschlagen. Die zahlreichen detaillierten Wandgemälde aus den verschiedensten Epochen zeigen eine typische alte Kultur, bei der alles gut zu unserer Vorstellung vom damaligen Stand der Technik passt. Man sieht Pharaonen wie Amenophis II. auf vierspeichigen Streitwagen bei der Jagd, man sieht Krieger mit Pfeil und Bogen im Kampf, Bauern beim Pflügen, blinde Harfespieler, Metallarbeiter mit einfachen Instrumenten, man sieht, weiß Osiris was noch, aber im Grunde findet man selbst nach langer Suche nichts, was auf den Einsatz einer modernen Technik durch die alten Ägypter selbst hindeutet. Doch was da ganz unauffällig am Deckenrelief in der Eingangshalle des Abydos-Tempels zu Tage tritt, lässt sich nicht so leicht wegdiskutieren. Offenbar müssen die Ägypter damals mit einer Technik konfrontiert worden sein, die wohl keineswegs von ihnen selbst stammte. Und ganz offenbar kamen nur wenige für verhältnismäßig kurze Zeit damit in Berührung, denn andernfalls sollten sich viel mehr Hinweise auf diese Begegnung finden lassen. Irgendetwas hatte damals stattgefunden, auf irgendeine Weise drang Technik des 20. Jahrhunderts – *also aus unserer Zeit* – in die Zeit des alten Ägypten ein, um einen Anachronismus, eine Zeitparadoxie zu bewirken. Sicherlich war diese Technik keine *außerirdische* Technologie, dazu ähnelt sie den typisch menschlichen Produkten der vergangenen Jahrzehnte zu sehr.

Natürlich, da gibt es einen Einwand, den ich schon im gleichen Zug höre, während ich diese Zeilen aufschreibe: Ist es nicht merkwürdig, dass die vermeintliche Technik, wie sie im Abydos-Tempel angeblich zu sehen ist, ausgerechnet aus unseren gegenwärtigen Tagen stammen soll? Warum denn nicht aus irgendeiner anderen Zeit? Ja, zum Seth, aus welcher Zeit sonst sollten wir denn eine Technologie erkennen? Vielleicht aus der Zukunft? Ich glaube einfach nicht, dass wir dazu wirklich imstande sind; wir sind es sicher genauso wenig wie die alten Ägypter beispielsweise die technologischen Hintergründe von Panzern und Hubschraubern durchschaut hätten. Und die Annahme, dass zum Beispiel eine Technologie aus dem 17. oder 18. nachchristlichen Jahrhundert die Zeit zum alten Ägypten hin durchbricht, dürfte wohl weit unrealistischer sein. Außerdem steht fest – denke ich –, dass Panzer und Hubschrauber zu Zeiten von Maria Stuart oder Napoleon ebenso wenig existierten wie in der 19. Dynastie der ägyptischen Herrscher.

Die »modernen« Hieroglyphen im Deckenbalken des Sethos-Tempels von Abydos. Sie sind direkt links oberhalb der Säule und neben dem weggebrochenen Teil des Balkens zu erkennen.

Also, was hat es dann mit den Abydos-Hieroglyphen auf sich? Eingefleischte Skeptiker – oder besser: Leute, bei denen die passenden Tomaten gleich zu den Augen mitgeliefert wurden – meinen, die angeblich uralten Schriftzeichen seien nichts als eine Fälschung, vielleicht angefertigt von scherzhaft aufgelegten neuzeitlichen Restauratoren, die späteren Besuchern ein kleines Rätsel aufgeben wollten. Tolle Geschichte!

Aber: Die Tempelreliefs von Abydos gehören zu den bedeutendsten jener Epoche. Ich kann mir kaum vorstellen, dass irgendein Archäologe oder Restaurator nur so aus Spaß an der Freud daran herumdoktert, und dann auch noch gleich in der Eingangshalle. Mut zum Risiko!? Doch abgesehen davon gab es an diesem Ort in den vergangenen Jahrzehnten keine Auffrischungs-Arbeiten. Deshalb griff der Forscher Serge Rosmorduc von der Universität Paris zu einer anderen ausgefuchsten Deutung, als er mit den seltsamen Reliefs konfrontiert wurde. Er erklärte diese Zeichen an sich als völlig authentisch. Ihre ungewöhnliche Form sei dadurch entstanden, dass hier zwei Inschriften überlagert seien, anders ausgedrückt, alte Hieroglyphen seien ausgelöscht und durch neue ersetzt worden. Die alten Ägypter verwendeten Gips, um die ursprünglichen Zeichen abzudecken, dann ritzten sie die neuen Hieroglyphen. Mit der Zeit habe sich der Gips abgelöst, so dass heute ein Mischmasch aus beiden Zeichengruppen, den alten und den neuen, zu sehen sei. Größere neue Hieroglyphen auf kleineren alten. Ergebnis: Hubschrauber, Panzer und U-Boote! So einfach erfindet man Technik!

Nahaufnahme der Abydos-Hieroglyphen

Keine Frage, die alten Ägypter pflegten Inschriften, die in irgendeiner Weise nicht mehr en vogue waren, tatsächlich oft recht radikal auszumerzen. Tatsächlich könnte auch die Panzer-Hieroglyphe aus der Hand-Hieroglyphe, die Gewehr-Hieroglyphe aus der Glyphe für einen angewinkelten Arm und die U-Boot-Hieroglyphe aus der Glyphe für den Mund (beziehungsweise den Buchstaben »r«), vielleicht sogar einem verstümmelten Udjat-Auge, entstanden sein. Beim Hubschrauber allerdings wird's schon sehr schwer, noch eine passende Hieroglyphe zu finden. Und alles zusammen: mehrere absolut technisch anmutende Zufälle und überall genau zu den modernen Gegenstücken passende Details, das ist schon ein bisschen zuviel des Guten.

Und wo sind in Abydos die beiden unterschiedlichen Schichten? Wo finden sich dort erkennbare Spuren eines abgeblätterten Gipsverputzes? Nichts dergleichen. Im Gegenteil, der Stein mit den Hieroglyphen ist an den interessierenden Stellen beinahe schon glatt wie ein Kinderpopo. Keine Runzeln, keine Abbrüche, keine Bereiche, in denen etwas abgeblättert oder aufgetragen zu sein scheint. Sämtliche Linien verlaufen gerade und ununterbrochen, nirgends finden sich unvermittelte Sprünge. Das ganze Bild ist eine Einheit! Nur deshalb nämlich ist Rosmorduc auch in der Lage, die zentral gelegenen »normalen« Hieroglyphen zu entziffern. Ein ausgefüllter Halbkreis, der einem »t« entspricht und drei Gruppen von Zeichen, bei denen jeweils wiederum drei senkrechte Linien durch waagrechte Balken verbunden sind, ergeben zusammen »neun Bögen«. Rosmorduc übersetzt die Passage als: »Derjenige, der die neun Bögen unterdrückt«, womit fremde Länder gemeint seien. Interessant ist allemal, dass hier schon wieder die mysteriöse Zahl Neun auftritt, in Form einer dreifachen Triade! Links von dieser Gruppe finden sich ebenfalls völlig unversehrt und demnach deutlich erkennbar die Symbole einer Binse und einer Biene, darunter zwei ausgefüllte Halbkreise. Das Arrangement weist auf den königlichen Bezug des Textes hin und bedeutet: »König von Ober- und Unterägypten«. Von einer Vermischung von alten und neuen Hieroglyphen also keine Spur. Rechts der rätselhaften »Technik-Zeichen« fehlt dann ein größeres Stück im Relief des Deckenbalkens; dieser Teil ist deutlich sichtbar und zweifelsfrei herausgebrochen. Aber auch hier vermischt sich nichts. An dieser Stelle gibt es schlichtweg überhaupt keine Hieroglyphen. Also: Wir haben hier offenbar nur eine durchgängige Schicht eines völlig ungewöhnlichen Reliefs in einem mindestens dreitausend Jahre alten Tempel, ein Relief, auf dem mehrere offenbar militärisch genutzte moderne Objekte abgebildet sind. Da sträubt sich freilich der gesunde Menschenverstand und das Nackenhaar!

Der schon erwähnte Richard Hoagland, der »Chef der Marspyramiden«, erklärte den Fund der Abydos-Hieroglyphen ohne Umschweife als seine Entdeckung. Auf seiner Internet-Seite wird stolz verkündet: »Hoaglands Abydos-Entdeckung wurde im November 1998 während einer eigenen, einige hundert Meilen langen Expedition zum Tempel von Sethos I. in Abydos von einem Fernseh-Team des FOX-TV verifziert, das die Glyphen tatsächlich an Ort und Stelle im Tempel filmte.« Wenigstens der Form halber soll aber doch festgestellt werden, dass Hoagland sich zumindest nicht richtig informiert hat, denn auch wenn er die rätselhaften Symbole über FOX weithin bekannt machte, gefunden haben andere sie bereits viel früher. Schon 1990 fielen sie einer Gruppe von privaten Forschern aus dem Kreis Erich von Dänikens auf, die speziell auf der Suche nach ungewöhnlichen Überlieferungen früher Zeiten waren. Nur in einem Nebensatz bemerkt: Der so heiß umstrittene Schweizer Erfolgsautor hat nun einmal einige wirklich rätselhafte Dinge ausgebuddelt und dazu ganz einfach Fragen gestellt, die wir uns allesamt einmal vorurteilslos durch den Kopf gehen lassen sollten, auch wenn es schwer fällt. Man wird von Däniken genau wie jedem anderen Sterblichen schon zubilligen müssen, sich hier oder dort mal in Gedanken zu versteigen, die möglicherweise nicht stimmig sind, aber wie einleuchtend oft die geheiligten Sprüche und Erklärungen der Fachgelehrten sind, das zeigt allein schon das Beispiel von Abydos. Aber zu diesem Themenkomplex soll sich ruhig jeder selbst eine Meinung bilden. Ich will gewiss niemanden belehren. Irgendwann, so hoffe ich, werden wir dann alle belehrt werden, von der Wahrheit selbst. Jedenfalls haben in den Jahren nach 1990 schon etliche Autoren über die anachronistischen Hieroglyphen von Abydos berichtet und sie zum Teil auch in ihren Büchern abgebildet.

Auf einer Internetseite werden die Rätsel-Hieroglyphen vorgestellt und Betrachter um Meinungen gebeten. Da tut sich wohl so mancher schwer. Ein kurzer Blick in diese Liste ist aber wirklich ganz interessant. Da spricht jemand von einem nicht einmal besonders ausgeklügelten Schwindel und meint, eine Zivilisation, die über so moderne Technologie verfügte, würde ihre Informationen nicht auf so primitive Weise festhalten – einfach grob in Stein gemeißelt. Im übrigen wären doch die

Römer sicherlich mit einer so fortschrittlichen Zivilisation nie fertig geworden. Für einen anderen ist das alles so unfassbar, dass er an eine im Computer hergestellte Grafik denkt. Wieder ein anderer sieht nur »beschädigte Hieroglyphen«. Es gibt auch einige, die offen an die Sache herangehen; sie sehen, was es zu sehen gibt, was es sogar sehr eindeutig zu sehen gibt, und überlegen, auf welche hochentwickelte Kultur diese Zeichen hindeuten könnten. Waren es vielleicht die Atlantiden, von denen die alten Ägypter laut einigen Quellen angeblich abstammten?

Dieselben Hieroglyphen in der anonym manipulierten Fassung

Doch was ist denn am naheliegendsten? Was erblicken wir denn in jenen missliebigen Hieroglyphen? Wir sehen hier eine eindeutig einordbare Technologie, nämlich Militär-Gerätschaften ziemlich genau *aus unserer Zeit*, so etwa die Zeit des Zweiten Weltkriegs oder danach. Insofern sollten wir vielleicht einmal hier nachhaken und überlegen, warum das ausgerechnet so ist. *Das* ist doch am naheliegendsten. Die Frage ist, wie diese Technologie im alten Ägypten auftauchen konnte, welche spezielle Verbindung – wenn es sie denn tatsächlich geben sollte – zu Ägypten besteht und welche Belege sich dafür finden lassen. Seien Sie versichert, es gibt eine Menge verräterischer Hinweise. Manches werden Sie vielleicht schon erahnen, manches könnte aber auch zur Überraschung geraten. Denn die Zusammenhänge sind offenbar recht kompliziert. Deshalb müssen wir auch noch ein wenig Geduld haben, bis mehr Puzzle-Stücke zusammen sind.

Mehr oder minder zufällig bin ich selbst immer zum richtigen Zeitpunkt über die richtigen Informationen gestolpert, und alles fügte sich plötzlich so nahtlos aneinander, dass ich nicht anders kann, als das auch für mich völlig unerwartete und unvorhersehbare Endergebnis trotz all seiner Unwahrscheinlichkeit als realistische Möglichkeit zu erwägen. Ich entschuldige mich dafür schon jetzt bei den Skeptikern und Tomatenzüchtern. Im Moment wäre es aber unsinnig, darüber viele Worte zu verlieren, denn um die ganze Angelegenheit zu akzeptieren, sind erst einmal ein paar Fakten im Vorfeld unerlässlich. Ich hätte sie sonst auch nicht akzeptiert. Im übrigen wäre meiner Meinung nach alles andere zu verwirrend. Nur soviel: Im alten Ägypten kommen mehrere Kräfte zusammen, gewissermaßen aus *entgegengesetzten* Richtungen. Es müssen Kräfte gewesen sein, die Einfluss auf die gesamte Geschichte dieses Planeten und seiner Bewohner genommen haben.

Nun aber weiter im Text.

Wer einmal genau hinsieht, dem wird auffallen, dass das fragliche Relief in den Abbildungen bei Hoagland und auch noch in anderen Quellen ein bisschen anders aussieht als auf den ersten bekannten Fotografien. Tatsächlich kursieren zur Zeit *zwei* Versionen der Abydos-Hieroglyphen. Die Version, wie sie in älteren Veröffentlichungen auftaucht, enthält mehr Details. Zum Beispiel gibt es da noch jenes kleine Dreieck am Mittelbalken des Zeichens unter dem Hubschrauber, das zur dreifachen Triade gehört. Auch das breitere Bogensegment auf dem Panzerrumpf fehlt. Bei der als Schusswaffe interpretierten Glyphe fehlt der Bügel an der Stelle des Abzugs. Merkwürdig. Wie kam es zu diesen Veränderungen? Hat hier jemand mit dem Computer herumgetrickst oder sich aber an den originalen Hieroglyphen im Tempel selbst zu schaffen gemacht?

In dem von Nigel Appleby verfassten, 1998 erschienenen und dann aus letztendlich nicht ganz nachvollziehbaren Gründen vom Markt gezogenen Buch »Hall of the Gods« – »Die Halle der Götter« stoßen wir wieder auf diese gestutzte Abbildung von Abydos. Merkwürdig ist dabei folgendes: Jener Bogen an der Schusswaffe scheint herausretuschiert zu sein. Denn bei genauem Hinsehen sind noch Reste davon in Form einer dünnen und ganz schwachen helleren Linie zu erkennen. Warum aber hat sich da überhaupt jemand – wer auch immer – die Mühe gemacht, die Originalaufnahme zu verfälschen? Appleby stellt die Hieroglyphen ebenfalls als Hinweise für eine moderne Technologie im alten Ägypten vor. Es macht also überhaupt keinen Sinn für ihn, die Aussagekraft der Fotografie absichtlich zu schmälern. Sollte er ein Spiel mit doppeltem Boden spielen? Das macht auch keinen besonderen Sinn, vor allem auch in Anbetracht der Weglassung jenes kleinen und so völlig unscheinbaren, unbedeutenden Dreiecks! Eine andere Möglichkeit wäre, dass das Relief im Tempel nicht mehr dasjenige ist, das es einst war. Demnach müssten die neueren Aufnahmen eine Kopie zeigen, gegen die das Original ausgetauscht wurde. Wie Sie noch sehr deutlich sehen werden, steht eines fest: Es gibt Gruppen, denen tatsächlich daran liegt, bestimmte

Informationen aus dem Land am Nil nicht an die Öffentlichkeit dringen zu lassen. Also würde im Prinzip eine solche Austauschaktion ins Bild passen. Nur, wie sinnvoll wäre sie? Von den Originalreliefs gibt es bereits seit längerem nachweislich authentische Bilder. Wenn dann jemand kommt und plötzlich den Deckenbalken in Abydos auswechselt, bekäme die Sache dadurch noch viel mehr Gewicht. Aber gerade das soll ja nicht passieren. Wenn überhaupt, dann wäre wohl das ganze Relief verschwunden. Ich kann mir noch aus einem anderen winzigen, aber trotzdem aussagekräftigen Grund nicht vorstellen, dass etwas ausgewechselt wurde. Dieser Grund hat mit der feinen Linie zu tun, die noch von jenem Bügel am Schießeisen übrig geblieben ist. Sie weist doch darauf hin, dass die neue Variante direkt aus dem Originalfoto hervorgegangen ist. Da ist nichts am Relief weggemeißelt worden, da ist am Bild gebastelt worden! Interessant aber ist vor allem eines: Zumindest zur Zeit ist für Besucher kein Zugang zu jenem Bereich des Tempels möglich, in dem sich die außergewöhnlichen Hieroglyphen befinden. Ein kurzes »Warum?« sei hier erlaubt! Fast könnte man den Eindruck gewinnen, dass nunmehr versucht wird, hier möglicherweise etwas zurecht zu rücken, was bisher übersehen worden ist. Und gespannt sein darf man allemal, wie der Deckenbalken aussieht, wenn man die heiligen Hallen wieder betreten darf!

Wenn Sie das Rätsel der Abydos-Hieroglyphen als ernste Möglich-

Eine bemerkenswerte Zeichnung aus der uralten Pyramidenstätte des nubischen Meroë. Das Instrument sieht sehr modern aus, fast wie eine Raketen-Abschussrampe. Wieder ein Bruch im Gefüge unserer Vorstellungen von der alten Geschichte?

keit und Herausforderung an uns alle akzeptiert haben, dann reichen Sie damit dem Unerklärlichen der ägyptischen Kultur die Hand. Zumindest sind diese Schriftzeichen ein erster Zugang zu einem offensichtlichen Problem mit der Zeit. Doch da gibt es weit mehr zu entdecken. Eins hängt mit dem anderen zusammen, und wie sich noch zeigen wird, wurde die altägyptische Kultur ganz offensichtlich einerseits von einem geheimen Wissen beeinflusst, das ihr zur Zeit der großen »Explosion« um etwa 3 000 v. Chr. von den neun Urgöttern vermittelt wurde, zum anderen aber wurde sie auch mit Technologien des 20. Jahrhunderts konfrontiert, die in die damalige Welt einbrach und das aus Gründen, denen wir noch gezielt nachspüren werden.

Im alten Ägypten finden sich außer den Abydos-Hieroglyphen noch andere, ziemlich moderne Darstellungen zum Thema »Flug«. Wenn es sich bei diesen Darstellungen um Hieroglyphen handelte, dann lungerte in der Nähe immer auch die Abbildung eines Vogels herum. Ein Blick auf das Abydos-Relief zeigt: Das ist auch dort so. Direkt rechts vom Hubschrauber sitzt ein Vogel. Dieses Faktum weist zusätzlich darauf hin, dass jenes komische, unpassende, weil völlig modern wirkende Ding, das von Schulwissenschaftlern als Zufallsprodukt zweier verfallener und durchmischter Hieroglyphen-Inschriften gedeutet wird, wirklich exakt das ist, wofür es andere naheliegenderweise halten – nämlich auch exakt das, was es abbildet: ein Hubschrauber!

Die 4 500 Jahre alten Pyramidentexte der frühen ägyptischen Kultur sind Quellen spannender Information. Das Fliegen durch Raum und Zeit spielt immer wieder eine nicht gerade unerhebliche Rolle.

»Klar!« werden Ägyptologen einwerfen, schließlich sind das ja Totentexte, und die Toten reisten durch kosmische Sphären ins Jenseits, alles in einem rein religiösen, transzendentalen und übertragenen Sinne natürlich. Ist das wirklich so einfach? Der ägyptische Mediziner und Archäologe Professor Khalil Messiha, ein vielfach hochdekorierter Spezialist für die alte Geschichte seines Landes, hält da allerdings zwei Dinge ganz strikt auseinander. Wie er erklärt, gab es einerseits natürlich die Vorstellung vom Boot des Sonnengottes Rē, womit der Lauf der Sonne am Himmel gemeint war, also etwas durch und durch Natürliches. Ganz unabhängig davon waren aber Schilderungen, die von himmlischen Barken sprachen, Fluggeräten, die durch die Lüfte schwebten. Messiha bestätigt auch, dass solche Inschriften bereits in der ersten Dynastie auftauchten.

1898, als die Flugkünste unserer eigenen Kultur noch in den Kinderschuhen steckten, fanden Archäologen in einem Grab in ein kleines hölzernes Objekt, das sie eher verschämt als »Vogelmodell« bezeichneten. Doch was war das für ein komischer Vogel, der mit einer senkrechten Heckflosse ausgestattet war! Und das kleine Ding – Spannweite achtzehn Zentimeter – konnte sogar richtig fliegen! Es schien also eher so etwas wie ein Flugzeugmodell zu sein. Sein Erfinder ist auch bekannt, ein gewisser Pa-Dimen, was soviel wie »Geschenk des Amûn« bedeutete. Er lebte in der ägyptischen Spätzeit um 300 v. Chr.

Die »Schwingen« des als Hochdecker ausgelegten Fluggeräts sind an den Enden leicht nach unten gebogen. Fachleute sind der Ansicht, die Gesamtkonstruktion des als Objekt Nummer 6347 im Ägyptischen Museum von Kairo ausgestellten Flugzeugs weist auf einen Einsatz als Lastentransporter hin.

Die Pyramidentexte enthalten so manche Merkwürdigkeit. Über die sehr seltsame »Flammeninsel« habe ich ja schon einige Worte verloren. Von einem Urhügel soll sich ein glänzendes, sternartiges Objekt zum Himmel erhoben haben, mit Feuer, Rauch und Flammen. Im Grunde genommen entspricht das doch der Anordnung, wie wir sie bei den Pyramiden finden. Ihre Spitzen waren früher ebenfalls von einem weithin sichtbaren »Pyramidion« gekrönt. Diese Art von Abschluss-Stein spiegelte das Licht der Sonne funkelnd wieder, denn er war mit wertvollem Metall überzogen, was Überlieferungen wie die des Griechen Agatharchides von Knidos bestätigen.

Wer eine anschauliche Darstellung eines Pyramidions sehen will, muss eigentlich nicht lange suchen. Er braucht bekanntlich nur eine amerikanische Dollar-Note in die Hand nehmen und wird schon fündig, auf deren rückwärtiger Seite. Dort ist so ein strahlendes Dreieck über einer am oberen Ende etwas abgeschnittenen Pyramide zu finden. Interessant, das Dreieck, in dem sich ein magisches (Udjat?-)Auge befindet, *schwebt* hell leuchtend über dem Pyramidenstumpf. Das ist wahrer Dollar*schein*! Direkt darunter steht dann zu lesen: »Die neue Ordnung der Zeiten« (»Die Neue Weltordnung«) und »Das Große Siegel«. Wer kommt denn auf so etwas? Die Idee hatte kein Geringerer als Henry Wallace, Landwirtschaftsminister unter US-Präsident Harding und später Vizepräsident der Vereinigten Staaten. Wallace galt manchem als Träumer, was seiner politischen Karriere bald einen Knick versetzte und ihm Feinde wie den mächtigen FBI-Chef J. Edgar Hoover einbrachte. Wallace betrachtete sich als verlängerter Arm Gottes und gehörte den Freimaurern an – deren »Gro-

Der strahlende Abschluss-Stein mit dem magischen Auge ergänzt die Pyramide. Die symbolträchtige Darstellung ist auf der Rückseite jeder US-1-Dollar-Note zu sehen.

ßes Siegel« das Augensymbol ist. Die Verbindung der Freimaurer zu Ägypten ist nicht unerheblich. In ihren Lehren finden sich unter anderem ebenso wie in den Überlieferungen der Araber und Griechen immer wieder Bezüge zu bedeutenden geheimen Schriften der Ägypter, verborgen in der legendären »Halle der Aufzeichnungen«. Schon im magischen *Papyrus Westcar* finden sich Hinweise auf solche Schriften. Das aus der Zeit vor der 18. Dynastie stammende Dokument schildert Ereignisse aus den Jahren, als angeblich die Riesenpyramiden von Giseh gebaut wurden, und beschreibt, wie schon Pharao Cheops mit allen Mitteln in den Besitz der geheimnisvollen Schriften gelangen wollte. Der einflussreiche Freimaurer Wallace war offenbar ebenfalls den alten Mysterien Ägyptens verfallen. 1934 schrieb er: »Es wird wohl eine eindeutigere Anerkennung des Großen Architekten des Universums erfordern, bevor der Apex-Stein endgültig an seinem Platz befestigt wird und diese Nation in der vollen Stärke ihrer Macht in der Lage ist, durch die Einweihung der ›Neuen Weltordnung‹ die Führung unter den Nationen zu übernehmen.« – Da tun sich bemerkenswerte Zusammenhänge auf …

Mit dem »Apex-Stein« meinte Wallace natürlich nichts anderes als das »Große Siegel«, das oberste Abschluss-Stück auf der Pyramide. Dachte Wallace, der Freimaurer, an eine Umkehrung des Ereignisses von Heliopolis, vielleicht an eine Rückkehr der Götter? Immerhin stand Henry Wallace jedenfalls auch hinter der *Round Table Foundation* des mysteriösen Dr. Andreji Puharich.

»Apex-Steine« finden sich nicht nur als Abschluss einer Pyramide.

Als Miniatur-Pyramiden (*benben*-Steine) bilden sie auch die Spitze von Obelisken, göttlichen Pfeilern, die wie Minarette oder die Türme der christlichen Kirchen prophetisch genau dorthin weisen, woher die Weisheit kam: nach oben. Symbolisieren sie die »Flammeninseln« oder antike »Raketen«, wie der eine oder andere durchgeknallte Autor schon vermutet hat? Ereignisse um feurige Inseln sind von mehreren uralten Stätten Ägyptens überliefert. Der Sonnengott (Amûn-)Rê kam, so heißt es, in einer fliegenden, pyramidenförmigen Himmelskammer zur Erde herab, die aus etwas bestand, das aussah wie besonders harter glänzender Stein. An ihm öffnete sich eine Türe und die Gottheit entstieg der Pyramide. Diese besondere »Ur-Form« eines völlig fremden Fluggeräts, das dem noch unentwickelten ägyptischen Volk um 3000 v. Chr. erschienen sein soll, könnte manches zur Erklärung beitragen, warum der Pyramidenform in Ägypten eine buchstäblich *monumentale* Bedeutung zukam.

Wer waren die Götter? Stammte diese Technologie von den alten Äyptern selbst oder aber von Außerirdischen? Nichts dagegen, die Realität ist sicher durchgeknallter als die abwegigste Phantasie. Zwar könnte sich auch eine fremde, sehr hoch entwickelte, durch den interstellaren Raum reisende Zivilisation gelegentlich mit altbewährten Konzepten begnügen, beispielsweise bei der Verwendung von einfachen Pendlern zwischen Erd-Orbit und Boden. Schließlich spart ja im Normalfall jeder, wo er eben kann. Aber Raketentechnik riecht im Grunde schon wieder ganz verdächtig nach Gegenwartskultur.

Offenbar hat noch niemand darüber nachgedacht, dass die Vorbilder für Pyramiden und Obelisken *ursprünglich* nicht auf eine, sondern zwei getrennte Technologien zweier getrennter Zivilisationen zurückgehen und nur zufälligerweise ähnliche Grundmuster aufweisen könnten. Somit macht sich einfach wieder einmal das Problem breit, das speziell beim paradoxen Zeit-Wirrwarr um das alte Ägypten auftaucht: Das Pharaonenreich wurde nämlich allem Anschein nach zum Brennpunkt von *zwei* eigenständigen fortschrittlichen Zivilisationen.

4.
Die Sterne Ägyptens

Die alten Ägypter gelangten durch geheimnisvolle Kontakte mit geheimnisvollen Urgöttern in den Besitz eines nicht minder geheimnisvollen Wissens, das manchmal sogar unsere heutigen Kenntnisse in den Schatten stellt. Der Pyramidenbau ist von den immer noch unverstandenen Rätseln nur die berühmte und am leichtesten erkennbare Spitze des Eisbergs. In Wirklichkeit aber geht alles viel, viel tiefer. Übrigens müssen selbst moderne Geochemiker und Bodenkundler zugeben, dass ihre modernsten Methoden der Goldsuche ganz offenbar den altägyptischen Kenntnissen weit hinterherhinken.

Wie sich herausstellte, hatten die Ägypter bereits überall dort schon nach Gold gesucht, wo man heute wieder mit der Suche begann. Und noch mehr. Im Gegensatz zu ihren heutigen Kollegen irrten sie offenbar nie. Sie fingen an vielversprechend aussehenden, aber unergiebigen Orten gar nicht erst an zu suchen! Es ist schon seltsam, dass viele Fachleute das sehr weitreichende Wissen der frühen ägyptischen Kultur abspenstig machen wollen. Liegt das daran, dass dieses Wissen vielleicht doch ein wenig *zu weit* geht?

Der deutsche Physiker Eckhard H. Wallenwein hat in der Mitte der neunziger Jahre ein interessantes Buch über das altägyptische Universum veröffentlicht. Er widmet sich dem genialen Bauwesen und der Sternkunde der Ägypter und belegt, dass der alte griechische Geschichtsschreiber Herodot mit seiner hohen Meinung über das ägyptische Wissen absolut recht hatte. Auch Wallenwein konnte mit Blick auf Herodot und unser Bild von Ägypten einen sehr merkwürdigen Widerspruch feststellen:

»Seine [Herodots] Reportagen über die Geodäsie Ägyptens und über die Planung der Pyramiden erweisen sich als richtig, in geradezu totalem Gegensatz zu dem, was die klassischen Altertumswissenschaften bis heute kommentieren.« Und zu den völlig absichtlich in Stein verewigten mathematisch-astronomischen Informationen der Pyramiden bleibt ihm nichts anderes, als zu sagen: »Es muss allerdings auch die Ignoranz von Physikern und Astronomen konstatiert werden, die sich mit dieser Frage beschäftigt haben: Naheliegende Fragen wurden nicht gestellt, nur weil es keine Antworten gab … Wieviele Generationen mögen es gewesen sein, die das Altägyptische Universum über Jahrhunderte, oder besser über Jahrtausende, beobachtet und erdacht haben! Sie haben der Menschheit ein großartiges, unvergleichliches kulturgeschichtliches Erbe und staunenswerte Denkmäler hinterlassen. Wir haben allen Anlass, uns vor ihnen zu verneigen.« Die heute verbreitete Meinung sieht wie gesagt anders aus. Einer der bedeutendsten Experten der historischen Himmelsforschung ist Otto Neugebauer, der sich fast schon darin weidete, das ägyptische Weltbild in Grund und Boden zu stampfen. Ich muss einfach noch einmal Wallenwein zitieren, wenn er verwundert feststellt, Neugebauer »schreibt mit einer gewissen Rücksichtslosigkeit, Ägypten habe keinen Platz in einem Werk über die Geschichte der Mathematischen Astronomie. Er habe nichtsdestoweniger Ägypten ein Buch gewidmet, um die Aufmerksamkeit des Lesers auf die Bedeutungslosigkeit Ägyptens zu lenken, die im Vergleich zu babylonischen und griechischen Beiträgen zur Entwicklung der wissenschaftlichen Astronomie nicht deutlich genug unterstrichen werden könne.«

Na so was! Da schreibt einer ein Buch, um doch letztlich die Bedeutungslosigkeit dessen Inhalts zu demonstrieren. Ich ertappe mich gerade dabei, wie ich unbewusst mit dem Kopf schüttle. Da Neugebauer aber nicht dumm ist, muss er doch einen Grund für sein unlogisches Verhalten haben. Einmal absichtlich dumm gefragt: Könnte es sein, dass ihm das ägyptische Wissen manchmal vielleicht unbehaglich und unheimlich war? Lassen Sie uns einmal einen Blick auf die eine oder andere »mythische« Vorstellung der alten Ägypter werfen, um dann über ein hartnäckiges Himmels-Rätsel – dessen eigentliche Wurzeln in Äypten liegen – wieder zu der notorischen Idee zurückzukehren, dass wohl einige Fakten nicht ans Licht kommen sollen oder dürfen.

Die ungewöhnlichen Gedanken der alten Ägypter beginnen buchstäblich schon ganz am Anfang, nämlich bei der Entstehung der Welt. Sie hatten bereits den ziemlich modernen Gedanken, dass unser Kosmos wohl aus sich selbst heraus entstanden sein muss. Alles dreht sich dabei – wieder einmal – um die mysteriösen »Neun« und den Gott, der eigentlich hinter allem steht, jenen übermächtigen Atum. Von wegen ägyptischer Polytheismus! Zu Beginn gab es nur einen einzigen Gott, alle anderen waren nur verschiedene Erscheinungsformen dieser Wesenheit! Jedenfalls waren die Ägypter überzeugt davon, dass sich Atum aus sich selbst heraus geschaffen hatte und dass auch das Universum aus einem undefinierbaren Zustand hervorgegangen war, eigentlich fast so etwas wie dem Nichts oder einer zumindest unsichtbaren Substanz. Sie beschrieben dieses seltsame Etwas am Anfang aller Dinge als *Nun*, eine formlose Wasserblase. Atum jagte Nun seinen Samen ein und verursachte damit eine regelrechte Explosion. Alles, was sich jetzt in der Urblase befand, dehnte sich gewaltig aus und wurde zu unserem Kosmos. Aus Nun tauchte auch ein geheiligter Hügel auf, den die Ägypter als die Sonne beschrieben, woraus auch die Gleichsetzung zwischen Atum und dem Sonnengott Râ folgte.

Was will der Verfasser uns damit sagen? Eigentlich ist die Darstellung des allerersten Ur-Universums in Form einer an sich *formlosen* Wasserblase eine wirklich tolle Metapher oder anders gesagt eine geradezu schon geniale Vereinfachung des Bildes, das sich nämlich die heutigen Kosmologen vom All und seiner Geburt machen. Es ist ohne jede Übertreibung die gleichzeitig genaueste und auch eingängstige Erklärungsweise, die eine hochentwickelte Zivilisation wählen könnte, um eine andere Kultur zu informieren, die gerade erst am Anfang ihrer glorreichen Entwicklung steht – wie die Ägypter um etwa 3000 v. Chr. Der Startschuss, der ihre schon angesprochene explosive »Mutation« zu einer großartigen Weltkultur einleitete, versorgte sie auch mit völlig modernen astronomischen Kenntnissen. Die Parallelen zwischen »Nun« und dem viel zitierten Urknall (»Big Bang«) sind auffallend. Heute überlegt man, dass das Universum quasi aus dem Nichts entstanden sein könnte. Die Physiker meinen, dass auch die Leere, also das Vakuum, eine gewisse Menge an Energie enthält und durch einen Auslösefaktor, den man fast schon als »göttlichen Funken« bezeichnen könnte, in einen energieärmeren Zustand übergehen kann. Dabei kommt es zur großen Explosion. Die »Wasserblase« macht das noch am deutlichsten. Da ist etwas, was man auf den ersten Blick schwer definieren kann und nicht besonders gut sieht – weil es eben durchsichtig und leer erscheint – und doch ist es eben da. Die Wasserblase macht aber noch mehr Sinn. Denn das erste Element, was sich nach dem Urknall bildete und aus dem wirklich alles bestand, war der Wasserstoff!

Kann das alles Zufall sein? Ich lasse die Frage jetzt frecherdings einfach in der Wasserblase schwimmen.

Die alten Ägypter verfügten jedenfalls in vielerlei Hinsicht über erstaunliche mathematische und astronomische Kenntnisse, wobei das aber nicht das eigentliche Thema dieses Buches sein soll. Deswegen will ich nur mehr oder weniger in einem Nebensatz erwähnen, dass sie über die verschiedenen Bewegungsvorgänge am Himmel schon sehr gut Bescheid wussten. Sie verfolgten den Weg der Planeten, konnten Finsternisse vorhersagen, richteten einen sinnvollen Kalender ein, orientierten zahlreiche Bauwerke in erstaunlicher Exaktheit nach Sternen sowie nach bestimmten Konstellationen und kannten sogar die langsame Vorrückung der Sternbilder infolge der Kreiselbewegung der Erdachse, die alle 26 000 Jahre einen kompletten Kreis beschreibt *(Platonisches Jahr)*. Aus vorchristlicher Zeit gibt es sogar Funde von Linsen in Ägypten, die erstaunlich exakt geschliffen waren. Es sieht so aus, als hätten die Ägypter möglicherweise sogar einfachere Fernrohre gehabt, zweitausend Jahre vor Galilei.

Dass sich ihre Kultur auf den hellsten Stern am Himmel konzentriert, den Sirius, scheint im ersten Moment weniger verblüffend zu sein. Nur, wie so oft, wenn wir die äußerliche Schale einmal weggeschält haben, kommt auch hier wieder ein gar ungewöhnlicher Kern zu Tage. Und wie sich zeigt, wussten die alten Ägypter offenbar wirklich verflixt viel.

Wer suchet, der findet. Und wer beharrlich suchet, kann Großes finden, sogar Spuren unglaublichen altägyptischen Wissens, das vor langer Zeit in noch heute lebende Kulturen eingesickert ist.

Der englisch-amerikanische Orientalist Robert K. G. Temple ist überzeugt davon, dass einige besonders verblüffende Kenntnisse der alten Ägypter über Libyen in die südlicheren Gefilde Afrikas gelangt sind. Diese Kenntnisse betreffen in erster Linie das Sternsystem des Sirius, allerdings nicht etwa den auffallenden Hauptstern, sondern den beinahe unsichtbaren Begleiter! Temple beschreibt in seinem umfangreichen und 1998 in einer aktualisierten Fassung veröffentlichen Buch »Das Sirius-Rätsel« unter anderem auch den Weg, den die Informationen durch Afrika genommen haben müssen. Demnach drangen die in der libyschen Oase Djado südlich von Fessan heimischen Garamanten im Verlauf der Jahrhunderte bis zu den südlichen Ufern des oberen Niger vor und kamen zwangsläufig mit der dortigen schwarzen Bevölkerung in engen Kontakt. Sie vermischten sich mit ihnen und ihrer Kultur, übernahmen ihre Sprache und Gebräuche. Hinweise auf den eigentlichen Ursprung finden sich heute im Namen von Koromantse, eines Dorfes, das der Historiker Robert Graves erwähnt. Temple seinerseits identifiziert einen Ort namens Korienze damit.

Die Völkerkundlerin Eva Meyrowitz war die erste, die die Kultur des Stammes der Akan jahrelang erforschte, und dabei zu dem Ergebnis kam, dass sie aus dem Kontakt mit den Garamanten hervorgegangen sind. Doch die Garamanten halfen auch bei der Entstehung anderer neuer Gemeinschaften im Gebiet des oberen Niger und von Timbuktu fleißig mit, wobei sie in späterer Zeit, im 11. Jahrhundert n. Chr., bis nach Ghana vordrangen. Auf dieser Route kamen die Garamanten auch exakt durch eine Gegend, in der ein Volk lebt, dessen Rätsel noch heute für einige Aufregung und für das eine oder andere ausgerissene Haar eines Gelehrten sorgt. Aber es hilft nichts, wir werden uns damit auseinandersetzen müssen. Die Dogon nämlich bewahrten das von den Garamanten an sie weitergegebene ägyptische Wissen am beharrlichsten von allen – eben bis auf den heutigen Tag. Sie leben auf dem Bandiagara-Plateau in Mali und pflegen neben Völkern wie den Minianka, den Bozo oder den Bambara den ausgeprägtesten »Sirius-Kult« überhaupt.

Als die beiden französischen Anthropologen Marcel Griaule und Germaine Dieterlen erstmals gemeinsam im Jahr 1946 zu den Dogon kamen, ahnten sie noch nicht, welche Enthüllungen ihnen hier bevorstehen würden. Griaule hatte zwar schon etliche Erfahrungen gesammelt, als er 1931 alleine auf den Spuren der Dogon wandelte, ihm gelang auch damals bereits einigermaßen, das Vertrauen der weisesten Stammesmitglieder zu gewinnen, aber da gab es noch eine Menge an erstaunlichen Dingen von jenen »Primitiven« zu hören. Zusammen mit Germaine Dieterlen, die ihren Kollegen um mehr als vierzig Jahre überlebt hat und kurz vor der Jahrtausendwende im Alter von sechsundneunzig Jahren im Dezember 1999 verstarb, verbrachte Griaule gut zwei Jahrzehnte mit den Dogon. In einer so langen Zeit kann man schon etwas lernen. Man sieht Griaule und Dieterlen direkt vor sich, wie sie gebannt und mit offenem Mund den Schilderungen von vier Dogon-Priestern folgen und sich gegenseitig verwundert anstarren.

Die weisen Priester sprachen immer wieder vom Sternsystem des Sirius als Zentrum ihrer Religion und erklärten, was es nun eigentlich mit dem merkwürdigen Sigui-Fest – dem Welterneuerungs-Ritual – auf sich hatte, das die Dogon in einem beinahe unsinnig langen Zeitabstand feiern. Alle sechzig Jahre fertigen sie riesige magische Masken aus Holz an, die in sicheren Felsen-Archiven aufbewahrt werden, und geben in kultischen Handlungen die Vorgänge im Sirius-System wieder.

Die Anthropologen Germaine Dieterlen (oben) und Marcel Griaule, die der Erforschung des Dogon-Rätsels viele Jahre ihres Lebens widmeten.

Wer sich damit auseinandersetzt, tut gut daran, folgende Bemerkung von Griaule und Dieterlen im Hinterkopf zu behalten: »Ebenso wie Sirius für den Uneingeweihten der hellste Stern des Himmel ist, der den Blick auf sich lenkt und auch bei der Berechnung des Sigui-Festes die Hauptrolle spielt, genau so stellt man die Gesetzmäßigkeiten des Sirius-Systems zum Teil sehr einfach, zum Teil auch sehr kompliziert dar, wenn man sie an Eingeweihte niedriger Grade weitergibt – das geschieht, um die Aufmerksamkeit von viel geheimeren Berechnungen abzulenken.«

Bevor ich versuche, Ihnen die Welt der Dogon ein wenig näherzubringen, dürfte es zum besseren Verständnis sinnvoll sein, sich noch ein bisschen mit dem zu befassen, was die Astro-Experten heute über das Sirius-System wissen. Keine Sorge, ich will jetzt nicht anfangen, herumzurechnen oder uns länger als unbedingt nötig mit astronomischen Überlegungen aufzuhalten, im Gegenteil, ich möchte nur soviel erwähnen, wie meiner Meinung nach nötig ist, um wirklich zu verstehen, wie »irre« das letztlich aus Ägypten stammende Wissen ist. Also, sehen wir uns die Sache einmal gemeinsam kurz an.

Sirius ist der Hauptstern im Wintersternbild Großer Hund. Sie brauchen nur nach dem Stern Ausschau halten, der in der kalten Jahreszeit am hellsten und farbigsten funkelt, und schon haben Sie ihn! In unseren Breiten kommt er nicht sehr hoch über den Horizont, aber er ist klar als der leuchtendste aller Sterne zu sehen. Sirius, der »Nil-Stern«, ist einer der sonnennächsten Sterne von allen. Da viele der direkten Nachbar-Sterne der Sonne sehr klein und lichtschwach sind, gibt es – was ziemlich kurios ist – unter den helleren Sternen am Nachthimmel bis auf Alpha Centauri keinen näheren als Sirius. Er ist der fünftnächste von allen. Sein Licht braucht knapp neun Jahre, um uns zu erreichen – also neun Lichtjahre. Dieser Stern ist für astronomische Verhältnisse nicht sehr groß, immerhin aber kommt er auf den doppelten Durchmesser der Sonne und strahlt mehr als zwanzigmal heller als sie. Diese paar Informationen sollen zu Sirius schon reichen. Das ist der weithin sichtbare Teil. Aber jetzt wird es viel interessanter. Geheimnisse liegen bekanntlich immer im Unsichtbaren. Erste Hinweise darauf, dass bei Sirius mehr im Spiel ist als der eine helle Stern, fand in den Jahren 1834 bis 1844 der deutsche Astronom und Mathematiker Friedrich Wilhelm Bessel. Er schaute genauer hin als andere und verglich Aufzeichnungen der Positionen von Sirius am Himmel gegenüber den weit entfernten schwachen Sternen im Hintergrund. Was er dabei fand, war eine Art Wellenlinie. Sirius wird von irgendetwas hin und her gerissen. Klarer Fall, da musste noch ein anderer Stern existieren, klein, bisher unsichtbar, aber ziemlich massig, um mit seiner Schwerkraft genügend Einfluss auf Sirius zu haben. Zwar konnte ein anderer Astronom schon 1851 aus Bessels Daten ausrechnen, auf welcher Bahn dieser seltsame »Dunkelstern« kreisen muss, aber erst elf Jahre später gelang ein direkter Blick auf ihn.

Ein berühmter Teleskopbauer, der Amerikaner Alvan Clark, hatte damals gerade ein neues Super-Teleskop fertiggestellt. Der beste Beweis für die Qualität von beiden, dem Konstrukteur und seinem Produkt, würde die Entdeckung des lange vermuteten Sirius-Begleiters sein. Clark fackelte nicht lange und richtete das große »Auge« auf Sirius. Tatsächlich konnte er ganz klar ein zweites, winziges Stern-Lichtchen neben dem strahlend hellen Sirius blitzen sehen. Da war er also, der bislang unsichtbare Stern! Nach der ersten Sichtung konnten ihn bald auch andere Astronomen ausfindig machen, und niemand zweifelte mehr an der Echtheit des Sirius-Begleiters, der als Sirius B bekannt wurde. Fortan musste jeder von Sirius A sprechen, wenn er den Hauptstern meinte, und da der wiederum von Alters her auch als »Hundsstern« bekannt ist, hört man Astronomen gelegentlich auch liebevoll von »The Pup« reden, vom »Welpen«, wenn der kleine Sirius B gemeint ist. Was war das aber nun für ein Hündchen? Sirius B, der ziemlich genau alle fünfzig Jahre auf einer elliptischen Bahn um sein »Muttertier« herumläuft, ist so unauffällig, dass er entweder extrem kühl sein muss oder aber winzig klein. Ein kühler Stern ist zwar immer noch heiß, aber er gibt ein schwaches, tief rötliches Licht ab – Farbe und Temperatur eines Sternes hängen untrennbar zusammen.

Nach einigen Schwierigkeiten wegen der hellen Sirius-A-Strahlung bestimmten Astronomen die »Farbe« des unauffälligen Partners: Weiß! Und weiß ist heiß! Das an sich so schwache Sternlein kocht förmlich vor sich hin und strahlt viermal blendender als die Sonnen-Oberfläche. Also: »B« muss winzig klein und trotzdem enorm schwer sein! Wer nachrechnet, kommt auf ein Ding mit der Masse unserer Sonne, aber mit so etwa fünfzig bis hundert Mal kleinerem Durchmesser. Das liegt im Bereich der Erdgröße! Da müssen Sie die Materie schon ganz schön zusammenquetschen, um auf so etwas zu kommen! Versuchen Sie einmal, einen Lastwagen auf die Größe eines Würfels zu bringen, dann wissen Sie, was gemeint ist – eine erstklassige Schrottpresse!

Astronomen sprechen allerdings lieber von einem *Weißen Zwerg*. Mit der Zeit haben sie eine ganze Menge dieser Winzlinge im All gefunden, bei denen es sich um abgestorbene Sterne handelt. Ihr nuklearer Ofen hat keinen Brennstoff mehr, also erzeugen sie auch keine neue Energie mehr und kühlen sehr langsam aus. Ihr Inneres ist wirklich komplett aus den Fugen geraten. Die Atome sind vom monströsen Druck des Schwerefeldes zertrümmert worden, nur deshalb können diese Weltraum-Pygmäen auch so unverschämt klein sein. So, und das ist es auch schon, was man unbedingt über Sirius B wissen sollte, wenn man den Dogon einen Besuch abstattet!

Während ihres Sigui-Festes zeichnen die Dogon genau auf, wie das Sirius-System aussieht. Sie zeigen auch, wie Sirius A von der Masse seines massiven Anhängsels ins Taumeln gebracht wird. Aber sie wissen noch sehr viel mehr darüber. Zuerst einmal ist ihnen bekannt, wie klein Sirius B ist und nennen ihn in ihrer Sprache deshalb *po tolo*. Dabei bedeutet *tolo* nichts anderes als Stern und *po* bezeichnet ein ausgesucht kleines Getreidekorn, ein Körnchen von westafrikanischem *fonio* oder Hungerreis. Natürlich glauben sie nicht im Ernst, dass Sirius A – der bei ihnen sigi tolo (Sigui-Stern) heißt – von einem Getreidekorn umrundet

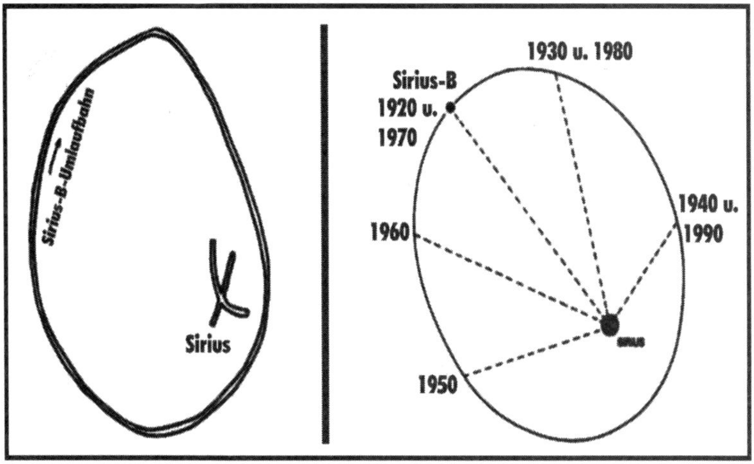

Vergleich einer Dogon-Zeichnung des Sirius-Systems (links) mit einer modernen Grafik derselben Konstellation

wird. Das wird spätestens dann »siriusklar«, wenn sie den merkwürdigen Zustand von po tolo beschreiben. Für die Dogon besteht das Sternchen aus einem Metall namens *sagala*, das Eisen an Glanz weit übertrifft und außerdem so unsagbar schwer ist, »dass alle Bewohner der Erde zusammen es nie und nimmer heben könnten«. Sie geben sogar eine erstaunlich konkrete Zahl an. Die Materie von po tolo wiege soviel wie »480 Eselslasten« und das in einem Mörser. Wenn ein Esel so um die siebzig Kilogramm trägt, dann bringt eine Eselskarawane von fast fünfhundert Tieren also etwa fünfunddreißig Tonnen in den Mörser – jeder weitere Kommentar dazu erübrigt sich!

Ebenso verblüffend ist die Einsicht, dass die Dogon auch Form und Umlaufzeit von po tolo kennen; sie erklären ohne Wenn und Aber, das Sternchen laufe entlang einer eiförmigen, also elliptischen Bahn einmal in fünfzig Jahren um sigi tolo. Deshalb feiern die Dogon ihr Sigui-Fest auch in einem eigentlich so unsinnig großen Zeitintervall. Sie rechnen mit Abständen von sechzig Jahren, eine Abweichung, die im ersten Moment eigenartig erscheint, die aber mit der sehr verwickelten Religion der Dogon zusammenhängt und sich trotzdem auf nichts anderes als die Umlaufzeit des Sirius B bezieht. Das sagen sie ja selbst. Andernfalls könnten sie, wäre da nicht eine ganz besondere Bedeutung, eigentlich gleich ganz auf das Feiern verzichten. Vorfreude ist zwar bekanntlich die schönste Freude, aber sie kann einem wohl auch vergehen, wenn man jahrzehntelang auf sein Hirsebier warten muss, so lange, bis man alt und grau ist.

Jetzt ist natürlich die große Frage, woher die Dogon dieses unbändige Wissen haben konnten! Temple gelang es, die Spur bis nach Ägypten zurückzuverfolgen. Das machte die Sache natürlich noch bemerkenswerter, rätselhafter und auch: unglaubwürdiger. Weder die »primitiven« Dogon noch vor allem die alten Ägypter konnten etwas wissen, was erst seit der zweiten Hälfte des 19. Jahrhunderts entdeckt und im 20. Jahrhundert genauer erforscht wurde!

Als die Berichte von Griaule und Dieterlen bekannt wurden, wog die Skepsis vor allem unter den Weltraum-Fachleuten also noch schwerer als *sagala*. Und schnell hatten sie für die wundersamen Dinge wunderbare Erklärungen gefunden. Die französischen Anthropologen waren ab 1931 mehr und mehr in das Weltbild der Dogon eingeweiht worden, zu einer Zeit, als die westliche Welt schon alle wesentlichen Details über Sirius B kannte. Warum sollte man also eine größere Affäre aus dem Dogon-Sirius-Rätsel machen? Viel einleuchtender war doch, einfach anzunehmen, dass irgendjemand die Dogon noch vor Griaule und Dieterlen besucht und ihnen ein paar hübsche Geschichten über seltsame Sterne erzählt hatte. Dieser »Irgendjemand« konnte ein Astronom auf Finsternis-Expedition sein oder aber ein Missionar. Nur, erstens kamen Astronomen auf ihren Finsternis-Reisen nicht direkt ins Dogon-Land, und zweitens zeigten sich auch Missionare dort nicht vor 1949.

Sollten wir nun etwas übersehen haben und doch ein vereinzelter Astronom oder Missionar dort aufgetaucht sein, bleibt die Sache trotzdem rätselhaft wie zuvor. Abgesehen davon, dass es wohl schon einigermaßen seltsam wäre, wenn die Dogon ihre bis dahin ganz sicher auch in irgendeiner Form bestehende Religion sogleich bereitwillig auf Sirius A und B umgestellt hätten, fertigen sie ihre Ritualmasken und andere auf Sirius B bezogene Kultobjekte dummerweise schon sehr, sehr lange an. Da gibt es noch einigermaßen gut erhaltene Sigui-Pfähle aus dem 15. Jahrhundert und Überreste, die sogar aus der ersten Hälfte des 13. Jahrhunderts stammen. Für die Sigui-Feiern und das dabei getrunkene Hirsebier stellten die Dogon auch Gärungsbottiche aus Fasern des Affenbrotbaums her. Das älteste dieser Behältnisse stammt von einer Feier aus dem 12. Jahrhundert, »der aber ganz gewiss nicht mit der allerersten Sigui-Feier in der betreffenden Gegend in Verbindung stand«, so kommentieren Griaule und Dieterlen diesen Fund.

Nun stehen wir also wieder ziemlich ratlos herum mit unserem Schälchen Hirsebier und unserem Körnchen Hungerreis.

Vielleicht sollten wir uns einmal die Frage stellen, was eigentlich die Dogon selbst zur Quelle ihres beinahe schon etwas unheimlichen Wissens sagen. Klar, diese Frage haben natürlich schon die beiden Franzosen lange vor uns gestellt.

Ihre vier »Hauptinformanten« waren die Dogon-Priester Innekouzou Dolo (eine Frau), Ongnonlou Dolo, Yébéné und Manda. Und die Antworten waren wieder einmal verblüffend. Wie sie sagen, sandte der All-Gott Amma mehrere Kulturbringer, sogenannte Nommos, zur Erde herab. Der Schöpfergott Nommo landete in einer *Nommo-Arche* mit lautem Donnern auf dem »trockenen Land des Fuchses«. Sie wirbelte dabei Unmengen an Staub auf, riss den Boden auf und glühte anfangs feuerrot, wurde dann kurz nach der Landung aber weiß. Sie erklärten auch: »Das Wort des Nommo wurde bei seinem Niedergehen in alle vier Himmelsrichtungen gegossen«, wobei die Dogonsprache die Begriffe »Wort« und »Luft« manchmal gleichsetzt. Demnach war wohl von einer Luftdruckwelle die Rede, die von dem Gefährt in alle vier Windesrichtung ausging. Und bei der Beschreibung dieses Gefährtes fangen auch alle Glokken von selbst an zu läuten.

Das Ding besaß die Form einer Pyramide. Ihr fehlte ein Stückchen von der Spitze, sie »war zehn Ellen hoch und hatte Treppen auf jeder Seite, von denen jede in eine Himmelsrichtung ging.« Am besten, Sie schauen sich dazu noch einmal die Dollarnote an – eine gute Illustration. Wie war das doch gleich mit dem Erscheinen des Hauptgottes der großen *Achtheit* von Hermopolis – Amûn? Auch er erschien mit einem pyramidenförmigen Gefährt. Vielleicht steckt auch hinter der gewissen Ähnlichkeit der Namen *Amûn* und *Amma* mehr? Oder hinter dem rein numerischen Bezug, dass die Dogon ebenfalls von *acht* Nommo-Vorfahren sprachen? Aber nein, ist doch alles nur Zufall …

Das seltsame Gefährt, die Nommo-Arche, war in jedem Falle keine gewöhnliche Arche oder Barke (siehe auch die ägyptischen Barken!), denn sie kam direkt vom Himmel herab und musste demnach ein Fluggerät sein, wobei wir auch heute noch von Luft*schiffen* und von Raum*schiffen* sprechen (ja, da sind wir schon traditionsbewusst!). Die Nommo-Arche erinnert jedenfalls an den *benben*-Stein der Ägypter. Und beide wirken eher wie einigermaßen einfach konstruierte kleine Fluggeräte, die wir uns kaum in den Weiten des interstellaren Raumes vorstellen können. Das mussten sie wohl auch gar nicht sein. Denn die Dogon berichten von etwas, das diesem Bild viel eher entsprach. Sie beschreiben ein ungewöhnliches Objekt, das genau in der Zeit am Himmel leuchtete, in der auch die Kulturbringer anrückten. Die Dogon nannten das zeitweilig sichtbare Licht den *ie pelu tolo*, »Stern des Zehnten Monats«. Er strahlte hell und hüllte sich in eine runde rötliche Aura, von der fünf Strahlenpaare ausgingen. Außerdem zielte ein Lichtstrahl direkt von diesem »Stern«, *der ganz bestimmt keiner war*, auf die Nommo-Arche. Als erstes fällt einem dabei eine optische Kommunikations-Verbindung ein. Sichtbares Licht ist pro Zeiteinheit zur Übertragung von weit mehr Informationen in der Lage als Radiowellen. So, wie es den Anschein hat, tauschten die Nommos über einen Strahl kohärenten Lichts – einen Laser – Botschaften zwischen einem Mutterschiff und der Landeeinheit aus.

Vor allem aber wichtig ist für den Moment, im Auge zu behalten, dass vieles am Dogon-Weltbild und den Nommos sehr stark an Überlieferungen aus Ägypten erinnert, und das einfach zu stark, als dass alles des Zufalls pure Unschuld sein könnte! Und die Parallelen in dieser sonderbaren Geschichte gehen noch weiter.

In Ägypten sind die Sternbilder des Großen Hundes, dessen Hauptstern der Sirius ist, und des Orion eng verknüpft mit dem zentralen Kreis der Götterwelt von Isis und Osiris. Der schicksalshafte Osiris findet sich am Himmel in Form des Orion wieder, während der strahlende Sirius nichts anderes als der Stern der Isis höchstpersönlich ist: Isis = Satisi = Sothis, der ägyptische Name für Sirius. Robert Temple weist auf noch einen interessanten Zusammenhang hin, nämlich dass sich die enge Verbindung zwischen Isis und Osiris auch direkt im Sirius-System selbst wiederspiegelt, zumindest in folgender Weise: Die älteste und einfachste Form des Namens Osiris setzt sich aus den Symbolen für ein Auge und einem Thron zusammen. Ein Sitz (Thron) war aber auch Zeichen der Isis. Das Augensymbol wiederum findet sich in einer Bezeichnung wieder, die der Dogon-Nachbarstamm der Bozo dem Sirius B gibt – »Augenstern«. Demnach kommen Isis und Osiris auch als Sirius A und B zusammen. Vielleicht sollten wir hier auch an den ägyptischen Kulturbringer Thoth denken, der sich der Achtheit anschloss und uns später noch begegnen wird, wenn es um sehr begehrte Geheimschriften, Untergrundhallen und die Rätsel der Pyramiden gehen wird. Temple erwähnt einen magischen Papyrus, der aus der Zeit von Christi Geburt stammte und sich unter anderem um Isis – Sirius dreht, außerdem um einen mit

Isis und Osiris eng verbundenen »Schwarzen Ritus« als höchstem Einweihungsgrad in die Isis-Mysterien sowie um den Weisheitsbringer Hermes, der allgemein mit Thoth gleichgesetzt wird. Als Thoth wieder zum Himmel und zu den Sternen aufstieg, gab er laut den Informationen des Papyrus seinen »Götterverwandten den Auftrag, sehr genau auf der Wacht zu sein.« Den Menschen sei ein schweres Los beschieden, so dass ein prüfender Blick und gelegentlich – in Zeiten großer Krisen – auch ein Eingreifen nötig sei. Der Titel dieses geheimnisvollen Papyrus ist »Der Augenstern des Kosmos«. Wieder taucht der *Augenstern* auf!

Seltsam ist vieles in der »Mythologie« um Sirius. Wenn der griechische Geschichtsgelehrte Plutarch über den Kreis der Isis-Mythen spricht, könnte man denken, er beschreibt eine geometrische Rechen-Aufgabe: »Unter Anubis stellt man sich den horizontalen Kreis vor, der den unsichtbaren Anteil der Welt, den sie Nephthys nennen, vom sichtbaren Teil – den sie als Isis bezeichnen – trennt.« Der schakalköpfige Gott der Einbalsamierer Anubis wirkt also beinahe wie das Synonym für die Bahn, auf der die Isis(=Sirius)-Schwester Nephthys als »unsichtbarer Anteil der Welt« kreist. Da haben wir es doch schon wieder, das unsichtbare Geschwisterchen des Sirius!

Um das hier gerade einmal nur gestreifte Sirius-Rätsel gibt es eine ganze Reihe merkwürdiger Begebenheiten, die für meine Begriffe schon einige Verdachtsmomente wecken. Alles in allem macht sich nämlich eine auffallende Tendenz breit, all jene Erkenntnisse, wie sie Griaule, Dieterlen oder Temple gewonnen haben, in ein entstellendes Licht zu rücken. Eindeutig wurde immer wieder versucht, die Ungewöhnlichkeit des malinesischen Dogon-Wissens ägyptischer Herkunft zu dämpfen. Sirius leuchtete für viele zu auffallend, obwohl sich das eigentliche Rätsel ohnehin im Dunkel um ihn aufhält. Allein schon der glorreiche Einfall, reisende Astronomen oder Missionare hätten zu den Dogon doch aus dem Nähkästchen plaudern können – worauf die Schwarzen jubelnd eine neue Religion begründet haben sollen – demonstriert in seiner Unzulänglichkeit, wie sehr einige Leute darum bemüht sind, das Sirius-Feuerchen der Dogon auf Sparflamme zu halten. Dann wieder hieß es urplötzlich: Nein, also die Garamanten, die ja im 11. Jahrhundert aus Libyen nach Mali kamen, die konnten den Dogon nichts Ägyptisches weitervermittelt haben, denn der angeblich so geheimnisvolle »Sirius«-Stamm sei um diese Zeit schließlich noch gar nicht im betreffenden Gebiet gewesen. Also da sprechen die Funde der rituellen Gegenstände aber eine andere Sprache. Wie war das doch wieder mit den Hirsebier-Töpfen des Sigui-Festes? Die ältesten stammten aus dem 12. Jahrhundert und waren mit Sicherheit nicht die allerersten ihrer Ahnenreihe! Ja, manchmal eben sagt uns ein alter Topf mehr als tausend Worte, vor allem, wenn es um das »Wort des Nommo« geht.

Angeblich hatte auch nur ein einziger Priester die beiden französischen Forscher Griaule und Dieterlen über die Geheimnisse der Dogon aufgeklärt. Das ist völliger Unsinn! Griaule und Dieterlen können sich auf mehrere Informanten berufen, darunter die schon oben namentlich genannten vier »Hauptinformanten«. Und, einmal völlig abgesehen davon: Das Sirius-Wissen gehört zu einer *Geheimlehre*, eben der Geheimlehre der Dogon, ein Wissen also, in das nicht jeder nach Belieben eingeweiht wird. Und unter denjenigen, die eingeweiht sind, gibt es wiederum Unterschiede. Die einen dürfen mehr wissen, die anderen nicht soviel. Das System dieser Lehre besteht aus Stufen oder Graden; es ist also hierarchisch aufgebaut, so ähnlich wie auch in anderen geheimen Kreisen, beispielsweise bei den Freimaurern, die sowieso noch öfter ins Spiel kommen werden.

Wenn es um Temples Nachforschungen um Sirius B und die Dogon geht, dann stoßen sich die einen oder anderen vor allem immer wieder auch an der Querverbindung, die Temple bewegt, den ägyptischen Einfluss zu unterstreichen. Temple bringt das Sirius-System mit dem schakal- oder hundsköpfigen Gott Anubis zusammen und überträgt einige ungewöhnliche Aspekte dieser »Mythologie« – solche, wie sie auch bei Plutarch anklingen – auf Sirius, da dieser Stern ja auch als »Hundsstern« bekannt ist. Kritiker bezeichnen diese Schlussfolgerungen als irrig, da es ein Sternbild »Großer Hund« in Ägypten nicht gab; richtig, wenn wir uns den berühmten Tierkreis von Dendera ansehen, eine altägyptische Sternkarte, die sich ursprünglich an der Decke des Hathor-Tempels im oberägyptischen Dendera befand, aber mittlerweile schon lange im Pariser Louvre ausgestellt ist, dann werden wir nach einigen Vergleichen und etwas Suchen herausfinden: Sirius ist als Scheibe über einer Kuh zu sehen, die in einer Barke sitzt. Weit und breit kein Hund. Aber, wie sich immer wieder zeigt, finden sich in den Namen oft Mehrfach-Belegungen, und die Verbindung zwischen Sirius und einem Hund war in der Antike weltweit verbreitet – übrigens ein eigenes Phänomen! Den »Hundsstern« Sirius finden wir mühelos in Babylon, Akkad, Chaldäa, Assyrien, Indien und (als Wolf) auch in China!

Im Dezember 1999 verbreitete der belgische UFO-Forscher Filip Coppens, der seit einiger Zeit in England lebt, über das Internet einen zweiseitigen Artikel mit dem Titel »Die Sirius-Lüge«. Abgesehen davon, dass er erklärt, Temple habe häufig Fehler gemacht bei der Interpretation und Wiedergabe enzyklopädischer Einträge zur ägyptischen Kultur, zitiert er Autoren, die jüngst behaupteten, Griaule selbst habe gelogen. Was Temple angeht, ist klar, dass in seinem umfangreichen und komplexen Buch auch einige Fehler enthalten sind, ja eigentlich sein müssen – denn auch Temple ist nur ein Mensch. Diese Fehler beeinträchtigen aber die Grundthese nicht. Die Vorwürfe gegen Griaule sollten aber, so glaube ich, etwas ausführlicher kommentiert werden. Coppens beruft sich auf das Buch »Ancient Mysteries« der beiden Autoren Peter James und Nick Thorpe und zitiert daraus die Behauptung, die Dogon würden ganz andere Dinge als Griaule sagen, darunter hätten sie auch gesagt: »Wenn Digitaria (to polo) nahe bei Sirius steht, wird letzterer heller. Wenn er seinen fernsten Punkt erreicht hat, strahlt Digitaria einen funkelnden Effekt aus, was einen Beobachter mehrere Sterne vermuten lässt.« Coppens erklärt, dass James und Thorpe sich fragen – wie es laut Coppens jeder, der diesen Satz gelesen hat, tun sollte – ob to polo daher nicht eher ein ganz gewöhnlicher Stern nahe Sirius sei und nicht etwa ein *unsichtbarer* Begleiter (Betonung von Coppens, Anm. d. Verf.), wie das von Griaule und Dieterlen vorgeschlagen wurde. Also, das schlägt dem Fass den Boden aus, selbst wenn er wirklich fest sitzt! Einmal ganz zu schweigen davon, dass Digitaria bei den Dogon nicht »to polo« heißt, sondern »po tolo«, zeigt doch das Dogon-Zitat gerade, dass Digitaria eben kein gewöhnlicher Stern sein kann! Denn nur ein Stern, der Sirius A umkreist, kann mal weiter, mal näher bei ihm zu finden sein. Jeder »gewöhnliche« (soll heißen: von Sirius physikalisch unabhängige) Stern behält seine relative Lage zu Sirius selbst über große Zeiträume unverändert bei! Vor allem mit bloßem Auge könnte niemand eine Annäherung oder Entfernung von Sirius feststellen! Wenn, dann wäre das fast schon so rätselhaft wie das echte Sirius-Rätsel!

Coppens zitiert noch den Anthropologen Walter Van Beek, der erklärte, dass Griaule und Dieterlen mit ihren Behauptungen über das Dogon-Wissen in der Welt völlig alleine dastehen. Kein anderer Anthropologe unterstütze die Darstellung der beiden Franzosen. Ein von Van Beek 1991 ins Dogon-Gebiet geleitetes Team habe auch keine Spur eines rätselhaften Wissens bei den Dogon entdecken können, obwohl Van Beek sich eine Dekade bei ihnen aufgehalten habe. Erstens war Van Beek keine zehn Jahre unter den Dogon und zweitens könnte es sein, dass vielleicht nicht jeder das Vertrauen des afrikanischen Stammes gewinnt. Denken Sie einmal an sich selbst: Weihen Sie jedermann gleichermaßen in Ihre persönlichen Dinge ein? Ungeachtet all dessen verbrachte Griaule einen viel längeren Zeitraum bei den Dogon als Van Beek.

Merkwürdig finde ich auch die Einstellung von Coppens, der schon Griaules akademischen Hintergrund für besorgniserregend hält – und das nur deshalb, weil Griaule *astronomisch* vorgebildet war! Ja, wenn er das nicht gewesen wäre, dann wüssten wir wahrscheinlich heute noch nichts von den Dogon-Mysterien! Laut Coppens & Co war Griaule (und damit auch Germaine Dieterlen) ein Lügner. Komisch nur, dass die beiden selbst keine große Story aus ihren Erfahrungen mit den Dogon machten. Sie berichteten als Anthropologen vorwiegend über ganz andere Dinge!

Und, was hat es dann mit dem Sigui-Fest auf sich, das in einem geradezu unsinnig großen Abstand im Einklang mit den Verhältnissen im Sirius-A/B-System gefeiert wird? Und mit den rituellen Gegenständen, die seit Jahrhunderten aufbewahrt werden? Und, und, und!

Es ist doch wirklich auffallend: Da stirbt Mitte November 1999 Germaine Dieterlen und schon um die Mitte desselben Monats herum macht eine massive Attacke gegen das Sirius-Rätsel die Runde! Das ging schnell – man musste ja lange genug warten, immerhin wurde Madame Dieterlen bald hundert Jahre alt. Jetzt, wo sie nicht mehr lebt und sich gegen die Anfechtungen nicht mehr wehren kann, wird ihr gemeinsam mit Griaule durchgeführtes Lebenswerk »endgültig« als Lüge »entlarvt«. Wieder ist der Moment gekommen, ein offenkundiges Rätsel, dessen Wurzeln in Ägypten zu finden sind, mit der Dampfwalze zu streicheln. Weiterer Kommentar überflüssig.

Kurz gesagt (weil bereits ausführlich besprochen!): Es ist alles andere als leicht, das unglaubliche Wissen der Dogon und einiger anderer Nachbar-Stämme wirklich abzutun. Ich habe mich zwangsläufig amüsiert, als ich gelesen habe, wie der angesehene Archäoastronom Edwin C. Krupp einmal versucht hat, das Sirius-Rätsel gewissermaßen auf den Boden der Tatsachen zu bringen. Dazu will ich Ihnen einmal zwei bezeichnende Abschnitte aus dem letzten Kapitel des Buches »In Search of Ancient Astronomies – Stonehenge to von Däniken« vorstellen (»Auf den Spuren der antiken Astronomie – Von Stonehenge bis von Däniken«; nebenbei bemerkt: Wie Sie sehen, zumindest als werbeträchtiges Zugpferd im Untertitel wird der Schweizer Autor auch für seriöse Forscher legitim und brauchbar!). Im 7. Kapitel jenes Buches, über Götter-Observatorien und andere astronomische Phantasien, heißt es einleitend: »Es ist unfraglich der doppelte Reiz von Astronomie und Archäologie – sowohl ihre Wissenschaftlichkeit als auch ihre Romantik – der diese beiden Forschungsrichtungen so anziehend für Spinner und Pseudo-Wissenschaftler macht ... Bei Leuten wie Immanuel Velikowsky, Erich von Däniken und anderen stehen bei ihren Auffassungen im Grunde gar nicht ihre Ideen zur Diskussion, sondern die Art, in der sie diese Ideen vertreten. Wenn es um reine Fragen des Glaubens geht, dann bedarf es kaum des Stempels der wissenschaftlichen Billigung. Wenn aber der Name der Wissenschaft angerufen wird, ..., dann müssen die Daten den Regeln der wissenschaftlichen Beweisführung folgend behandelt werden.« Mit anderen Worten, das Thema muss konsequent wissenschaftlich erkundet werden. Dazu gehört sicher auch, sich nicht in Mutmaßungen zu ergehen, sondern präzise Aussagen auf der Basis solider Daten zu treffen. Und jetzt möchte ich Sie einmal darauf aufmerksam machen, wie Dr. Krupp den Abschnitt über die Dogon zu Ende bringt, ein Unterkapitel, das immerhin den Titel »Ein echtes Rätsel« trägt: »Wenn es uns vielleicht auch nicht gelingen wird, den Ursprung des Sirius-Mysteriums der Dogon herauszufinden, spricht die größere Wahrscheinlichkeit doch dafür, dass es sich bei ihren astronomischen Konzepten entweder um eine Ansammlung guter und schlechter Mutmaßungen handelt oder aber um eine verstümmelte Darstellung von altem und neuem astronomischen Wissen, das mit älteren Glaubenslehren der Dogon irgendwie vermischt und weiter entstellt wurde.« Sehr präzise ausgedrückt! Hier wird auch putzmunter spekuliert und mutgemaßt und lockerer Lippe davon gesprochen, dass das Wissen wahrscheinlich diese oder jene Erklärung habe und die astronomischen Fakten irgendwie mit der Dogon-Religion vermischt wurden. Der Versuch, alles auf eine »rationalere Ebene« zu bringen, mündet in ein kläglich anmutendes Fazit. Geradezu haarsträubend ist in Anbetracht des Dogon-Wissens ja wohl, dass es sich bei allem um eine »Ansammlung guter oder schlechter Mutmaßungen« handeln könne! Nun gut, genug darüber aufgeregt, wenden wir uns abschließend lieber noch einmal weiteren sehr merkwürdigen Geheimnissen im Umfeld des ägyptisch »getriggerten« Dogon-Wissens zu – und ein paar neueren Rätseln.

Die Dogon erzählen nämlich von mehr als nur Sirius B. Wie sie sagen, gibt es *unter anderem* noch einen zweiten Begleiter, den sie *sorgho femelle* oder *emme ya* nennen, die »Sonne der Frauen«, die selbst von einem Planeten umkreist wird, den sie *nyan tolo* nennen, den »Stern der Frauen«. Emme ya soll ebenfalls in fünfzig Jahren einmal um Sirius A wandern, allerdings auf einer größeren Bahn als die Komponente B. Interessant auch: Die Dogon legen Wert auf den genauso paradoxen, aber astronomisch erklärbaren Umstand, dass emme ya zwar größer als po tolo, trotzdem aber viermal leichter als er sei. Außerdem kennen sie einen Stern, der weiter von Sirius entfernt ist als der Rest – den sogenannten »Schuster-Stern«, der noch ein außergewöhnliches Merkmal besitzt. Er kreist den Dogon-Angaben zufolge nämlich in umgekehrter Drehrichtung um den Sirius. Gibt es diese Sterne wirklich?

Was sich herausstellt, wenn wir einmal dieser Frage auf den Grund gehen wollen, ist einigermaßen beachtlich und auf erstaunliche Weise verwirrend. Rund sechzig Jahre nach der Entdeckung von Sirius B – po tolo durch Alvan Clark will der erfahrene praktische Astronom Philip Fox diesen Stern mit dem von Clark gebauten Fernrohr beobachtet haben, mit dem auch die Entdeckung der B-Komponente gelang. 1920 veröffentlichte er seine Ergebnisse und behauptete, dass Sirius B sich »beharrlich doppelt« zeige, mit einer im Bereich der erreichbaren Auflösungs-Grenze liegenden Entfernung von weniger als dem 3600ten Teil eines Winkelgrads (genau: 0,8 Bogensekunden). Auch andere Astronomen berichteten, einen zweiten Sirius-Begleiter gesehen zu haben, darunter R. T. Innes aus Südafrika und der Doppelstern-Experte (!) van den Bos. Zu diesen direkten Sichtungen kommt der Umstand, dass den Astronomen schon früher Abweichungen in den Bahnen von Sirius A und B aufgefallen waren, die auf die Schwerkraft eines weiteren Sternes hindeuteten. Vielleicht sollte man auch eine unauffällige Bemerkung ernster nehmen, die in der Entdeckungsmeldung von Sirius B in den »Monthly Notices of the Royal Astronomical Society«, London, vom 14. März 1862 zu finden ist. Dort ist die Rede von einem Dr. Peters, der ausdrücklich nicht akzeptierte, dass der damals neu entdeckte Begleiter mit einem von ihm vorhergesagten und errechneten Stern identisch sei! Auch dem zufolge müsste es noch einen weiteren Stern um Sirius A geben. Könnte Sirius B ein Doppelstern sein und aus po tolo und emme ya bestehen? Das würde zumindest erklären, dass emme ya in derselben Zeit wie po tolo um Sirius kreist. Und da emme ya, die »*Sonne* der Frauen«, vier

Mal leichter ist, muss er um po tolo kreisen und deshalb insgesamt auch einen größeren Weg zurücklegen. Einzig problematisch ist, dass angeblich auch er wieder von einem Objekt umkreist wird – vom »*Stern* der Frauen«. Ein natürlicher Körper würde in einem so komplizierten System wohl einige Schwierigkeiten und eine instabile Bahn bekommen. An dieser Stelle scheint es so, als ob nyan tolo ein *künstliches* Objekt wäre – am Ende identisch mit ie pelu tolo, dem mysteriösen »Stern des Zehnten Monats«! Lassen wir nyan tolo einmal außen vor, bleiben vier echte Sterne übrig: Sirius A, B und C (emme ya) sowie D (der weit draußen kreisende Schuster-Stern).

1973 aber erklärte der Astronom I. W. Lindenblad vom U.S.-Marine-Observatorium, es gebe keinen *astrometrischen Beweis* für die Existenz zusätzlicher Begleiter. Damit meinte Lindenblad, er könne keine durch Schwerkraft bewirkten Abweichungen in der Bahn der bereits bekannten beiden Sterne finden und damit auch kein Indiz für weitere Sterne. Die Sache wurde zu den Akten gelegt und ruhte sehr lange. Offenbar hatte kein Astronom Interesse an einer Aufklärung der ganzen Geschichte. Mit den heutigen Super-Teleskopen wäre es eigentlich ein Leichtes, zumindest netterweise einmal einen kurzen Blick auf Sirius B zu riskieren und nachzugucken, ob er vielleicht doch ein doppeltes Lottchen ist. Ich habe aber nirgends nur *einen* Hinweis auf so einen Versuch gefunden. Sicher will niemand lediglich aufgrund von vagen, spekulativen Hinweisen wertvolle Beobachtungszeit investieren.

Immerhin, zweiundzwanzig Jahre nach Lindenblads ernüchternder Feststellung erklärten zwei französische Astronomen genau das Gegenteil davon, nämlich, dass es eben doch Schwankungen im Sirius-System gebe. Daniel Benest vom Observatorium Nizza und J. L. Duvent aus Lonjumeau gehen sogar von einer *neunzigprozentigen* Wahrscheinlichkeit aus, dass Sirius C wirklich existiert. Er soll eine lichtschwacher »Roter Zwerg« sein, nur ein Zwanzigstel von Sirius B wiegen und Sirius A umkreisen, alle 6,3 Jahre einmal. Das sind natürlich ganz andere Eigenschaften als die von emme ya. Doch die sicher bedeutendere Erkenntnis ist, dass überhaupt wieder mit hoher Wahrscheinlichkeit von einem weiteren Sirius-Begleiter die Rede ist. Wenn seine Bahn wirklich so aussieht, wie sie Benest und Duvent angeben, wird es eine haarige Sache, den neuen Stern zu finden. Er hält sich viel näher beim alles überstrahlenden Sirius A auf und ist vielleicht sogar über zweitausendfünfhundert Mal lichtschwächer als Sirius B!

Offiziell werden in astronomischen Büchern und Zeitschriften bis auf den heutigen Tag nur Sirius A und B genannt. Verblüffend aber ist, dass in einigen modernen riesigen Katalogen, die Doppel- und Mehrfachsterne auflisten, noch zusätzliche Sterne bei Sirius enthalten sind! In einem als CCDM-Katalog bekannten Werk steht eindeutig, dass schon 1929 ein Stern gefunden wurde, der noch näher am Sirius steht als »B«. Wahrscheinlich fehlt auch deshalb die Helligkeitsangabe. Seine Bahn könnte sogar zu der von Benest und Duvent vermuteten passen! Der Stern wird als »C« bezeichnet und scheint in einer echten Orbital-Verbindung zu Sirius zu stehen. Und dann taucht sogar noch ein Stern »D« auf, der viel weiter von »A« entfernt und hundertsechzig Mal lichtschwächer als »B« im Fernrohr erscheint. Der »Schuster-Stern«?

Jenes CCDM-Verzeichnis führt also klar und deutlich vier Sterne bei Sirius auf! Doch warum spricht niemand darüber, warum finden sich keinerlei Hinweise in astronomischen Büchern darüber? Will man die Daten absichtlich vernebeln und vertuschen, vielleicht um die Dogon-Geschichte weiter auf Sparflamme zu halten? Aber die Daten befinden sich ja in den Katalogen, also scheinen sich zumindest die Astronomen nicht verschworen zu haben – dazu müssten auch zu viele Personen eingeweiht werden. Sie müssten bekannt gemacht werden mit einer viel zu bedeutenden, echten Verschwörung, kontrolliert von einem engen Kreis ganz anderer Gruppen. Das ist überhaupt nicht wahrscheinlich. Wir können die Sache umgekehrt angehen und annehmen, dass einige wenige Astronomen, nämlich die ursprünglichen Entdecker zusätzlicher Sirius-Sterne, unter Druck gesetzt werden, damit die Daten nicht herauskommen. Dann wäre beim CCDM-Katalog nur ein Ausrutscher geschehen. Es gibt aber noch andere Verzeichnisse mit den Daten von »C« und »D«. Im »Washingtoner Doppelstern-Katalog« des U.S.-Marine-Observatoriums ist »D« auch enthalten und zusätzlich steht dort sogar der Spektraltyp des Sternes, also so etwas wie ein kurzer Steckbrief, der aber sehr viel über ihn aussagt. Unter anderem auch, dass »D« nicht im Sirius-System liegen kann. Denn dann würde er viel heller strahlen. Um sich dort zu befinden, dürfte er nicht einmal ein Weißer Zwerg sein – schon viel zu hell! Er müsste als Brauner Zwerg oder ähnlich düsterer Stern dahinvegetieren. Bei der scheinbaren Helligkeit von »D« müsste ein Weißer Zwerg zwölfmal weiter von der Erde entfernt sein als Sirius!

Was stimmt hier nicht? Entweder hat der in den Katalogen aufgeführte »D« wirklich nichts mit Sirius am Hut – was aber den Eintrag als D-*Komponente* unverständlich macht – oder aber der Spektraltyp im

Katalog der Marine-Sternwarte stimmt nicht. Kann dahinter Absicht stekken? Immerhin könnte der Fehler jenen vierten Stern so uninteressant machen, dass sich kein Astronom mehr besonders für ihn interessiert. Das ist allerdings reine Spekulation! Und ob eine solche Rechnung je aufgehen würde, weiß ich nicht. Ich will aber doch noch einmal vorsichtig an jenen auf derselben Sternwarte tätigen Astronomen Mr. Lindenblad erinnern, der 1973 mit so endgültigem Ton verkündete, dass kein Beweis für die Existenz weiterer Sirius-Begleiter vorhanden sei.

Eines ist glasklar: Diese Sternwarte gehört zum US-Militär. Sie untersteht der Marine (Navy) und arbeitet unter anderem für das amerikanische Verteidigungsministerium. Die US-Marine zählt unfraglich zu den Gruppierungen, die ein starkes Interesse daran haben dürften, maßgebliche Informationen über das Sirius-Rätsel und die ungewöhnlichen Kenntnisse der Dogon zu vernebeln. Denn wie gesagt, ihr Wissen stammt ursprünglich von den alten Ägyptern, die eigentlich niemals über derartige astronomische Details hätten Bescheid wissen können – es sei denn, sie hatten Kontakt, Kontakt mit mindestens einer, wohl aber eher *zwei* fortgeschritteneren Zivilisationen. Die eine kam anscheinend aus dem Weltraum, die andere müsste über ein *Stargate* verfügt haben, einen Mechanismus, der weit auseinanderliegende Zeiten miteinander verband und dabei echte Anachronismen verursachte. Auch heute ist laut Aussagen von Personen, die es eigentlich wirklich wissen müssten, ein erklärtes Ziel der herrschenden Gruppen, Informationen über die Existenz nichtirdischer Intelligenz zu verschleiern. All diese modernen Bemühungen wären völlig überflüssig, wenn nicht auch Beweismittel aus der Vergangenheit beseitigt würden, Beweismittel für phantastische Ereignisse. Die US-Marine ist tiefer in beide Szenarien verwickelt, als man auf den ersten Blick vielleicht treudoof glauben würde. Und ist es nicht seltsam, wie überall dort, wo raum-zeitliche Rätsel des alten Ägypten auftauchen, sich auch merkwürdige Aktionen ereignen? Seien es Vernebelungen um die Abydos-Hieroglyphen oder eben um das Sirius-Rätsel!

Auch Robert Temple selbst wurde zum Zielobjekt von Organisationen, von denen man normalerweise kaum ein Interesse für Dinge wie den Sirius oder einen afrikanischen »Negerstamm« erwarten würde. Sowohl der amerikanische Auslands-Geheimdienst CIA als auch der britische MI5 begannen sich nämlich recht bald für Temples Arbeit zu interessieren, und genauso hefteten sich die Freimaurer an seine Fersen!

Der Orientalist selbst hörte zum ersten Mal im Jahr 1965 vom Sirius-Mysterium. Damals erzählte ihm sein Freund, der Philosoph Arthur

M. Young davon. Als Temple dann 1968 so sehr Feuer gefangen hatte, dass er selber an dem Rätsel weiter forschen wollte, gab Young ihm eine unveröffentlichte Übersetzung des Dogon-Hauptwerks von Griaule und Dieterlen, das den Titel »Le renard pâle« (»Der Blassfuchs«) trägt. Genau diese Kopie wurde dann aus Temples Londoner Arbeitszimmer gestohlen. Später brachte Temple sicher in Erfahrung, dass der Dieb in Wirklichkeit für den CIA arbeitete. Konnte sich der CIA die französische Ausgabe des Buches nicht leisten oder verstand er die Sprache nicht? Das wäre ein merkwürdiger Auslands-Geheimdienst. Wie die Sache aussieht, sollte Temple wohl eher eingeschüchtert werden, um mit der Arbeit aufzuhören. Dann, nach Erscheinen seines Buches »Das Sirius-Rätsel« wurde Temple wiederholt vom CIA unter Druck gesetzt und über fünfzehn Jahre lang beobachtet und bedroht.

Aber was wollte man damit bewirken, war denn das Dogon-Kind nicht schon in den Brunnen gefallen? Vielleicht wollte der Dienst nicht, dass Temple auch noch hinterher sprang, das Wasser ausschöpfte und tiefer in den Brunnenschacht vordrang. Denn das Sirius-Rätsel könnte prinzipiell den Weg zu noch ungewöhnlicheren Geheimnissen weisen. Nicht viel anders zu verstehen sein dürften auch die Überprüfungen Temples durch den MI5 in England. Es gab solche Checks und sogar einen MI5-Bericht über den doch eigentlich so harmlosen Orientalisten.

Wie schon erwähnt, tauchten plötzlich noch andere Gestalten in Temples Dunstkreis auf. Eines Tages kontaktierte ihn ein sehr hochrangiger amerikanischer Freimaurer, Charles E. Webber, Inhaber des 33ten Grades im Alten und Angenommenen Schottischen Ritus und damit des nach landläufiger Auffassung höchsten bestehenden Grades. Zuerst einmal ging es Webber darum, Temple als neuen Freimaurer zu gewinnen, um auf diese Weise mit ihm offener sprechen zu können und keine Geheimnisse an einen Außenstehenden weiterzugeben. Immerhin aber eröffnete er ihm schon einmal: »Wir sind an Ihrem Buch ›Das Sirius-Rätsel‹ sehr interessiert. Wir stellen fest, dass Sie es ohne jedes Wissen der freimaurerischen Traditionen geschrieben haben. Und – dessen dürften Sie sich nicht bewusst sein – Sie haben dabei einige Entdeckungen gemacht, die mit den allerzentralsten Traditionen auf einer hohen Stufe in Verbindung stehen, darunter sogar einige Dinge, die niemand von uns je gewusst hat.« Interessant ist zu wissen, was der Schriftsteller Robert Anton Wilson aus geheimen Zirkeln in Erfahrung gebracht haben will. Demnach besteht das Geheimnis des 33ten Grades aus Kenntnissen über fremde Lebensformen, die angeblich aus dem Sirius-System stammen.

Welche Tore stößt das *Ägypten*-Rätsel noch auf?

5.

Monumente für die Ewigkeit

Die alten Ägypter waren ganz offenkundig ein sehr mitteilungsfreudiges Volk. Die Wände der Grabstätten und Heiligtümer, der Nekropolen und Metropolen fließen über vor Hieroglyphen-Texten. Sicher, ein einziger Schatz für Altertumsforscher. Doch irgendetwas fehlt, und zwar etwas ganz Bedeutendes! Ist Ihnen schon einmal aufgefallen, dass uns trotz der Unmenge an Inschriften kein einziger Text wirklich Auskunft darüber gibt, wie die Pyramiden entstanden sind? Es gibt nur ein paar sporadische, ziemlich oberflächliche schriftliche Hinweise und Malereien darüber. Keine Details. Auch keine Namen der ruhmreichen und genialen Planer. Deshalb quälen sich die Ägyptologen auch ganz besonders mit diesen Fragen herum. Was aber ist der Grund für das Stillschweigen der alten Ägypter? Dafür bieten sich drei Möglichkeiten an. Entweder wurden die Pyramiden noch vor der Erfindung der Hieroglyphen-Schrift gebaut, das wäre also vor der Kultur-Explosion um etwa 3 000 v. Chr., oder aber man wollte einfach nichts darüber sagen, und die Geheimnisse um den Pyramidenbau sollten genau das bleiben, was sie waren – Geheimnisse. Oder, drittens, beides war zugleich der Fall.

Das Alter der größten und berühmtesten Pyramiden, eben derjenigen von Giseh, wird uns ohnehin noch ein wenig beschäftigen, denn hier gibt es weit auseinander liegende Extrem-Positionen und nicht ganz uninteressante Argumentationen. Sollte es aber stimmen, dass die Außenmäntel der Pyramiden, die heute schon längst abgetragen und als Baumaterial für Kairos Brücken und Moscheen verwendet wurden, im Gegensatz zum Pyramiden-Inneren über und über mit Hieroglyphen bedeckt waren, dann scheidet die erste Möglichkeit schon einmal aus, ganz gleich, *wann* nun die Hieroglyphen wirklich erfunden wurden. Die zweite Erklärung schafft ebenfalls Unverständnis, denn zumindest die damaligen Zeitgenossen und darunter vor allem diejenigen, die selbst Hand anlegten, mussten einigermaßen über die Methode Bescheid wissen. Ich sage einigermaßen, denn bei einem solchen Großprojekt wird der Einzelne auch keinen Überblick bewahren können. Vielfältige Aufgaben erfordern Arbeitsteilung, außerdem hat sich der Bau nach allem, was bekannt ist, über Jahrzehnte hingezogen. Im übrigen reicht es auch heute sicher nicht aus, beim Bau eines Wolkenkratzers jeden Tag zwei Stunden zuzuschauen, um zu wissen, wie so ein Ding entsteht. Wir haben keine Zeit dazu; die alten Ägypter werden auch nicht alle ehrfürchtig um den riesigen Bauplatz herumgestanden haben. Und die Ereignisse überliefern hätten ohnehin nur die Schriftkundigen können. Niemand von ihnen scheint wohl den Auftrag bekommen zu haben, das Wissen war also nicht für die Nachwelt bestimmt und wurde nur unter den Meistern von Generation zu Generation weitergegeben. Und wir bleiben mit einem gewaltigen Geheimnis zurück. Selbst mit den heutigen Mitteln der Technik wäre es nicht möglich, die Cheops-Pyramide zu bauen. Dieser künstliche Berg, dem die benachbarte Chephren-Pyramide an Größe kaum

Die Große Pyramide von Giseh.
Direkt vor ihr ist ein flacher Bau zu erkennen: das Museum der »Ships of Cheops«.

nachsteht, ist wirklich ein gewaltiges Monument. Ursprünglich war sie knapp 147 Meter hoch, doch selbst nachdem der »Apex-Stein« des Herrn Wallace – wenn wir so wollen – verschwunden und noch nicht zurückgekehrt ist, bringt sie es immer noch auf 137 Meter.

Wer einmal um sie herumläuft, macht dabei einen Spaziergang von fast einem Kilometer Länge. Ohne weiter in Zahlenspielerei zu verfallen, soviel sei noch gesagt: Die Große Pyramide von Giseh bedeckt eine Fläche von annähernd 54 000 Quadratmetern und lässt rein volumenmäßig die Kathedralen von Mailand und Florenz in ihrem Inneren verschwinden, zusammen mit dem Petersdom. Bis heute sind Pyramidenforschern unzählige merkwürdige Zahlenverhältnisse an der Pyramide aufgefallen. Vor allem die transzententale Kreiszahl Pi, die das Verhältnis von Umfang zu Durchmesser eines Kreises beschreibt, kommt immer wieder vor, ob am Haupteingang, in der Königskammer oder im Verhältnis der doppelten ursprünglichen Höhe der Pyramide zu ihrem Umfang.

Die Große Pyramide ist auch mit einer unverständlich hohen Genauigkeit nach den vier Himmelsrichtungen orientiert. Genauso exakt ist die Verfugung des mittlerweile bis auf einige Reste abgetragenen Mantels. Die einzelnen Steine gehen fast nahtlos ineinander über, so dass nicht einmal eine Rasierklinge zwischen ihnen Platz findet. Einige Pyramiden-Begeisterte finden an allen Ecken und Enden ungewöhnliche, seltene geometrische und astronomische Zusammenhänge; manchmal sind diese Funde erstaunlich, manchmal aber auch eher zweifelhaft. Archäologen der orthodoxen Schule wollen mit solchen Forschungen nichts zu tun haben und bezeichnen den von jenen Abweichlern begründeten speziellen Wissenszweig, genannt »Pyramidologie«, als Pseudowissenschaft und die Abweichler selbst als »Pyramidioten«. Sicher ist die eingefleischte Pyramidologie auch ziemlich übertrieben, aber wie überall sollten die Fachgelehrten auch hier mehr darauf achten, die Spreu vom Weizen zu trennen. Nebenbei und ganz allgemein bemerkt: Viele Akademiker verstoßen selbst sehr empfindlich gegen eine eherne Grundregel der Wisssenschaft, indem sie mindestens ebenso oft wie die ungeliebten Abweichler ein Urteil über Dinge abgeben, noch bevor sie sich damit auch ein bisschen auseinandergesetzt haben.

Doch ich will nicht polemisieren, im übrigen wird es in diesem Buch kaum mehr um die Zahlenakrobatik der Pyramidologen gehen. Wenn wir gewissermaßen das »Pflichtprogramm« absolviert haben, sollen uns ganz andere, weniger bekannte, aber nicht minder geheimnisvolle

Mysterien beschäftigen, die letztlich zu vielen der bisher gestellten Fragen zurückführen und wieder im Zusammenhang mit dem hochseltsamen Interesse verschiedener geheimnisvoller Gruppierungen stehen, wie sie die Pyramiden und das Land Ägypten schon so lange in Augenschein nehmen. Diese Tatsache ist letztlich überhaupt einer der Knackpunkte, der so extrem neugierig macht und Fragen nach den obskuren Hintergründen geradezu erzwingt. Diese Tatsache belegt auch, dass an der Stargate-Verschwörung wirklich etwas dran sein muss, während viele Argumente einzeln betrachtet unfraglich sehr spekulativ wirken und es teilweise auch tatsächlich sind. Es kommt aber auf das Gesamtbild an! Und die Zahl der so merkwürdigen Zufälle und Auffälligkeiten geht weit über das statistische Grundrauschen hinaus.

Unzweifelhaft spielt die Große Pyramide von Giseh bei all dem eine zentrale Rolle, geradezu in schillernder Mannigfaltigkeit.

Hier türmen sich zweieinhalb Millionen massive, jeweils rund zweieinhalb Tonnen schwere Steinblöcke in über zweihundert Schichten zum verrücktesten Bauwerk auf, das die Menschheit wohl je geschaffen hat und das nach landläufiger Auffassung vor mindestens viertausendfünfhundert Jahren errichtet wurde. Aber wie? Ich habe schon erwähnt, dass die Ägypter hier, anders als sonst, nicht gerade als redselig zu bezeichnen waren. Darüber klagte schon 1947 der Ägyptologe Iowerth Eiddon S. Edwards. Es gibt zwar ein paar künstlerische Darstellungen, die Steinmetzen bei der Arbeit zeigen, auch findet man ein Bild, auf dem der Transport einer Kolossal-Statue zu sehen ist. Es belegt zumindest, dass es wohl wirklich die Menge gemacht hat, sprich: Die alten Ägypter zurrten große Skulpturen oder Steinblöcke auf Schlitten fest und nahmen lange feste Stricke, an denen manchmal hunderte von Arbeitern zogen, um den Brocken an den gewünschten Platz zu schaffen. Doch zum Bau einer großen Pyramide gehört mehr. »Allein« schon die Planung und Organisation erforderte generalstabsmäßige Strategien. Dahinter musste ein gewaltiges Talent stehen, vielleicht in Form eines einzigen Mannes. Leider schweigt sich die Überlieferung über ihn und sein Wissen aus. Der einzige, der aus alter Zeit über den Pyramidenbau berichtete, war der griechische Geschichtsschreiber Herodot, und auch er konnte nichts Genaues wissen, denn schließlich lagen zwischen seiner Zeit und der vierten Dynastie rund zweitausend Jahre! Im übrigen weiß bis heute keiner wirklich, ob die drei Monumentalpyramiden von Giseh wirklich damals gebaut wurden oder nicht schon früher. Herodot jedenfalls sei berichtet worden, dass der Bau der Großen Pyramide zwanzig Jahre gedauert habe, wobei jedes Jahr bis zu hunderttausend Mann zur Arbeit herangezogen wurden, sei es für den Transport der riesigen Steinblöcke oder auch für den Bau selbst. Vor allem die Blöcke für die Verkleidung der Pyramide und die Bedachung der Königskammer wurden von weit her, aus Tura und Assuan, herangeschafft. Herodot beschreibt die Anlieferung der Steine. Sie erfolgte zunächst über den Nil. Die Transport-Schiffe legten am Ufer nahe Giseh an, um die Last dort auf einen mächtigen »Aufgang« in Form einer ansteigenden Rampe zum Felsplateau von Giseh weiterzutransportieren – eine Strecke von immerhin neunhundert Metern. In solche Rampen muss eine Unmenge zusätzlichen Materials geflossen sein, alles in allem ein *Mehrfaches* der eigentlichen Pyramidenmasse. Denn um das Material auf immer größere Höhen zu transportieren, schließlich bis hin zur Pyramidenspitze, mussten die Rampen ständig erhöht werden; sie wanden sich nach Vorstellung einiger Ingenieure und Archäologen spiralförmig um den Pyramidenkern herum nach oben. Diese Theorie ist immer noch umstritten, aber Luftbilder der berühmten Knick-Pyramide von Dahschur zeigen immerhin deutliche Spuren einer im Wüstensand verschwundenen Rampe. Die Teile der glatten und blendend hellen Außenverkleidung aus Tura-Kalk wurden, wie sich Herodot weiter auslässt, von oben nach unten auf den heute wieder sichtbaren stufigen Unterbau gebracht. Denn nur so konnten die Ägypter eine Methode nutzen, bei der laut Herodot ein kleineres Holzgerüst zum Einsatz kam, mit dessen Hilfe die einzelnen Blöcke von Stufe zu Stufe nach oben verfrachtet wurden.

Der griechische Gelehrte weiß aber offenbar nichts Näheres über dieses Gerüst zu berichten. Dass ein hölzener Hebel-Mechanismus aber ausreichte, um tonnenschwere Kalksteine entlang der Pyramiden-Flanken hochzuhieven, schien allerdings dem einen oder anderen eine recht kühne Behauptung zu sein. Der Fregattenkapitän F. Barber, der auch ein aufschlussreiches Buch über die technischen Triumph-Leistungen der alten Ägypter verfasste, stellte bereits gegen Ende des 19. Jahrhunderts eigene Nachforschungen über den Pyramidenbau an und war überzeugt, dass Herodot zumindest in dieser Sache einfach nicht recht haben konnte. Nach Barbers Auffassung mussten die Ägypter schon damals Stahlgerüste besessen haben, denn einfache Konstruktionen aus Holz hätten die Last niemals bewältigt. Stahl im alten Ägypten? Für Archäologen bis heute ein Unding. Doch auch diejenigen, die intensiver über die präzise Bearbeitung der Steinblöcke nachdachten, wurden stutzig. Die Ägypter bezogen die Steine für das Innere der Großen Pyramide aus dem Mottakam-Gebirge. Dort finden sich noch heute interessante Spuren einstiger Bearbeitung. In tiefen Gängen, die teils mehr als hundert Meter in den Fels reichten, begannen die Arbeiter Steine von der Decke zu lösen. Um die gewaltigen Blöcke aus dem Fels zu hauen, waren nach Ansicht einiger Autoren Werkzeuge aus Kupfer nötig, die nach einem heute unbekannten Verfahren gehärtet worden sein müssen. In seinem informativen Buch »Cheops« erklärt der amerikanische Publizist Peter Tompkins bewundernd: »Die technischen Schwierigkeiten, wie sie beim Bau der Cheops-Pyramide gelöst werden mussten, waren sicherlich nicht kleiner als die Organisations-Probleme bei der Kanalisierung des Arbeitseinsatzes, der Beschaffung von Material und der Versorgung der Arbeiter. Insgesamt waren sie nur in den Griff zu bekommen, wenn man den Pyramidenbauern ein bedeutend höheres Wissen zugesteht sowie bessere Gerätschaften, Werkzeuge und eine größere Erfindungsgabe als das bis heute angenommen wird.«

Tompkins stellt auch die berechtigte Frage, wie die Ägypter damals in den ausgedehnten unterirdischen und komplett dunklen Gangsystemen für Beleuchtung und Luftzufuhr sorgen konnten. Kein ganz kleines Problem, in der Tat, und eigentlich ein extra Kapitel über altägyptische Merkwürdigkeiten und Rätsel wert. Hätten die einstigen Bauleute Kerzen und Fackeln verwendet, gebe es Spuren. Das Problem betrifft natürlich nicht nur die Pyramiden, sondern viele Gewölbe und Kammern der altägyptischen Zeit. Mit Fackeln wären auch die Grabmaler nicht sehr weit gekommen, der Ruß hätte schnell alle Kunst zerstört. Findige Köpfe haben vorgeschlagen, dass die Ägypter eben gut mit Spiegeln umgehen konnten und das Sonnenlicht einfach bis tief ins Innere von Tempeln und anderen Bauten lenkten. Ich bezweifle, dass sie auf diese Weise jede Nische und jeden Winkel ausleuchten konnten, in denen sie ihre Kunst anbrachten. Außerdem glaubt die landläufige Ägyptologie nicht daran, dass die Nilkultur überhaupt so gute Spiegel besaß. Also wieder ein Rätsel.

Im Isis-Hathor-Tempel von Dendera, wo auch die fantastische Tierkreis-Darstellung gefunden wurde, könnte dem Betrachter eines ungewöhnlichen Wandreliefs aber vielleicht ein Licht aufgehen. Komisch sieht die Szenerie schon aus. Da finden sich einige Gestalten abgebildet, die sich offenbar sehr für den zentralen Gegenstand des Reliefs interessieren, etwas, das aussieht wie eine Mischung zwischen Baseball-Schläger und Glühbirne. Es scheint zwar ein bisschen weit hergeholt, dass die Ägypter bereits elektrischen Strom und Glühbirnen kannten, aber das Relief ist nun eben einmal da und stellt auch für Profi-Ägyptologen eine härtere Nuss dar, die bis heute nicht wirklich geknackt wurde, will sagen: Auch die Fachleute rätseln, was da eigentlich abgebildet ist. Und wie gerufen, steht neben dem seltsamen Objekt eine Person, die uns schon öfter begegnet ist – der Kulturbringer-Gott Thoth, übrigens auch dasjenige Wesen, von dem es heißt, es habe den Ägyptern Licht gebracht. War das im übertragenen Sinne gemeint oder viel direkter?

Wieder so eine Frage! Entscheiden Sie bitte selbst, wenn Sie bald noch mehr über Thoth und seine Rätsel erfahren haben. Hier möchte ich nur noch einmal Tompkins einblenden, wenn er uns in Erinnerung ruft: »Der Ägyptologe Petrie … unterstützt die These, dass die Erbauer der Pyramiden technische Verfahren anwendeten, die uns unbekannt sind.« Flinders Petrie war es übrigens auch, der im unterägyptischen Tanis, einer alten Ausgrabungs-Stätte im Nildelta, jene optische Linse entdeckte, von der schon kurz die Rede war.

Übrigens machten auch russische Forscher ähnliche Funde – hochgenaue konvexe (also: bauchig geformte) Linsen aus Kristall, die gut und gerne in Fernrohren hätten Verwendung finden können. Gleichartige optische Linsen können heute nur mit speziellen chemischen Zusätzen (Cer-Oxid) geschliffen werden, und diese Zusätze lassen sich nur mit elektrischen Verfahren gewinnen.

In Ägypten finden sich wirklich an allen Ecken und Enden bemerkenswerte Rätsel. Und ganz besonders bei der Großen Pyramide türmen sich die Rätsel wahrlich zu Berge. Der eigentliche Sinn und Zweck des Baus bleibt im Dunkel, genauso aber auch sein wirkliches Alter.

Zugeschrieben wird die Große Pyramide bekanntlich dem Pharao *Cheops*, manchmal auch *Suphis I.* oder – im Ägyptischen – *Chufu* (*Khufu*) genannt, der in der vierten Dynastie herrschte, das war um 2550 v. Chr. Eigentlich weiß das jeder, denn schließlich heißt das mächtigste Monument von Giseh nicht umsonst Cheops-Pyramide. Doch ob ihr Bau wirklich von ihm veranlasst wurde, bleibt fraglich. Über Cheops selbst ist kaum etwas bekannt. Paradoxerweise ist das einzige Abbild, das vom Bauherrn der mächtigsten Pyramide existiert, eine gerade mal knapp acht Zentimeter hohe Elfenbein-Statuette. Je nachdem, wer in welcher Zeit über Cheops schrieb, gibt es absolut gegensätzliche Schilderungen über seine Person. Besonders in späterer Zeit begann man ihn als grausamen Gewaltherrscher zu betrachten, der nichts anderes als sein Ego im Kopf hatte, denn wer sonst konnte Heerscharen von steineschleppenden Skla-

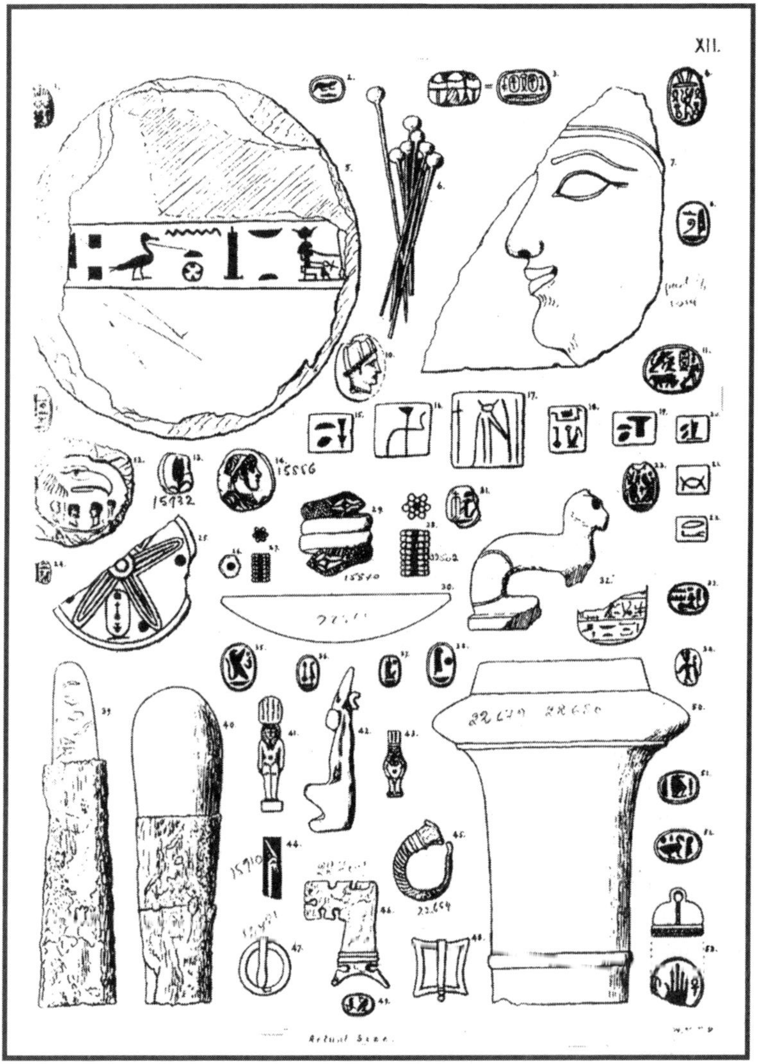

Auf dieser Seite des Grabungs-Kataloges von Flinders Petrie ist auch die präzise geschliffene Linse aus Tanis zu sehen. Sie finden sie direkt in der Bildmitte.

ven durch die Wüste jagen und riesige Blöcke aufeinander schichten lassen, um sich ein krankhaft großes Grabmal bauen zu lassen! So schrieb es in etwa auch Herodot auf. Andere Berichte sehen ihn als einen außergewöhnlich weisen König, der an alten Geheimlehren interessiert war. Schriften aus seiner Regierungs-Periode wurden an recht bemerkenswerten Stätten aufgefunden – wie die Tempelurkunde von Dendera und die Priester-Enzyklopädie von Tanis. Und, wie auch überliefert ist, Cheops war vor allem hinter uralten Weisheiten her und soll der »Zahl der Krypten des Tempels von Thoth« nachgespürt haben – bitte achten Sie hier auf das unsichtbare Ausrufezeichen.

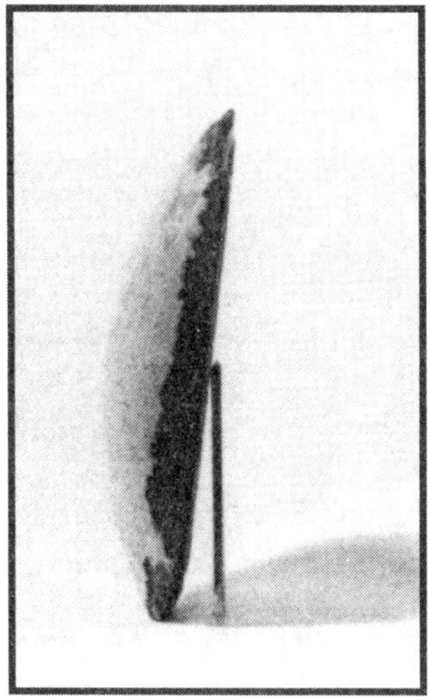

Foto der im Britischen Museum, London, aufbewahrten optischen Linse aus dem altägyptischen Ruinenfeld von Tanis

In der heiligen Geometrie der Pyramide, in ihrer Architektur, die auch astronomisch ausgerichtet ist, soll geheimes Wissen verschlüsselt sein. Bestimmt war beim Bau eines solchen Super-Projekts nichts dem Zufall überlassen. Die Pyramide ist bestimmt auch alles andere als lediglich ein gleichmäßig angeordneter, aber sinnloser Haufen Stein. Besteht vielleicht entfernt die Möglichkeit, dass Cheops genau danach suchte, nach Wissen, das in irgendeiner Form in der Pyramide zu finden ist? Wenn er ihr Urheber war, dürfte er diese Geheimnisse einst in Erfahrung gebracht haben. Vielleicht aber sieht die Sache auch anders aus. Vielleicht nämlich gab es die Pyramide zu Cheops' Zeiten schon lange, und dieser mächtige Pharao beschäftigte sich so intensiv mit ihr – eben um die verschlüsselten Geheimnisse zu ergründen –, dass das Bauwerk ihm später schlicht und einfach *zugeschrieben* wurde?

Um nicht ins Spekulieren zu geraten, will ich die Frage auf andere Beine stellen: Welche Hinweise gibt es dafür, dass Cheops die Pyramide wirklich bauen ließ? Es sind nur wenige. Eigentlich ist völlig unverständlich und entsprechend merkwürdig, warum Ägyptologen trotz der wackeligen Belege bis auf den heutigen Tag felsenfest der Überzeugung verfallen sind, die Große Pyramide sei unter der Herrschaft von Cheops gebaut worden.

Herodot ist die einzige gewichtige historische Quelle, die davon kündet, dass die drei Pyramiden auf dem Giseh-Plateau von Cheops sowie dessen Nachfolgern Chephren (Chaefrê) und Mykerinos (Menkaure, Menkawrê) in »Auftrag« gegeben worden sind.

Zuerst fällt doch schon auf, wie wenig sonst über Cheops bekannt ist. Nirgends finden sich weitere bedeutende Bauten und Monumente, die ihm wirklich zugeschrieben werden können. Das ist doch verwunderlich! Ausgerechnet der Pharao, der die gewaltigste Pyramide aller Zeiten in die Landschaft stellte, soll sich ansonsten so bescheiden benommen haben? Im übrigen gibt es weder in den Pyramiden irgendwelche mit Sicherheit echten Hieroglyphen-Inschriften mit Hinweisen auf ihre Erbauer – davon war schon einmal kurz die Rede – noch sonst irgendwo andere Zeugnisse, die eine Verbindung belegen. Im Gegenteil. Um 1850 herum entdeckte ein französischer Kunstsammler eine Gedenktafel oder *Stele* im Isis-Tempel nahe der Großen Pyramide. Auf diesem Stein findet sich eine Inschrift mit dem Namen des Chufu, also genau des heute vor allem als Cheops bekannten Pharaos. Der Text lautet:

»Es lebe Horus Mezdau!
Dem König von Ober- und Unterägypten,
Chufu, ist Leben gegeben.
Er gründete das Haus der Isis,
der Herrin der Pyramide
neben dem Haus der Sphinx ...«

Also, hier steht doch klar und deutlich: Cheops (ein anderer Name für ihn ist *Horus Mezdau*) baute den Tempel der Isis, aber *nicht* die Pyramide. Sie stand bereits, und ihre Herrin war eine Göttin, eben Isis. Auch der Sphinx lauerte bereits im Sand, als Cheops regierte. Später ist dann nur noch die Rede davon, dass Cheops eine ziemlich kleine Pyramide erbauen ließ, nämlich diejenige für Henutsen, eine seiner Frauen.

Nun gab es ein mächtiges Problem. Die Ägyptologen mussten das schwerwiegende Wort Herodots gegen die steinerne Stele in die Waagschale der Wahrheit werfen. Außerdem war doch eine Bestätigung für Cheops als Bauherrn gefunden worden, sogar in der Pyramide selbst, nur wenig mehr als zehn Jahre nach der Auffindung der seltsamen Stele. Diese Tafel musste demnach zwangsläufig eine Fälschung sein, besonders, weil

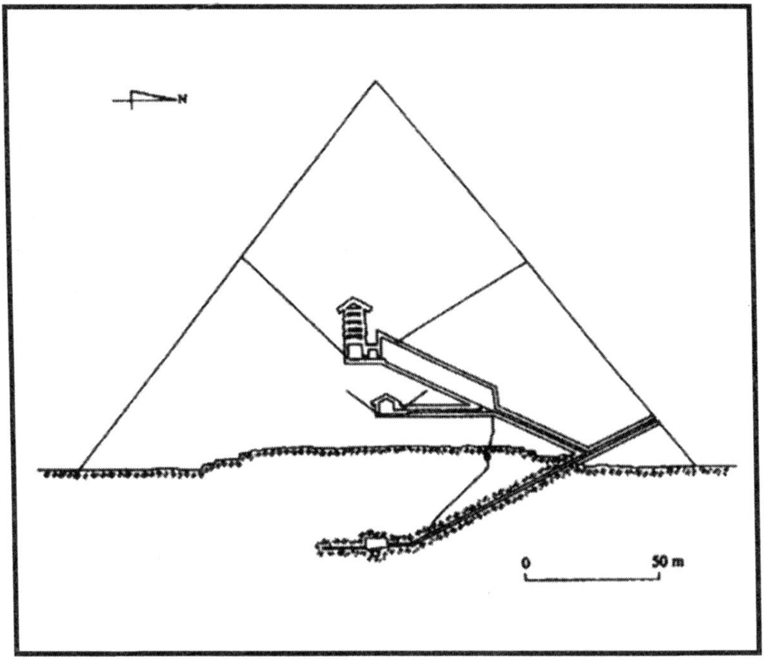

Kammern im Inneren der Großen Pyramide in einer Darstellung des Archäologen Ludwig Borchardt.

Auf der Nordseite führt ein langer absteigender Gang tief unter das Grundlevel der Pyramide, hinein in eine offenbar unvollendete Kammer, von der noch ein zwanzig Meter langer Gang in südliche Richtung verläuft. Lange, bevor man diese Kammer erreicht, zweigt der absteigende Gang in den aufsteigenden Gang ab, der in die gewaltige, Große Galerie übergeht.

Von deren unterem Ende gelangt der Besucher in die sogenannte Königin-Kammer mit dem Giebeldach, von dem sie auch ihren Namen hat, denn die Gräber arabischer Damen waren mit einem solchen Dach gedeckt, wohingegen die Gräber für männliche Tote flach gedeckt waren. Daher erhielt der vom oberen Ende der Großen Galerie erreichbare Raum auch den Namen Königskammer.

Nur: Es ist mehr als fraglich, diese Kammern wirklich als Grabstätten zu bezeichnen. Direkt auf der Königskammer sind noch die fünf Druck-Entlastungskammern zu sehen. Interessant sind auch die dünnen »Luftschächte«, von denen je zwei aus den beiden Hauptkammern in entgegengesetzte Richtung wegführen.

Der südliche untere Schacht, der hier nur recht kurz gezeichnet ist, konnte mit Hilfe eines Roboter-Fahrzeugs bis auf knapp sechzig Meter Länge weiterverfolgt werden. An dessen Ende befindet sich eine Tür, dahinter eine Geheimkammer.

der Gegenbeweis in einer bis zur Entdeckung unzugänglichen, fest verschlossenen Kammer gefunden worden war! Aber, war das wirklich ein *zwingender* Grund?

Hauptperson in dieser spannenden Geschichte ist ein Colonel Richard Howard-Vyse, der aus einer reichen und vornehmen englischen Familie stammte. Oberst Vyse war ein durchaus hartgesottener Mann des Militärs, der trotzdem im Jahr 1835 ziemlich ins Schwärmen und in den Bann der Pyramiden geriet, als er sie während eines nächtlichen Ritts bei Mondenschein das erste Mal sah. Das war fast so etwas wie Liebe auf den ersten Blick, und Vyse entwickelte vielleicht schon zu jener Stunde den Ehrgeiz, seinen Namen ewig mit den Pyramiden von Giseh zu verbinden – was natürlich durch nichts anderes als durch eine bedeutende Entdeckung gelingen konnte. Vyse war begeistert von den Forschungen eines italienischen Schiffskapitäns, Giovanni B. Caviglia, der einige Zeit vor ihm bereits ebenfalls den Pyramiden verfallen war und nach verborgenen Kammern dort suchte. Caviglia seinerseits wurde von Mysterien geradezu angezogen und berichtete einem Freund, er habe seine Studien von Magie und tierischem Magnetismus so weit betrieben, dass es ihm beinahe das Leben gekostet habe und er an die Grenzen dessen gestoßen sei, was einem Menschen überhaupt noch erlaubt sei zu wissen. Wie Sie noch sehen werden, befand er sich mit solchen Aktionen auch bei den Pyramiden am richtigen Platz.

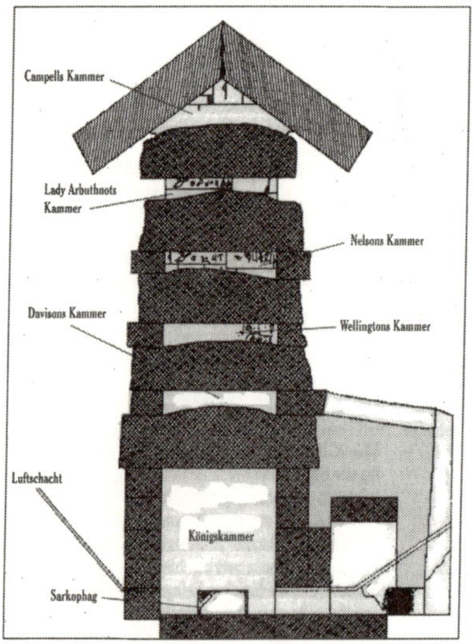

Die fünf Druck-Entlastungs-Kammern über der Königskammer. In diesen Kammern entdeckten Vyse und Perring die Namensglyphen des Cheops. War er wirklich der Erbauer der Pyramide? Seltsam, nur in der untersten, von Nathaniel Davison bereits viel früher entdeckten Kammer fanden sich keine solchen Hieroglyphen.

Howard-Vyse war so besessen vom Ruhm und einer Verewigung seines Namens unter anderen berühmten Pyramidenforschern, dass er dem Okkultisten Caviglia ein Angebot machte. Da er einer jener glücklichen Menschen war, denen es von Haus aus an Geld nicht mangelte, wollte er Caviglias Nachforschungen finanzieren – unter einer bemerkenswerten Voraussetzung: Er wollte bei jedem Fund als Mitentdecker genannt werden, nicht allein als Finanzier. Caviglia lehnte kompromisslos ab, und Vyse war plötzlich nicht mehr so begeistert von dem Italiener. Ihre Wege trennten sich ebenso schnell, wie sie sich gekreuzt hatten. Aber das Schicksal brachte die beiden notgedrungen wieder zusammen, als Vyse sich um eine Grabungs-Konzession für Giseh bemühte. Er bekam sie zwar, aber dummerweise fand er sich nicht als einzigen Lizenznehmer darauf und, was ihn besonders ärgerte, der verhasste Caviglia war als Arbeitsaufseher eingetragen. Doch mit dieser besonderen Dreingabe musste er leben.

Die beiden kamen mehr schlecht als recht miteinander aus und gerieten sich bald wieder kräftig in die Haare. Trotzdem hatte Vyse etwas von seinem Kontrahenten gelernt, das später der Schlüssel zu seinem Erfolg werden sollte. Caviglia erklärte ihm, dass die altägyptischen Steinmetze die einzelnen Blöcke zur weiteren Bearbeitung mit einer rötlichen Okkerfarbe markierten.

Über einen gemeinsamen Freund namens Hill hatte Vyse die Bekanntschaft mit dem jungen britischen Bauingenieur John Shae Perring gemacht, seines Zeichens ebenfalls begeisterter Hobby-Ägyptologe. In einer heimlichen Aktion begaben sich Vyse und Perring in der Nacht vom 12. auf den 13. Februar 1837 in die »Königskammer« der Großen Pyramide, also jenen so schlichten wie beeindruckenden Raum, der als die einstige Grabstätte des Pharaos angesehen wurde. Sie wussten, dass sich oberhalb der fast sechs Meter hohen Decke, die von sehr schweren, rötlichen Granitblöcken gebildet wird, eine weitere flache Kammer befindet. Sie ist seit 1765 bekannt, als ein gewisser Nathaniel Davison, der spätere Generalkonsul von Algerien, auf sie stieß.

In jener Februar-Nacht also krochen Vyse und Perring in die Davison-Kammer hinein und inspizierten deren Granitdecke. Durch einen Riss konnten sie ein Schilfrohr nach oben durchführen, ohne auf Widerstand zu stoßen. Offenbar befand sich über der Davison-Kammer noch ein weiterer Hohlraum. Vyse und Perring mussten wohl schon vorher auf den Riss gestoßen sein oder an die Suche nach einer weiteren verborgenen Kammer gedacht haben, sonst hätten sie wohl kein Schilfrohr dabei gehabt! Irgendetwas muss allerdings in diesen Stunden mitten in der Pyramide noch vorgefallen sein. Denn schon am nächsten Tag eskalierte die Situation zwischen Vyse und Caviglia auffallend. Vyse setzte alles daran, Caviglia vom Giseh-Plateau wegzubekommen. Er verwies ihn von der Ausgrabungsstätte.

Für Vyse gab es keinen Halt mehr. Er ließ ein Loch in die Decke der Davison-Kammer sprengen; anschließend entledigte er sich ohne einen ersichtlichen Grund seines Vorarbeiters, so dass die »Führungsgruppe« nur noch aus Vyse sowie Hill und Perring bestand. Am 30. März konnte er tatsächlich zusammen mit Hill in eine bislang unentdeckte Kammer klettern. Später stiegen die beiden noch einmal mit Perring und einem weiteren Zeugen in die »neue« Kammer. Obwohl sie den flachen Raum wohl vorher schon genau betrachtet hatten, fielen ihnen angeblich trotzdem erst jetzt rote Markierungen von Steinmetzen auf. Bald wollten einige bedeutende Personen in Ägypten diese Zeichen sehen und beauftragten den Hauptentdecker, Kopien davon anfertigen zu lassen. Die Geschichte machte die Runde, hinzu kamen neue Entdeckungen. Denn auch über der zweiten Kammer, die Vyse nach dem von ihm verehrten Herzog von Wellington benannte, verbarg sich noch ein Raum: »Nelsons Kammer«. Und darüber gab es noch zwei weitere Kammern (es handelt sich bei allen um Entlastungskammern, die den gewaltigen Druck der über der Königskammer liegenden Steinmassen lindern).

Immer aber war von roten Zeichen erst »verspätet« die Rede.

Unter den Markierungen fanden sich auch Hieroglyphen – die ersten Hieroglyphen in der Großen Pyramide! Wenn das nicht die Entdeckung war, die Vyse zu machen gehofft hatte! Diese Schriftzeichen sind von einer geschlossenen Linie umrahmt, die an einer Seite von einem zusätzlichen Balken begrenzt wird, was sie als Kartusche ausweist. Sie symbolisiert eine Seilschleife mit Knoten (dem Balken) und soll andeuten, dass die ganze Welt demjenigen untertan ist, dessen Name sich in diesem besonderen Rahmen wiederfindet – natürlich ist das der Pharao. Vyse hatte endlich den Pharaonennamen in der Pyramide gefunden: Chufu! War damit nicht alles klar? Die sensationelle Entdeckung verbreitete sich wie ein Lauffeuer, und als das berühmte Britische Museum in London die Richtigkeit der Sache bestätigte, hatte Vyse gewonnen. Herodots Angaben stimmten, Vyse hatte den glänzenden Nachweis geführt und die Ägyptologen feierten fröhliche Urständ.

War die Sache wirklich so einfach?

Zwar hatte der Hieroglyphen-Experte des Britischen Museums, ein gewisser Samuel Birch, den Namen *Chufu* bestätigt, doch waren ihm

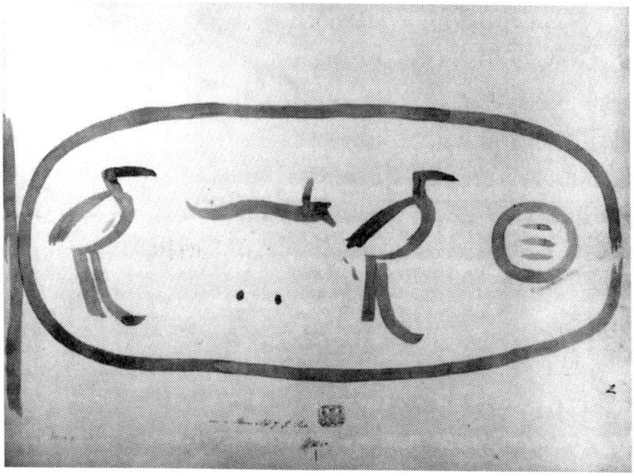

Die Hill-Abschrift der Chufu-Hieroglyphen. Hill, ein Freund von Howard-Vyse, zeichnete die Skizze in der Entlastungskammer. Ihre Authentizität wurde von Zeugen bestätigt. Nur: Ist diese Zeichnung die originale?

auch einige unerklärliche Merkwürdigkeiten aufgefallen. Es gab da eine ganze Menge an sehr eigenartigen Schriftzeichen, für die selbst der britische Fachmann keine Parallelen kannte. Außerdem wunderte er sich darüber, dass der Pharaonenname in vereinfachten Hieroglyphen niedergeschrieben war, einer Darstellung, wie sie seines Wissens erst viele Jahrhunderte später in Ägypten eingeführt wurde. Heute ist zwar bekannt, dass diese *hieratische* Schrift doch schon bald in Gebrauch war, auch in der Zeit des Alten Reichs, in der Cheops lebte. Trotzdem bleibt ein Hauch Merkwürdigkeit. Denn alles in allem stammten die diversen roten Zeichen aus *verschiedenen* Epochen!

Ungewöhnlich nimmt sich auch die Anordnung der Symbole aus. Sie dürften nach Vollendung der Pyramide angebracht worden sein, anders als die echten Steinmetz-Zeichen, wie sie sich auch in den Kammern finden. Die echten Markierungen passen in ihrer Orientierung zur Vorstellung, dass sie zu einer Zeit angebracht wurden, als die jeweiligen Kammern oben noch offen waren – einfach, weil der Bau nicht abgeschlossen gewesen ist. Die ungewöhnlichen Vyse-Hieroglyphen aber verlaufen ziemlich chaotisch über die Wände. Sie stehen senkrecht oder aber auf dem Kopf und deuten darauf hin, dass der Schreiber in der bereits fertiggestellten Kammer einige Verrenkungen machen und seine Symbole im Liegen an die Wände malen musste. Übrigens, Wände! Ob es nichts als purer Zufall ist, dass ausgerechnet stets genau diejenige Wand frei von Hieroglyphen ist, an deren Seite sich Vyse durch den Fels bohrte?

Merkwürdig war auch, dass sonst nirgends in der Großen Pyramide irgendwelche Inschriften zu finden sind, merkwürdig war auch, dass oberhalb der Königskammer nur eine jener zusätzlichen Kammern *keine* Inschriften enthält, nämlich die einzige, die *nicht* von Vyse entdeckt wurde: Davisons Kammer. Im Vergleich mit anderen Hieroglyphen-Inschriften sind die angeblich von Vyse entdeckten Zeichen auch sehr ungekonnt gezeichnet; sie sind riesengroß und grob gemalt. Doch die Ägypter waren ein Volk, das geradezu von Ästhetik besessen war. Alles musste kunstvoll und schön sein. Da dürfen wir uns heute auch nicht von dem natürlich hässlichen und unästhetischen Vorgang der Mumifizierung und seinem abschreckenden Ergebnis täuschen lassen. Den alten Ägyptern ging es ja eben darum, den furchtbaren Verfall des Körpers aufzuhalten und möglichst alles zu tun, um das ewige Leben zu verwirklichen. Und, um wieder zu den Hieroglyphen zurückzukommen, ihr ganzes Konzept beruht auf ästhetischen Prinzipien. Die Ägypter waren zum Beispiel von der Geometrie des Quadrats begeistert. Bei einer genaueren Begutachtung der Hieroglyphen-Texte werden Sie eine ständige Tendenz feststellen, die einzelnen Symbole oder Bildzeichen tunlichst zu quadratischen Gruppen anzuordnen. Um das zu erleichtern, konnten die Zeichen bei gleichbleibender Bedeutung in unterschiedlichen Größen dargestellt werden. Einige Symbole durften auch ohne Veränderung des Sinns senkrecht oder waagerecht wiedergegeben werden.

Also, die Hieroglyphen des Howard-Vyse jedenfalls wären den Schönheitsansprüchen eines altägyptischen Schreibers sicher nicht gerecht geworden. Manche halten dagegen, dass diese Inschriften ja auch keine typischen Beispiele sein konnten, denn sie waren keine fein gearbeiteten Grabinschriften, sondern stammten lediglich von Bauarbeitern, die keine professionellen Schreiber waren. Würden aber die Bauarbeiter, die immerhin am besten wussten, welche Perfektion der Pharao von ihnen in der Baukunst der Pyramide abverlangte, es wagen, den Namen desselben Pharaos in solcher Weise an Wände in der geheiligten Pyramide zu kritzeln? Warum auch, wenn niemand außer ihnen diese Zeichen erblicken würde? Eigentlich macht das schon den Eindruck eines sogar ziemlich plumpen Versuchs, unbedingt zu beweisen, dass Chufu der Erbauer der Großen Pyramide war. Und dann war der Name auch noch in Rot aufgemalt, das damals als die Farbe des Bösen galt, in der für gewöhnlich auch die Namen von unheilbringenden Wesen aufgeschrieben wurden! Natürlich finden wir Rot auch in Grabmalereien. Es wurde durchaus für bestimmte festgelegte Motive regelmäßig verwendet. Die aus rotem Ocker oder dem Mineral Realgar hergestellte Farbe symbolisierte Unterägypten. Blut, Feuer und die Scheibe der Sonne wurden naheliegenderweise in Rot dargestellt. Auch die Hautpartien männlicher Personen wurden in einem speziellen *Dunkel*rot gemalt, doch war das ein anderer Farbton. Aber den kompletten Namen eines Pharaos in der Unheilsfarbe zu malen? Kaum recht vorstellbar, ohne dass sich ein intuitiver Unglaube breit macht. Übrigens, Glauben verhält sich zu Wissen meiner Meinung nach genauso wie Intuition zu Information. Letzteres ist jeweils greifbarer, Ersteres greift aber ins unterbewusste Ursächliche. Letzteres kommt von außen, Ersteres von innen. Und beides ergänzt sich ideal, wie Yin und Yang. Ohne das intuitive Element wäre auch die strikt intellektuell bestimmte Wissenschaft oft arm dran gewesen.

So, genug der Philosophie. Eines ist jedenfalls sicher, die Druck-Entlastungskammern gehören zu jener pyramidalen Infrastruktur, die nach ihrer ursprünglichen Versiegelung kein menschliches Auge je wieder erblicken sollte. Doch die Magie der Worte und Zeichen beherrscht das alte Ägypten, und es war schlicht und ergreifend an jedem Ort innerhalb eines für die Ewigkeit bestimmten Heiligtums fürchterlichster Frevel, den Namen des Pharaos zu verunglimpfen. Und wäre es nicht letzendlich eine Form der Verunglimpfung gewesen, ihn in roter Farbe hinzuschmieren? Da könnte ich mir schon eher vorstellen, dass ein Arbeiter vielleicht eine kurze Widmung für seine Frau an die Wand kritzelte – ich denke mal, mit *schwarzer* Farbe.

Und, wenn wir den Argumenten des Altertumsforschers Zecharia Sitchin folgen wollen, gab es da noch einen ganz besonders dicken ägyptischen Hund in diesen Glyphen. Wer sie in die Kammern zeichnete, machte demnach angeblich einen wahrhaft kapitalen Fehler, indem er den Namen des Chufu unrichtig aufschrieb. Chufu setzt sich in Hieroglyphenschrift aus folgenden Einheiten zusammen: Ch – u – f – u. Für das »ch« konnte es drei verschiedene Glyphen geben: Ein abstrahierter Strick oder aber ein symbolisierter Tierleib mit Zitzen bedeuten nach heutiger, aber bezüglich der Aussprache schwer belegbarer Auffassung ein dunkel intoniertes »Ch«; ein Sieb – dargestellt durch einen innen schraffierten Kreis – wurde für ein heller ausgesprochenes »Ch« verwendet. Dieser Kreis wäre auch korrekt für den Beginn des Namens *Chufu*. Die beiden »u« werden durch eine Hieroglyphe ausgedrückt, die ein Wachtelküken zeigt, das »f« dazwischen durch eine Viper-Hieroglyphe.

In der Großen Pyramide findet sich laut Sitchin der Name des Chufu überhaupt nicht. Anstelle des Siebes soll sich nämlich das ihm ähnliche Sonnensymbol am Anfang der Kartusche befinden: kein *schraffierter* Kreis, sondern ein *leerer* Kreis. Das Sonnensymbol war damals je nach Darstellungsart ein leerer oder ausgefüllter Kreis oder ein Kreis mit Punkt in der Mitte. Und es entsprach natürlich dem Sonnengott Rê. Dann würde sich der Name, wie er in den Kammern oberhalb der Königskammer gefunden wurde, nicht Chufu, sondern Rêufu lesen! Das wäre absoluter Nonsens! Sitchin sagt, der Fehler entstand wohl durch Abschreiben aus zwei unkorrekten beziehungsweise undeutlich gedruckten Hieroglyphen in Büchern, die damals trotz gelegentlicher Schwächen zu den weit verbreiteten Standardwerken der Ägyptologen zählten und auch von Vyse und seinen Freunden benutzt wurden.

Wenn Sitchin recht hat, war Vyse ein Fälscher. Und jetzt gibt es wirklich Probleme. Denn Sitchin sagt, er habe die beglaubigten Skizzen der Schriftzüge schon vor vielen Jahren im Britischen Museum gesehen und sei überhaupt der erste gewesen, der sich danach erkundigt habe. Sofort, als man sie ihm vorlegte, sei ihm das unpassende Sonnensymbol aufgefallen. Andererseits existieren bewiesenermaßen authentische Originalfotos dieser Skizzen, auf denen das richtige Symbol für »ch« zu sehen ist. Hat also Sitchin die Fakten manipuliert? In Wirklichkeit, so wird nicht allein ihm vorgehalten, gehe es nur um eines: nämlich die Geschichte der Cheops-Pyramide zu mystifizieren und ihr Alter in noch fernere Vergangenheit zu rücken. Möglich?

Möglich ist im Prinzip alles, nur gilt das für beide Parteien. Irren ist menschlich, Fälschen ist es auch, und selbst bei den anscheinend untadligsten Wissenschaftlern und Fachgebieten hat es Fälle radikaler Fälschung gegeben – ich erwähne das nur, weil wir das zu oft vergessen. Hieb- und stichfest überprüfen lassen werden sich die wahren Sachverhalte um die Vyse-Glyphen wahrscheinlich nicht mehr. Abbildungen sind manipulierbar, wie wir das auch im Falle der zwei unterschiedlichen Varianten der Abydos-Hieroglyphen schon gesehen haben.

Was aber, wenn Sitchin die Wahrheit sagte und genauso seine heutigen Gegner, die uns Fotos der Skizzen vorlegen? Dann bliebe nur eine geradezu »paranoide« Erklärung. Irgendwer müsste sich dann im Museum Zugang zu den Skizzen verschafft und sie durch gute Kopien ausgetauscht haben, vielleicht deshalb, weil er wusste, dass diese Zeichnungen durch Sitchins Nachforschungen bald wieder aus dem Vergessen ins

Rampenlicht geraten und den wesentlichen Beleg für die Pyramiden-Urheberschaft des Cheops in Misskredit bringen würden. Tiefste Verschwörungstheorie, aber eine zumindest bei Geheimdiensten auch heute noch durchaus gebräuchliche Methode der Verschleierung. Immerhin würde folgende Eigentümlichkeit recht gut zu einer solchen Spekulation passen: Als 1997 wieder nach diesen diesen Zeichnungen verlangt wurde, wusste zunächst niemand, wo sie zu finden waren. Irgendwer hatte sie irgendwann an einen anderen Platz in der riesigen Museumsbibliothek gebracht. Nirgends war verzeichnet worden, wohin sie verschwanden. Erst nach einer mehrmonatigen Suche tauchten sie dann auf.

Kann es sein, dass mit historisch derart wertvollen Dokumenten derart verantwortungslos herumgeschlampt wird?

Es existiert nun auch ein Foto, das die Original-Inschrift am Ort ihrer Entstehung zeigt, direkt in der Pyramide. Die Aufnahme stammt vom Ägyptologen Dr. Rainer Stadelmann, Direktor des *Deutschen Archäologischen Instituts (DAI)* in Kairo. Auch dieses Bild zeigt die passende Hieroglyphe für »ch«. Professor Stadelmann wird uns später noch begegnen, wenn es um sein mehrfach völlig unverständliches Verhalten bei der sensationellen Entdeckung des mittlerweile berühmten Gantenbrink-Schachtes in der Großen Pyramide geht. Ganz offensichtlich lag ihm daran, eine Veröffentlichung des Fundes so lange wie möglich zu verhindern und die geradezu zwingenden Fakten für die Existenz einer weiteren, bislang unbekannten Kammer der Pyramide vor der Öffentlichkeit geradezu lachhaft erscheinen zu lassen. Zumindest liegt diese Schlussfolgerung meiner, natürlich sehr persönlichen Meinung nach doch einigermaßen nahe.

Ich hoffe, Sie sind mir nicht böse, wenn ich die Diskussion um die Chufu-Kartusche und die umstrittene Hieroglyphe zum Ende kommen lasse. Das Wichtigste ist gesagt, und ich denke, im Grunde genommen ist es doch reichlich wurscht, ob nun dieser ägyptische Buchstabe falsch ist oder nicht, gibt es doch genügend andere Ungereimtheiten rund um die angebliche Entdeckung von Howard-Vyse, einer Entdeckung, mit der ich mich rein intuitiv nur sehr schwer anfreunden könnte.

Außerdem liegt das große Problem darin, dass bisher nur recht wenigen Forschern gestattet wurde, ausgerechnet den ansonsten eher bedeutungslosen Kammerbereich mit den Vyse-Hieroglyphen zu inspizieren. Warum das? Diese Tatsache allein ist doch schon wieder dazu angetan, Verdachtsmomente zu wecken, vor allem, weil auch heute in diesem

Abschnitt, an der Davison-Kammer und einem von Caviglia angefangenen horizontalen Schacht ungewöhnliche Aktivitäten stattfinden, von denen aber kaum etwas nach außen gedrungen ist, eben weil das nicht für die Öffentlichkeit bestimmt ist. Später werden Sie noch mehr darüber hören.

Die kaum vermeidlichen Folgerungen aus all dem Gesagten und noch einer ganzen Reihe anderer Unstimmigkeiten (auch eingedenk anderer ebenso merkwürdiger Entdeckungen von Vyse) sind, dass

a) die Inschriften in der Großen Pyramide eben doch nicht echt sind,
b) sie erst in späterer Zeit nach der Öffnung der Kammern von einer Person der Vyse-Gruppe unter Mitwisserschaft ihres Leiters angebracht worden sind,
c) die Öffentlichkeit absichtlich getäuscht wurde,
d) Chufu = Cheops nicht der Erbauer der Großen Pyramide war,
e) die Isis-Stele ganz offenbar echt ist,
f) und somit auch ihre Botschaft zutrifft, dass die Pyramide der Göttin Isis geweiht war und bereits vor Chufu existierte.

6.

Aus der Zeit des Thoth

Nach all diesen Erkenntnissen dürfte es auch kaum richtig sein, die Große Pyramide immer noch als Cheops-Pyramide zu bezeichnen, außer vielleicht im Sinne des Gewohnheitsrechts. Deshalb auch hielte ich es für angebrachter, vielleicht sogar neutraler, sie als *Isis-Pyramide* zu bezeichnen. Und ich würde mich nicht weiter wundern, wenn neue Funde die benachbarte, nur wenige Meter kleinere und dem Chephren zugeschriebene Pyramide in einen engeren Zusammenhang mit *Osiris* bringen würden.

Interessant ist hierbei eine Entdeckung am Aufweg zur *Chephren*-Pyramide, der sich vom geheimnisvollen Sphinx aus erstreckt. Auf halber Höhe wurde 1996 ein dreißig Meter tiefer Schacht gefunden, von dem aus ein unterirdischer Tunnel in Richtung des Sphinx verläuft. Begeistert sprach Dr. Zahi Hawass, heute oberster Direktor des Pyramiden-Komplexes, schon davon, dass sich hier offenbar ein symbolisches Osiris-Grab befindet. Ich habe ohnehin das Gefühl, dass auch die Chephren-Pyramide noch eine unerwartete Zahl an ebenso unerwarteten Rätseln in sich birgt und ihr bis heute insgesamt noch zu wenig Beachtung gezollt wurde.

Dr. Zahi Hawass,
Direktor der Pyramiden

Auch wenn ich persönlich das Alter der Großen Pyramide nicht für allzu entscheidend hielte, sofern es um ihre Geheimnisse und Rätsel geht, wäre es natürlich ein bedeutsamer Schritt nach vorn, endlich eine verlässliche Auskunft darüber geben zu können.

Die britischen Autoren Graham Hancock und Robert Bauval halten die Pyramiden und den Sphinx von Giseh jedenfalls für viel älter als gewöhnlich angenommen. Sie geben als Entstehungszeit das Jahr 10 500 v. Chr. Das sei die berühmte »Erste Zeit« *tep zepi*, in der die ägyptische Zivilisation ihren Anfang nahm. Von ihr ist auch auf der *Sphinx-Stele* die Rede. Hier finden wir die Bemerkung, dass der Sphinx den Vorsitz über den glänzenden Ort der Ersten Zeit hat. Doch wann das war, darüber gibt es keine direkte Auskunft. Hancock und Bauval versuchen, ihre Datierung über astronomische Verbindungen zu belegen. Genau vor 12 500 Jahren habe der Sphinx zum Frühlings-Äquinoktium (Tag-/Nachtgleiche) auf das himmlische Sphinx-Ebenbild gewiesen, das Sternbild Löwe. Die Sonne befand sich dann am Schwanz-Ende des Löwen, in diesem Moment noch etwa zwölf Grad unter dem Horizont. Außerdem ging damals das Sternbild Orion in einem Winkel auf, der mit fünfundvierzig Grad zum Horizont genau der Neigung der Verbindungslinie der drei großen Giseh-Pyramiden zur Nord-Süd-Richtung entsprach – die »Giseh-Position«. Hancock und Bauval erklären dazu, dass die drei Pyramiden ohnehin die drei Gürtelsterne des Orion symbolisieren. Ihre gegenseitige Position entspricht demnach genau deren Anordnung. Auch das wäre eigentlich kein größeres Wunder, denn wie Sie sicher immer wieder schon festgestellt haben, dreht sich vieles in Ägypten um Isis und Osiris, die eng mit den Konstellationen Orion und Großer Hund in Verbindung stehen. Und zum anderen werden auch solche zentralen Monumente wie die drei Pyramiden mit diesen bedeutenden Göttern und ihren Sternen zu tun haben. Auch hier hat sich ja schon so einiges angedeutet.

Die Engländer glauben, dass die rätselhaften vier »Luftschächte« die von den beiden Hauptkammern – der schon erwähnten »Königskammer« und der tiefer liegenden »Königinkammer« – nach außen führen, ursprünglich zur Sternbeobachtung verwendet wurden. Bis heute rätseln die Fachgelehrten, wozu diese Schächte wirklich dienten. Sollten sie tatsächlich Frischluft herbeiführen oder aber waren sie Ausgänge für die Seele des toten Pharaos? Diese Frage soll uns zumindest jetzt noch nicht beschäftigen, eher schon die Idee von Hancock und Bauval, der südliche Schacht der Königskammer ziele direkt auf die Gürtelsterne des Orion.

Die Sphinx-Stele kurz nach ihrer Ausgrabung

Allerdings kann hier etwas nicht stimmen, denn genau durch diese Schächte hätte niemand jemals die Sterne beobachten können. Sie verlaufen nämlich nicht geradlinig durch das Mauerwerk der Großen Pyramide, sondern knicken ab. Das ist mittlerweile bewiesen. Durch ein geknicktes Rohr kann man aber keine Sterne sehen.

Auch die Datierung der Pyramide nach Hancock und Bauval ist nicht schlüssig. Um 10 500 v. Christus nahmen die Gürtelsterne nämlich die »Giseh-Position« gar nicht ein. Und selbst wenn, dann bezog sich das nicht allein auf dieses Jahr. So schnell verändert sich am Himmel nichts, und deshalb hätte das fragliche Jahr genauso 10 000 oder 11 000 v. Chr. sein können. In Wirklichkeit aber stellte sich die »Giseh-Position« der Orion-Gürtelsterne im Jahr 8700 v. Chr. ein. Die Frage ist nun, warum Hancock und Bauval das Jahr 10 500 v. Chr. so auffallend betonen. Offenbar wollen sie damit die von einflussreichen Gruppen verbreiteten und sorgfältig bewahrten Prophezeiungen des Amerikaners Edgar Cayce weiter stützen, jenes Mannes, der als »Schlafender Prophet« berühmt wurde. Cayce, ein einfacher Buchverkäufer, der mit einem hervorragenden Gedächtnis ausgestattet war, erlitt erstmals als Zweiundzwanzigjähriger einen Anfall von vorübergehender Aphasie, also einen Verlust des Sprechvermögens. Er wurde mit Hilfe von Hypnose behandelt, möglicherweise war sie auch der Auslöser seiner seherischen Fähigkeiten, die allerdings nicht unumstritten sind.

Tatsache aber ist, dass Cayce ein einflussreicher Mann wurde, der in höchsten Kreisen verkehrte und dessen Wort selbst für hochrangige Politiker einige Bedeutung hatten. Cayce gehörte den Freimaurern an und prophezeite, dass deren Ideale die Steuerprinzipien des künftigen Goldenen Zeitalters der Vereinigten Staaten werden würden. In seinen Prophetien beschrieb er die sagenhafte Kultur von Atlantis und erklärte, es sei 10 500 v. Chr. untergegangen. Es scheint so, als ob Bauval, Hancock und andere die Verbindung zu Atlantis unter(frei)mauern wollen. In der Jahreszahl des Atlantis-Untergangs beziehungsweise angeblichen Baus der Großen Pyramide von Giseh steckt noch eine andere Bedeutung. Dieses Datum liegt nun ziemlich genau die Hälfte des großen Zyklus zurück, der als *Präzession* bekannt ist und sich eben in der Vorrückung der Tag-/Nachtgleiche äußert. Nach nicht ganz 26 000 Jahren ist die anfängliche Situation wieder eingekehrt, auch wenn sich nach dieser Zeit die Sterne innerhalb der Konstellationen bereits erkennbar verschoben haben. Für die esoterische Geheimlehre aber von Bedeutung ist dabei die Vorstellung, dass nach der Hälfte des Zyklus gewissermaßen ein Gegenpol erreicht ist. Während die Atlantiden 10 500 *vor Christus* laut Cayce nach Ägypten kamen, die Kultur schufen, und die Monumente von Giseh errichteten, und während anderen Quellen zufolge außerirdische Wesen damals die Erde verließen, würden sie zum Ablauf des halben Zyklus wieder zurückkehren: *jetzt!*

Hancock und Bauval scheinen das Datum von tep zepi eindrucksvoll anhand der astronomischen Zusammenhänge zu belegen. Und sie scheinen Cayce zu bestätigen. Doch so gut stimmen die Ergebnisse gar nicht überein. Im übrigen gelangten sie wohl auch nicht auf einem unabhängigen Weg zur Jahreszahl, da sie die Arbeiten von Cayce kennen. Die Engländer sagen auch, sie hätten aufgrund der Astro-Daten die Existenz einer geheimen Kammer ausfindig gemacht, die sie als »Genesis-Kammer« bezeichnen. Edgar Cayce prophezeite, dass um 1998 eine geheime Kammer entdeckt werde, in der die Atlantiden alle Geheimnisse ihrer Zivilisation aufbewahrt hätten – die berühmte »Hall of Records«, die

»Halle der Aufzeichnungen«. Diese Prophezeiung entspricht den Vorstellungen der Freimaurer und ist eigentlich gar keine. Sowohl Cayce als auch der Seher H. C. Randall-Stevens dürften die fast gleich lautenden Informationen darüber aus Unterlagen des Alten und Mystischen Ordens der Rosenkreuzer – *Ancient and Mystic Order Rosae Crucis (AMORC)* bezogen haben.

Bewahrheitet sich die Prophezeiung durch die »Genesis-Kammer«? Nein, bisher nicht, denn diese Kammer wurde bis heute nicht entdeckt. Hancock und Bauval meinen, die Äquinoktiums-Position der Sonne zum Sternbild Löwe im Jahr 10 500 v. Chr. entspreche der Lage der Kammer zum Sphinx. Unzweifelhaft eine beeindruckende Idee, die Information über den Ort der geheimsten Kammer in einer stellaren Konstellation zu verschlüsseln! Nur, dass dieser Fund nicht unabhängig von Cayce gemacht wurde, da sonst wohl ein passenderes Datum für die Konstellation herausgekommen wäre. Der vorgeschlagene Ort der Kammer stimmt im übrigen völlig mit dem überein, was die Rosenkreuzer sagen.

Interessant ist allerdings: Es gibt andere Fakten, die darauf hinweisen, dass die Pyramiden vor rund zwölftausend Jahren errichtet wurden – ich komme später noch darauf zurück. Nur ist die »Giseh-Position« für sich allein nicht sehr aussagekräftig, wie wir gesehen haben. Das Bau-Datum der Pyramide aufgrund der Cayce-Aussage mit aller Gewalt exakt auf 10 500 v. Chr. festnageln zu wollen, haut jedenfalls beileibe nicht hin.

Dass im Komplex von Giseh eine heilige Geometrie verwirklicht ist, die einen kryptischen Schlüssel zur »Halle der Aufzeichnungen« enthält und zu den Geheimnissen der ägyptischen Kosmologie, das steht wohl fest. Denn hier ist nichts ohne bis ins letzte Detail ausgeklügelt, hier ist nichts ohne Plan und ohne Geometrie. Nur bis heute hat eben niemand die echte Lösung gefunden, die zu den Geheimnissen des alten Wissens führt. Oder, irgendwer hat sie gefunden, nur spricht er nicht darüber.

Ohne das alles weiter vertiefen zu wollen – ich hoffe, Sie verzeihen die Abschweifung! – , möchte ich jetzt wieder auf das eigentliche Problem zurückkommen, nämlich das Alter der Großen Pyramide. Wir haben wohl einerseits ein Alter, das von den akademischen Ägyptologen festgenagelt wurde: rund 4 500 Jahre. Das ist aber offenbar zu jung. Dann haben wir andererseits ein zweites Extrem-Datum für die Entstehungszeit, 10 500 v. Chr., was offenbar wieder zu viel des Guten und ziemlich spekulativ ist. Die Wahrheit liegt, wie so oft, irgendwo in der

Mitte. Wovon wir uns erstmal trennen müssen, ist einerseits der Glaube an die Richtigkeit des althergebrachten »Cheops«-Alters, zum anderen der Glaube an die Pyramide als Produkt der Atlantiden exakt aus dem elften Jahrtausend vor unserer Zeitrechnung. Der Geologe Robert Schoch von der Universität Boston nahm sich vor einigen Jahren des mysteriösen Sphinx an, um dessen Alter mit Hilfe der Auswaschungen durch Regenwasser an ihm abzuschätzen. Aus den Kenntnissen über die antiken Klima-Daten verschiedener Epochen in Unterägypten und aus den genauen Werten für die Erosion des Gesteins schloss Schoch auch bei jenem rätselhaften Mischwesen, dessen Körper löwenähnlich und dessen Kopf menschlich ist, auf ein viel höheres Alter als »normale« Ägyptologen ihm zubilligen würden. Demnach sollte der Sphinx so etwa zwischen 7000 und 5000 v. Chr. entstanden sein.

Der Physiker Professor Willy Wölfli von der *Eidgenössischen Technischen Hochschule* in Zürich hat mit Hilfe der *Accelerator Mass Spectometry (AMS)*, einer Atomzähl-Methode, Altersbestimmungen zahlreicher ägyptischer Bauwerke des Alten Reichs vorgenommen. Später wurden die Ergebnisse mit den anerkannten Daten verglichen, wie sie Archäologen im *Cambridge Ancient History Record* (*CAHR*) verzeichnen. Für die Große Pyramide erhielt er immerhin ein Alter, das je nach Messung zwischen 276 und 524 Jahren höher war, als im CAHR notiert. Das ist zwar im Vergleich zu den riesigen Zahlen von Schoch nicht so beeindruckend viel, aber für sich genommen auch noch ein ganz schöner Batzen. Immerhin, der Sprung ist genauso groß wie zwischen dem Jahr 2000 und dem Jahr 1476 – von Clinton zurück zu Columbus!

Für die zweite Pyramide ist die Abweichung noch deutlicher, die Messwerte reichen bis zu 651 zusätzlichen Jahren! Bei der dem Pharao Mykerinos zugeschriebenen dritten Giseh-Pyramide spielen die Messungen dann richtig verrückt. Drei Werte weisen sie als deutlich *jünger* aus – zwischen 452 und 338 Jahren – und drei Werte als älter: zwischen 73 und wieder sehr deutlichen 557 Jahren! Dieses Durcheinander ist ein Rätsel für sich, und es ist nicht die einzige rätselhafte physikalische Messung an einer Pyramide!

Für unsere Überlegungen ist zunächst einmal egal, welches Datum für die Errichtung der »Isis-Pyramide« zutrifft. Wichtig dabei ist nur die Tatsache, dass sie älter ist, als »brave« Ägyptologen ihr zubilligen, wahrscheinlich sogar um einige Jährchen. Dazu möchte ich noch folgendes ergänzen: Die physikalischen Altersbestimmungen beruhen auf der Untersuchung von Überresten biologischer Substanz – organischem Staub, wie er zwischen den Mauerblöcken gefunden wurde, und auf Proben von Holzkohle. Sie sind also *indirekte* Altersbestimmungen, denn der Stein selbst kann nur geologisch datiert werden, nicht aber archäologisch. Man weiß ungefähr, wann er in der Erdgeschichte entstanden sein muss, nicht aber genau, wann er sozusagen zur Pyramide verarbeitet wurde. Sie aber muss auf jeden Fall schon gestanden haben, als sich die Bio-Überreste in den Mauerritzen gefangen und bis auf den heutigen Tag erhalten haben. Also ergeben diese Bestimmungen, einmal ganz abgesehen von irgendwelchen Messfehlern und Ungenauigkeiten, das *Mindest*alter des Bauwerks. Die Pyramiden und der Sphinx von Giseh können also tatsächlich viel älter sein, vielleicht auch aus der Zeit der »Atlantiden« stammen, ganz gleich, ob und wann das nun wirklich gewesen sein mag.

Ich möchte hier aber nun nicht auch noch Atlantis und seine möglicherweise nicht irdischen Wurzeln in die Diskussion mit einbeziehen, darüber könnte man weitere umfangreiche Bücher schreiben, was ohnehin schon geschehen ist. Aber, im Licht der neuen Erkenntnisse werden die alten Überlieferungen wieder sehr interessant. Denn auch hier kommen für den Unvorbereiteten überraschend große Jahreszahlen zur Sprache, die immer wieder in Zeiten *noch vor der Sintflut* zurückreichen. Manetho, der hochberühmte Gelehrte und Priester in Heliopolis – jener Urmetropole, deren Priester in den »Dingen des Himmels« schon immer so bewandert waren – war der Bewahrer geheimer Schriften des dortigen Tempel-Heiligtums. Er lebte im dritten Jahrhundert vor Christus und verfasste ein bedeutendes Geschichtswerk. Wie es heißt, bezog Manetho seine Informationen direkt von Inschriften auf den Säulen verborgener unterirdischer Tempel Thebens. Und diese uralten Texte habe der große Kulturbringer Thoth eigenhändig in jene Säulen eingraviert. Der ägyptische Gott Thoth, von dem wir schon so viel gehört haben, wird mit dem griechischen Hermes gleichgesetzt. Und dessen zweiter Sohn, Agathodaimon, soll die nach seinem Vater als »hermetische Schriften« bezeichneten Texte nach der Sintflut auf Papyrusrollen übertragen und dann wieder in unterirdische Geheimtempel verbracht haben. Das Eigenschaftswort »hermetisch« ist über die Zeit zum Synonym für »geheim« und »verborgen« geworden. Wir denken nicht mehr an seinen Ursprung, wenn wir heute noch beispielsweise von »hermetisch verschlossenen Türen« sprechen.

Von Manetho und seinem Werk wissen wir leider so gut wie nichts mehr. Letzte Spuren finden sich in einem Manuskript des byzantinischen Mönchs Georgios, der auch Synkellos oder Georg von Syncella genannt wurde und um 800 ein Geschichtswerk schrieb, das Informationen von Manetho enthält. Darunter auch die Bemerkung, dass die Ägypter einige Chroniken über den gewaltigen Zeitraum von 36 525 Jahren aufbewahrt hätten! Doch Manethos Original-Schriften sind durch wiederholte Zusammenfassungen und Auszüge mehr und mehr verstümmelt und verfälscht worden, manchmal vielleicht sogar absichtlich.

Als Herodot in Ägypten weilte, zeigte man ihm 345 Standbilder von Hohepriestern. Diese Priester hätten sich nacheinander in ununterbrochener Folge abgelöst, über einen Zeitraum von 11 340 Jahren. Wie der Grieche auch erfuhr, lebte der bedeutende Gott Osiris wirklich, und zwar 15 000 Jahre vor Herodot und seinem Zeitgenossen, dem saitischen König Amasis (26. Dynastie). Herodot betont, dass seine ägyptische Quelle bezüglich der Jahreszahl absolut keinen Zweifel hege, denn »sie haben den Ablauf der Zeit schon von Anbeginn her sehr sorgsam aufgezeichnet.« – Tatsache ist, dass die alten Ägypter einen Kalender erfanden, der so sinnvoll war, dass wir ihn noch heute in nur leicht veränderter Form benutzen, und dass »kein anderes Volk die Position und Bewegungen der Sterne mit solcher Genauigkeit beobachtete wie die Ägypter«, so erklärte einst der römische Historiker Diodor Siculus, der über die merkwürdig gegenteiligen Ansichten des Archäoastronomen Otto Neugebauer wohl nur hätte lachen können.

In den vor Jahrhunderten oder sogar Jahrtausenden verfassten Texten ist immer wieder auch die Rede davon, dass die Ägypter uralte Schriften in geheimen Kammern der Großen Pyramide verschlossen hätten, um die unschätzbaren Informationen vor dem Wüten der Sintflut zu retten. Und mit dieser Bemerkung möchte ich jetzt noch ein anderes Problem streifen, das sich auftut, wenn wir uns mit der Isis-Pyramide befassen: Dasjenige vom eigentlichen Sinn und Nutzen dieses künstlichen Steinbergs. Nach *landläufiger*, aber sicher nicht *althergebrachter* Meinung dienten die ägyptischen Pyramiden als Begräbnisstätten größenwahnsinniger Herrscher. Nur fanden sich komischerweise in keiner einzigen Pyramide Mumien mit einem entsprechend hohen Alter. Särge schon, aber keine Toten. Klar, die Logik sagt einem: Wo ein Sarg ist, da ist auch der Tod nicht weit. Aber tatsächlich bedarf diese Milchmädchen-Logik ein paar kleiner Korrekturen und Kommentare. Davon mehr im nächsten

Kapitel. Für den Augenblick soll nur die Tatsache an sich genügen. Wenn ich gerade einschränkend vom Alter der Mumien gesprochen habe, dann nur deshalb, weil beispielsweise in der dritten Giseh-Pyramide, der vergleichsweise kleinen »Mykerinos«-Pyramide, Reste einer Mumie gefunden wurden (übrigens fand sie Richard Howard-Vyse), aber diese Mumie hatte sich irgendwie verspätet. Ihre Knochen nämlich stammten aus frühchristlicher Zeit!

Wenn die Große Pyramide aber nicht als Grab benutzt wurde, als was dann? Es könnte sein, dass in ihr »Zeitkapseln« aufbewahrt wurden, wahrscheinlich bis heute. »Zeitkapseln«, in denen das geheime Wissen der vergangenen Epoche enthalten ist.

Im Prinzip ist es das, was mit der »Halle der Aufzeichnungen« gemeint ist: eine immer noch verborgene Kammer oder ein unterirdischer Gang, wo die größten Geheimnisse in Form von Schriften und ungewöhnlichen Gegenständen angesammelt sind.

Manche wollen wissen, dass sich unter der Pyramide noch einmal eine befindet, die allerdings umgekehrt gebaut ist. Genau dort soll ein Gang verborgen sein, der hin zum rätselhaften Sphinx führt – eine angeblich vor 39 000 Jahren errichtete Anlage. Es gibt alte »Sagen«, denen zufolge unter den Pyramiden bewegliche Mauern existieren und verborgene Pforten. Und es gebe dort ein seltsames Licht, ein Licht, das aus unbekannter Quelle unentwegt strahle.

Das klingt alles natürlich ziemlich an den Haaren herbeigezogen. Aber, mir fallen dazu ganz spontan zwei Dinge ein. Einmal, dass Heinrich Schliemann seine grossen archäologischen Funde – egal ob es sich dabei nun wirklich um Troja handelte oder nicht – bestimmt keinesfalls gemacht haben würde, wenn er sich durch das ewige Gemeckere der besserwissenden Fachleute einengen hätte lassen. Er hat den Goldfund gemacht, weil er an »sagenhafte« alte Überlieferungen und »Märchen« geglaubt hat; oder zumindest an einen wahren Kern dieser Geschichten. Es hat sich im übrigen schon oft erwiesen, dass die Phantasie des Menschen so groß gar nicht ist, und dass selbst die verrücktesten »Märchen« immer auch einen wahren Kern in sich bergen.

Ja, das war das eine. Und das andere ist einfach die Tatsache, dass die Schulbuch-Forschung ohnehin ziemlich sicher schief liegt mit ihren Altersangaben der Pyramiden. Warum sollen ihr also nicht auch andere Irrtümer unterlaufen sein? Wir haben außerdem zum Teil schon gesehen, dass hinter manchen unrichtigen Erklärungen auch eine Absicht steckt.

Unliebsame Fakten werden bequemerweise vertuscht. Im übrigen haben wir ja schon so manche Merkwürdigkeiten des alten Ägypten kennengelernt, die sich als zu harte Nüsse erwiesen haben könnten, als dass sie sich zwischen den Deckeln braver Geschichtsbücher knacken ließen. Wie sich bald noch herausstellen wird, kreucht und fleucht auch heute noch so manche geheime Gruppierung um die Pyramiden herum, und genauso werden unabhängige Wissenschaftler in ihrer Arbeit behindert, ganz offensichtlich, weil sie einerseits *unabhängig* sind und andererseits eine *zu gute Nase* besitzen!

Im Zusammenhang mit den »Zeitkapseln«, den geheimen Kammern, der »Halle« der Aufzeichnungen und seltsamen Dingen tief unter der »Isis-Pyramide« kehrt ein Name immer wieder. Sie werden es schon erahnen, es ist *Thoth*, der Kulturbringer, der Weisheitsgott, der auch das Licht brachte. Wie war das gleich mit dem geheimnisvollen Licht aus unbekannter Quelle?

Thoth trägt viele Namen. Er ist bekannt als der dreimal große Hermes (»Hermes Trismegistos«) und wird gleichgesetzt mit Tahuti, Surid oder Saurid, Idris, Onuris und dem biblischen Hennoch oder Enoch. In der späteren hermetischen Literatur verschmolz er dann auch mit der Person des Allround-Genies Imhotep, dem Baumeister, Groß-Wesir, Weisen, Schreiber, Berater, Astronomen und Magier des Königs Djoser. Er errichtete auch jene als erste der Pyramiden geltende Stufenpyramide von Sakkâra. Als Erbauer der Großen Pyramide wird hingegen immer wieder Thoth selbst genannt. Gewiss war Thoth mehr als eine transzendentale Wesenheit aus dem Pantheon der ägyptischen Götterwelt. Dazu tritt er mit all seinen Fähigkeiten viel zu greifbar in Erscheinung, wie übrigens andere »göttliche« Wesen auch. Genau wie die Bibel nicht auf purer Phantasie beruhen kann, genauso muss auch die sehr lebendige Welt der ägyptischen Götter reale Wurzeln besitzen. Und wir sollten auch all jene Merkwürdigkeiten um die *Neunheit* und die ägyptischen Urgötter keinesfalls aus den Augen verlieren.

Mit diesem Hintergrund lesen sich die alten Geschichten dann doch etwas anders, zum Beispiel die Erzählung vom Helden Setni, in deren Verlauf von der Suche nach dem göttlichen Buch des Thoth die Rede ist, einem Buch, das seinem Besitzer magische Kräfte und die Gewalt über die Elemente verleihen soll. In dieser Erzählung wird auch geschildert, welche Abenteuer und Schrecken denjenigen erwarteten, der es wagte, den Geheimnissen des Thoth nachzuspüren und in sie einzudringen.

Jedenfalls scheint die Suche nach der »Halle der Aufzeichnungen« oder wie immer wir den geheimen Ort des originalen hermetischen Wissens auch nennen wollen, schon länger betrieben zu werden. Wenn Thoth die Große Pyramide erbaute, dann muss sie schon viel länger stehen. Sie muss dann schon zu Zeiten des Djoser ein uraltes Rätsel gewesen sein.

Hochinteressant liest sich, was der arabische Geschichts-Gelehrte Ibn Abd Hokm im 9. Jahrhundert über die Große Pyramide schrieb: »Die meisten Chronisten sind sich einig, die Errichtung der Pyramiden dem ägyptischen König Saurid Ibn Salhuk zuzuschreiben, der drei Jahrhunderte vor der Großen Flut lebte. Ein Traum, in dem er sah, wie die Erde sich mitsamt ihrer Bewohner umdrehte, bewog ihn dazu. Vor lauter Schrecken darüber erzählte Saurid nichts davon, nachdem er aber voller Angst erwacht war, versammelte er sehr bald die höchsten Priester um sich. Sie kamen aus allen ägyptischen Provinzen, insgesamt hundertdreißig an der Zahl, und ihr höchster war Aklimon. Nachdem er ihnen alles berichtet hatte, vermaßen sie die Sterne und prophezeiten eine große Flut. Der König wollte wissen, ob sie das Land erreichen würde, und als man dies bestätigte und erklärte, die Flut würde es sogar zerstören, befahl er, bis zu ihrem Kommen Pyramiden mit gewölbten Kellern zu errichten, da noch einige Jahre verstreichen würden, bis die Weissagung eintreten würde. In diese Gewölbe brachte er Talismane und seltsame Dinge, alle möglichen Schätze und Reichtümer. Und er ließ darauf in der westlichen Pyramide dreißig Schatzkammern anlegen, gefüllt mit Schätzen und Gerätschaften, mit Schmuck und Zierrat aus Edelsteinen, mit eisernen Instrumenten, mit tönernen Schiffsmodellen, mit Waffen, die nicht rosteten und Glasgefäßen, die man biegen konnte, ohne dass sie brachen.« Soweit der fesselnde Bericht des Ibn Abd Hokm. Vor allem bei den nicht rostenden Waffen und dem biegsamen Glas wird der Leser stutzig. Auch solche Dinge gab es im alten Ägypten nach allgemein akzeptierter Lehrmeinung nicht. Biegsames Glas! Heute würden wir von *Plexiglas* sprechen, also glasklar durchsichtigem Kunststoff. Wieder so ein ägyptischer Anachronismus!

Und die nicht rostenden Waffen sind ein weiteres Rätsel. Dabei bekommt allerdings die Bemerkung von Kapitän Barber einen ganz anderen Stellenwert – ich denke an jene Bemerkung, in der er betont, dass die riesigen Steinklötze der Pyramiden nicht mit Holzgestellen bewältigt worden sein können, sondern ausschließlich mit *Stahl*kränen. Und wie war das mit der indischen »Nirosta-Säule«, der Kutb-Minar-Säule von

Delhi, die vor rund tausendfünfhundert Jahren errichtet wurde und die aus Eisen besteht, aber einfach nicht rosten will? Bemerkenswert ist, dass Saurid befahl, *Pyramiden* zu errichten – bemerkenswert wegen der Pluralform. Demnach wäre Saurid nicht nur der Bauherr der Großen Pyramide, sondern wohl zumindest auch der anderen beiden auf dem Giseh-Feld!

Was die Schriften des Thoth angeht, war offenbar schon Pharao Cheops sehr interessiert daran – ich habe das schon angedeutet. Davon berichtet der *Papyrus Westcar*. Cheops' Sohn Djedefhor, der als ein sehr weiser Mann bekannt wurde und im altägyptischen »Lied des Harfespielers« sogar mit Imhotep gleichgesetzt wurde, soll seinem Vater einst eine interessante Geschichte erzählt haben, die sofort seine ungeteilte Aufmerksamkeit weckte. Schon die ganze Zeit hatte sich Cheops von frühen Wundern und weisen Männern erzählen lassen. Djedefhor erklärte ihm nun, es gebe immer noch einen Mann, der Unglaubliches wisse und vollbringen könne. Dieser Mann sei ein gewisser Dedi aus Ded-Snefru. Dieser Alte von gesegneten hundertzehn Jahren sei fähig, einen abgeschlagenen Kopf wieder anzufügen, so dass der Körper weiterlebt. Dann sprach Djedefhor davon, dass Dedi auch die Zahl gewisser geheimer Dinge kannte, wie sie auf ewig im Tempel des Thoth verborgen waren. Und genau das war es, was Cheops besonders bewegte. Der »Tempel des Thoth« war ursprünglich derjenige von Hermopolis, der Stadt der Großen Achtheit, zu der Thoth hinzukam. Die geheimnisvolle Bibliothek dort war berühmt. Natürlich gab es mehrere Tempel des Thoth. Wenn es wirklich stimmen sollte, dass Thoth vom Herannahen einer Naturkatastrophe wusste: Könnte es dann sein, dass er seine Bibliothek aus dem urständigen Hermopolis auf das Giseh-Plateau verlagerte, hinein in den mächtigsten Safe, den die Welt kennt – die Große Pyramide? Interessant ist auch, dass Thoth (=Saurid) die Sintflut offenbar nicht durch Vorausberechnungen vorhergesehen haben soll, sondern in einem Traum. Wahrträume, also visionäre Zustände, während derer eine Art »Zeitreise« in die Zukunft möglich zu werden scheint, haben sich im alten Ägypten auffallend häufig ereignet. Zu oft.

Fassen wir noch einmal zusammen: Thoth lebte vor Imhotep. Letzterer baute die Stufenpyramide. Wenn Thoth die Große Pyramide errichtete, dann also weit früher und damit noch vor der Zeit des Cheops. Und wenn Thoth seine Schriften dort verbarg, dann könnte dies sein neuer Tempel sein, auf den sich dann auch der *Westcar-Papyrus* bezieht. Dann also wäre der »Tempel des Thoth« nicht der von Hermopolis, sondern kein anderer als die Große Pyramide, die zur Zeit des Cheops schon stand. Aus zahlreichen Quellen geht hervor, dass Thoth ihr Urheber war und Schriften dort verbarg, nicht aber Cheops. Wäre er, Cheops, es gewesen, hätte er ja nicht mehr danach suchen müssen, er hätte gewusst, dass sie in *seiner* Pyramide gut aufgehoben sind.

Was berichtet nun der Papyrus Westcar weiter über jenen wundersamen Mann, für dessen Kenntnisse sich auch Cheops so unbändig interessierte?

Als Djedefhor den weisen alten Dedi zu Cheops brachte, zeigte sich Cheops zuerst einmal ziemlich verwundert, warum er noch nie etwas von dem bedeutenden Manne gehört habe. Er fragte: »Was soll das, Dedi, dass ich Dich noch gar nicht gesehen habe?«, worauf Dedi fast etwas unterkühlt antwortete: »Wer gerufen wird, der kommt; der König hat mich gerufen, und nun, da bin ich gekommen.« – Nun wollte Cheops wissen, ob das alles auch wirklich stimmte, was man so über den alten Dedi orakelte. Also fragte er, ob es wahr sei, dass er einen abgeschnittenen Kopf wieder aufsetzen könne. »Ja, ich kann es, o König, mein Herr«, war die selbstbewusste Antwort. Das ließ sich schnell nachprüfen. »Man bringe mir einen Gefangenen, der im Kerker sitzt, um nun seine Strafe zu vollziehen!« ordnete Cheops an. Das aber schien Dedi nicht recht zu sein – »Doch nicht an einem Menschen!«, rief er aus, wohl fast entrüstet. Flunkerte der Alte also nur? Dedi schlug vor, statt dessen ein »vortreffliches Tier« zu nehmen. Schließlich brachte man ihm eine Gans mit bereits abgeschnittenem Kopf. Der Kopf wurde an die Ostseite der großen Halle gelegt, der Körper an die Westseite. Nun war Dedi an der Reihe. Cheops muss dem Spektakel in diesen Augenblicken wohl schon eher mit zweifelnder Miene beigewohnt haben, nachdem Dedi sich nicht an einen Menschen-Versuch gewagt hatte. Der Alte begann damit, einen Zauberspruch zu murmeln, worauf Kopf und Körper aufeinander zu schwebten und sich verbanden. Die wieder komplette Gans machte sich darauf schnatternd aus dem Staub, so erfährt der Leser. Anschließend ließ Cheops die ganze Prozedur noch einmal an einem Stier wiederholen, sicher war sicher. Und es funktionierte wieder.

Eine hübsche Geschichte, die natürlich gar nichts beweist. Interessant aber ist doch immerhin jener Zusatz, dass Dedi sich nicht an einen Menschen wagte – warum auch immer. Um seine Zauberkraft besonders beeindruckend darzustellen, hätte der Erzähler in einer frei erfundenen

Story doch sicher vor allem einen Menschen als Versuchsobjekt eingebaut, um alles so richtig schaurig-schön werden zu lassen. Er tat es nicht.

Nachdem nun geklärt war, dass die Gerüchte um Dedis Zauberkraft stimmten, wandte sich Cheops der für ihn drängendsten Frage zu. Er wollte endlich mehr über die geheimen Dinge aus dem Tempel des Thoth erfahren. Cheops musste sich damit zufrieden geben, als Dedi sagte, er wisse davon, aber er werde ihm den Kasten, der diese Dinge enthalte, nicht bringen. Denn die Weissagung sei eine andere. Cheops würde ihn aus den Händen des ältesten Sohnes erhalten, den eine gewisse Reddedet gebären würde. Schließlich wurde Cheops klar, dass mit den Söhnen der Reddedet ein neues Geschlecht über Ägypten kommen würde und die Tage seiner eigenen Dynastie gezählt seien. Immerhin war es Cheops ein schwacher Trost, dass der Wandel weder ihn noch seine Söhne betreffen würde. Ob sich der andere Teil der Prophezeiung für Cheops jemals erfüllte und er die Geheimnisse des Thoth kennenlernte, darüber schweigt sich der Papyrus beharrlich aus.

Doch auch in den späteren arabischen Texten geht es immer wieder um Thoth, um die Pyramiden und sehr geheimnisvolles Wissen. Muterdi, ein arabischer Schriftsteller, erzählt davon, dass eine Gruppe in der Großen Pyramide in einen engen Gang kam, in dem sich die Mauern plötzlich bewegten und einen ihrer Leute einschlossen. Die anderen flohen aus dem Gemäuer. Der von den Mauern Gefangene tauchte später wieder auf, soll aber in einer fremden Sprache gesprochen haben.

Der arabische Forschungsreisende Ibn Batuta sprach im 14. Jahrhundert davon, dass die Pyramiden von Hermes gebaut wurden, um alle Wissenschaft und alle anderen Schöpfungen des menschlichen Geistes vor der Flut zu bewahren. Dasselbe schrieb Firazabadi, der ebenfalls im 14. Jahrhundert lebte. Der Araber Ebn Abu Hajalah Achmed Ben Yahia Altelemsani erwähnt einen unterirdischen Gang, der von der Großen Pyramide bis zum Nil herab verlief. Dem Bericht zufolge fand sich im 9. Jahrhundert ein eigenartiger Gegenstand in der Pyramide: »In den Tagen von Achmed Ben Tulun drang eine Gruppe von Männern in die Große Pyramide ein. In einer ihrer Kammern entdeckten sie einen Becher. Er war gläsern und besaß eine merkwürdige Gestalt und Farbe. Als sie wieder draußen waren, fiel ihnen auf, dass einer von ihnen fehlte. Sie gingen also wieder zurück, um ihn zu suchen. Und da kam er ihnen entgegengelaufen. Er hatte nichts an und rief: ›Geht mir nicht nach! Sucht mich nicht!‹, worauf er wieder in der Pyramide verschwand. Sie erkannten, dass er im Banne eines Zaubers stand, und berichteten Achmed Ben Tulun darüber, der daraufhin jedermann verbot, die Pyramide zu betreten. Er nahm den gläsernen Becher, ließ ihn abwägen und bemerkte, dass er immer dasselbe Gewicht hatte, ob er nun leer oder voll war.«

Natürlich ist es kein Wunder, wenn sich um ein dermaßen monumentales Mysterium, wie es die Pyramiden von Giseh nun einmal sind, auch mächtig viele Gerüchte und Legenden ranken. Auffallend aber ist, dass sie meist mit dem Gott Thoth zu tun haben sowie außerdem mit sehr seltsamen technischen Gegenständen und uralten Geheimschriften. Und immer ist in den Überlieferungen die Große Pyramide weitaus älter als wir heute meinen.

Als Stätte, in der irgendwo – in der »Halle der Aufzeichnungen« – die Geheimnisse von Thoth aufbewahrt werden, bildet die Pyramide seit altersher das Zentrum einer magischen Anziehungskraft. Nicht umsonst buddelte sich auch der Kalif Abdullah al-Ma´mun im Jahr 820 in ihr Inneres. Genau wie der Pharao Cheops war Al Ma´mun hinter den geheimen Schriften des Thoth her. Al Ma´mun, Sohn des vor allem aus den Erzählungen von »Tausendundeiner Nacht« berühmten Kalifen Harun al Raschid, war ein vielseitig gebildeter und interessierter Mann. Er war es auch, der eine Übersetzung des größten astronomischen Werks von Ptolemäus veranlasste – jener *megale syntaxis,* der Großen Zusammenfassung, die als *Almagest* berühmt wurde. Al Ma´mun unterhielt einen absolut modernen und sehr effektiven Nachrichtendienst und gelangte auf diese Weise an Informationen aus den verschiedensten Kanälen. Und er erfuhr auch von den Geheimkammern, in denen die nicht rostenden Waffen und das biegsame Glas zu finden seien; er hörte von Land- und Himmelskarten, die aus frühester Vorzeit stammen, aber genauer sein sollten als alle damals verfügbaren Werke. Nur konnte auch Al Ma´mun kein einziger Mensch sagen, wo genau diese Kammern zu finden seien.

Al Ma´mun und die von ihm beauftragten Leute suchten auf der Nordseite der Großen Pyramide nach dem Eingang. Alle Pyramiden haben ihren Eingang auf der Nordseite. Zu Zeiten des Kalifen aber war die Pyramide noch mit den strahlenden Tura-Kalkblöcken völlig gleichmäßig und glatt bedeckt. Auch bei genauestem Hinsehen konnte die Mannschaft von Al Ma´mun keine Spur eines Eingangs finden. Schließlich gingen sie mit Brachialgewalt ans Werk. Sie hämmerten sich durch die Außenwand hindurch in den Pyramidenkern, um mehr oder minder blind und zufällig tatsächlich auf einen Gang zu stoßen. Das war ihre

Hoffnung, und sie erfüllte sich tatsächlich. Von dort aus fanden sie den wirklichen Zugang und erschlossen die größten Räume der Pyramide. Doch sie waren leer. Die Hoffnung, alte Schätze und Schriften zu finden, erfüllte sich nicht.

Hinweise über den wahren Ort der »Halle der Aufzeichnungen« wurden zumindest in kryptischer Form vermutlich in der berühmten Bibliothek von Alexandria aufbewahrt. Diese grandiose Sammlung antiker Werke umfasste nach allem, was heute noch bekannt ist, rund eine halbe Million wertvoller Schriftrollen – das gesammelte Wissen der alten Zeit. Es hätte die nachfolgenden Zeiten gut überdauern können, denn Papier ist auch in dieser Hinsicht geduldig. Nur brennt Papier leider auch gut. Und Bibliotheken waren überdurchschnittlich anfällig für Brände. So häufig, das bald keine der wirklich bedeutenden verschont blieb. Die Vernichtung von schriftlichen Überlieferungen hat eine lange Tradition. Denn das geballte Wissen war geballte Macht, und die konnte sehr gefährlich werden. Nicht anders erging es der Bibliothek von Alexandria. Sie ging in Schutt und Asche.

Diese Katastrophe haben wir niemand anderem als Julius Cäsar zu verdanken; er steckte die ägyptische Flotte vor Alexandria in Brand, dann war die Stadt selbst und mit ihr vor allem die Bibliothek an der Reihe. Auf diese Weise ging ein Wissen von unschätzbarem Wert verloren.

Es ist bestimmt nicht übertrieben, wenn manchmal gesagt wird, die schicksalshafte Bibliothek sei die Wiege der modernen Wissenschaft gewesen. Indem Cäsar in voller Absicht tat, was er nun einmal unverzeihlicherweise tat, hielt er die Entwicklung radikal auf und bewirkte, dass manche Entdeckungen erst nach Jahrhunderten oder Jahrtausenden erneut gemacht werden mussten. Der namhafte amerikanische Astronom Carl Sagan schrieb einmal: »Was aber wurde aus all den Büchern? Die klassische Kultur, der sie entstammten, ging zugrunde, und die Bibliothek selbst, sie wurde absichtlich vernichtet. Nur ein Bruchteil der Werke überdauerte die Zeiten, zusammen mit ein paar armseligen Fragmenten, in aller Welt zerstreut, die uns die Größe des Verlustes überhaupt erst vor Augen führen. In den Regalen befand sich unter anderem ein Buch des Astronomen Aristarch von Samos, der die Erde für einen Planeten hielt, der die Sonne umkreist, und die Sterne für unvorstellbar weit entfernt erachtete – er hatte also völlig richtige Schlussfolgerungen gezogen, auf deren Wiederentdeckung wir beinahe zweitausend Jahre lang warten mussten. Welcher Verlust für uns! Multiplizieren wir ihn mit hunderttausend, dann können wir die Leistung der klassischen Kultur und die Tragweite ihrer Zerstörung ungefähr abschätzen.« Ungefähr! Denn wir wissen ja nicht, welche Informationen noch in der alten Bibliothek aufbewahrt wurden. Wir können annehmen, dass sie einige unserer heutigen Fragen über die unvorstellbaren Vorkommnisse im alten Ägypten beantwortet hätten. Aber gerade deshalb mussten sie wohl verschwinden.

Die einzige Hoffnung ist, dass Eingeweihte die bedeutendsten Schriften doch noch retten konnten, bevor Cäsar über Alexandria herfiel. Auch musste Kleopatra als letzter Herrscherin Ägyptens sehr am Herzen gelegen haben, das geheime Wissen ihres Volkes in einer »Zeitkapsel« vor einer Zerstörung zu bewahren. Demnach wäre anzunehmen, dass sie den Befehl erteilte, die Schriften in unterirdischen Hallen zu verbergen.

Das Interesse, das heute eine ganze Reihe von Personen und Organisationen *nicht-archäologischer* Natur an den altägyptischen Geheimnissen besitzt, scheint die Beobachtung zu bestätigen, dass die alten Schriften selbst gegenwärtig noch für Wissenschaft wie auch Geheimdienste wie auch Militär von großem Interesse sind. Es rückt auch die seltsamen Gerüchte in ein vernünftigeres Licht, denen zufolge noch heute eine uralte Brüderschaft über die unschätzbaren ägyptischen Geheimnisse wacht. Wir haben im übrigen ja schon gesehen, wie überzeugt die Freimaurer und auch die Rosenkreuzer vom Geheimwissen beziehungsweise den verborgenen Kammern in der Großen Pyramide sind.

Die Suche nach der »Halle der Aufzeichnungen« setzt sich immer noch fort, auch wenn sie seit Al Ma´muns Zeiten andere Formen angenommen hat. Wenn wir uns einmal bewusst machen, was noch so alles in Ägypten und in der Isis-Pyramide geschieht, vor allem, wenn wir diese Vorkommnisse im Zusammenhang mit dem Wunsch nach extremer Geheimhaltung sehen, kommen wir aus dem Staunen bald nicht mehr heraus. Da gibt es eine ganze Menge von weiteren ungeklärten Mysterien Ägyptens, die auf frühe Kontakte mit technisch hochentwickelten Wesen schließen lassen und die auf viele verdeckt operierende Kreise noch heute eine geradezu magnetische Anziehung ausüben. Wir werden uns jetzt einmal gemeinsam diese Rätsel ansehen, um dann den tieferen Zusammenhängen, den offenbaren Verschwörungen, den ungewöhnlichen Aktivitäten im Ägypten unserer Tage nachzuspüren – und der Suche nach einem echten *Stargate*. Viele Geheimnisse, wie sie zu alter Zeit schon die Priester bewahrten, werden heute aus nicht viel anderen Gründen von mächtigen Zirkeln bewacht und der Öffentlichkeit vorenthalten. Und offenbar haben sich diese Geheimnisse ihnen selbst noch lange nicht völlig erschlossen. Denn die Suche geht weiter.

7.

Unbekannte Kräfte

Es ist außergewöhnlich schwer, die Erlaubnis zu erhalten, einmal eine Nacht in der Großen Pyramide verbringen zu dürfen. Nur wenige hatten bisher diese Gelegenheit. Die Eindrücke während solcher Aufenthalte müssen wahrhaft unheimlich sein.

Zu Beginn der dreißiger Jahre des 20. Jahrhunderts fand der englische Schriftsteller, der Indien- und Afrikaforscher Paul Brunton offenbar den richtigen Dreh, die ägyptischen Behörden für sein Vorhaben zu gewinnen. Zwar hatte auch er einige Behördenlauferei hinter sich zu bringen, doch schließlich gestattete ihm dann der Kommandant der Kairoer Stadtpolizei El Lewa Russel Pascha höchstpersönlich die Übernachtung in der Pyramide. Auch wenn Brunton dabei nicht einmal mit Halbpension rechnen durfte, war er verständlicherweise überglücklich. Immerhin hatte offiziell seit hundert Jahren niemand mehr in der Pyramide übernachtet. Paul Brunton marschierte übrigens zuerst ins Ministerium für Ägyptische Altertümer, um eine Erlaubnis zu erhalten. Spätestens dort

Der Schriftsteller und Forscher Paul Brunton mit einer Schlange in der Hand

wurde ihm klar, wie ungewöhnlich sein Plan offenbar war: »Hätte ich um die Erlaubnis nachgesucht, zum Mond zu fliegen, dann würde das Gesicht des Beamten … kaum eine noch größere Verblüffung verraten haben«, schreibt Brunton in seinen Erinnerungen.

Wie immer wurde bei Sonnenuntergang das feste Eisentor am Eingang der Großen Pyramide verschlossen, nur an jenem Abend mit dem Unterschied, dass Paul Brunton sich im Inneren des Kolosses befand. Die Verantwortlichen sagten ihm, sie könnten da keine Ausnahme machen und müssten ihn einsperren. Major Mackersey, Chef der Polizeistation von Mena, meinte am Abend noch scherzhaft zu Brunton: »Wir übernehmen ein Risiko, wenn wir Sie da eine ganze Nacht alleine lassen. Aber Sie werden die Pyramide doch hoffentlich nicht in die Luft sprengen?« Wenn es etwas gab, das Brunton ihm garantieren konnte, dann war es das.

Brunton wusste nun, dass er zu keiner Stunde während dieser ungewöhnlichen Nacht irgendeine Hilfe holen oder das riesige Bauwerk wieder verlassen könne. Er wurde in eigener Absicht zum Gefangenen. Mit seiner elektrischen Lampe folgte er zunächst dem absteigenden Gang bis in die unterirdischen Gefilde der Pyramide, verharrte kurz an einer Weggabelung und arbeitete sich in der »ägyptischen Finsternis« den schmalen und fast senkrechten Schacht zur Großen Galerie hinauf, die er an der nordwestlichen Ecke erreichte. Dann stieg er von dort wieder hinab, um erneut den schrägen Gang zu erreichen, der nach Norden zum Ausgang und nach Süden hinab in die Tiefe führt. Er war zwar vorher gerade dort hinabgestiegen, wollte nun aber bis zum äußersten, tiefsten Ende vordringen, vorbei am senkrechten Schacht. Dort unten, fast fünfzig Meter unter der Grundfläche der Pyramide und des Giseh-Plateaus, gelangte er in eine weitere Kammer. »Dieses düstere Gewölbe, das sich genau unter dem Zentrum der Pyramide befindet, wirkte dem Augenschein nach wie eine in aller Eile verlassene Arbeit. Es sah aus wie eine Kammer, deren Aushöhlung aus dem festen Gestein des Felsens plötzlich unterbrochen worden war.« So erinnert sich Brunton. Er erklärt, dass die Decke des Gewölbes sehr ordentlich gearbeitet war, der Boden aber völlig uneben verlief und eher wie ein von Bomben aufgewühlter Graben aussah. »Warum nun gerade jener Boden nie fertig gestellt wurde, obwohl mindestens die Arbeit eines ganzen Lebens dazu aufgebracht wurde, um den Überbau auf dem Felsplateau zu errichten, das ist eine harte Nuss der Archäologie, die bis jetzt niemand geknackt hat. Aber letztlich ist die ganze Pyramide so eine Nuss«, notierte der englische Abenteurer.

Brunton lief vom Eingang quer zur anderen Seite der Kammer hinüber und erforschte noch ein kleines Loch in der Wand, das den Eingang zu einem engen Tunnel bildete. Der Schriftsteller zwängte sich hindurch und kroch durch den seit Unzeiten dort liegenden Staub, um wirklich alles zu sehen. Nach zwanzig Metern stieß er ans Ende. Offenbar war die Arbeit auch hier ziemlich plötzlich eingestellt worden. Paul Brunton machte sich nun auf den Weg zurück zum mehr als hundert Meter langen Gang, der bis zum Ausgang der Pyramide hinaufführt.

Aus der Tiefe der Pyramide blickte Brunton den schier endlosen Gang entlang und sah an dessen offenem Ende einen Stern am Himmel funkeln – Cynosura, den Polarstern! Er sah exakt Richtung Norden und entlang der Orientierung der Erdachse. Der Schacht zum Eingang der Pyramide weist zum Pol des Himmels, entlang der Achse, um die sich die ganze Welt dreht! Der Polstern ist der einzige Stern, der scheinbar immer fest an einer Stelle des Himmels bleibt. Dass heute wieder ein Stern in der Öffnung erscheint, ist im übrigen ein bemerkenswerter Zufall. Denn durch die Kreiselbewegung der Erdachse beschreibt ihre Projektion an den Himmel einen Kreis von 23 ½ Grad Radius. Der Himmelspol wandert demnach ganz allmählich. Also war »unser« Nordstern im alten Ägypten weit weg vom Pol und daher völlig uninteressant. Vor etwa 5500 Jahren befand sich der Stern Thuban, der allerdings nicht besonders helle Hauptstern des Drachen, exakt an dieser Stelle und konnte durch den Schacht als Polstern gesehen werden. Das bedeutet aber wiederum, dass die Pyramide merklich älter sein muss als das die Schulwissenschaft akzeptieren würde. Die astronomischen Berechnungen liefern jedenfalls die Jahre um 3475 v. Chr. als sinnvolle Bauzeit, wenn der Schacht wirklich Thuban ins Visier nahm. Und wenn die Pyramide vom Weisheitsgott erbaut wurde, von Hermes-Thoth? Dann könnten wir doch annehmen, dass der Schacht auf *seinen* Stern ausgerichtet war, den Harfen-Stern Wega, einer der hellsten Sterne am Himmel und Hauptstern der Leier. Der Legende nach schuf Hermes die erste Harfe. Und die Verbindung von Wega und seinem Sternbild mit Harfen beziehungsweise Leiern findet sich in so vielen Kulturen des nahen Ostens, dass wir eine gemeinsame, viel ältere Wurzel annehmen können: Ägypten. Wega war vor stattlichen zwölftausend Jahren Polstern! Sie kommt zwar nie so eng an den echten Pol heran wie Cynosura oder Thuban, sondern erreicht einen kleinsten Abstand von etwa vier Winkelgrad südlich, doch gerade das ist interessant. Denn ungefähr um diesen Winkel weicht der Schacht der Pyramide vom Himmelspol nach Süden ab! So, diese paar Zusatz-Informationen konnte ich mir einfach nicht verbeißen. Aber jetzt zurück zum Abenteuer des Paul Brunton!

Der Forscher kletterte nach seiner ungewöhnlichen Sternbeobachtung dann hoch in die Große Galerie und ruhte sich kurz in diesem beeindrukkenden Teil der Pyramide aus, denn er hatte vor seinem Pyramiden-Besuch drei Tage lang gefastet und fühlte sich etwas schwach auf den Beinen.

Die Stimmung war unheimlich. Immer wieder flatterten Fledermäuse auf und warfen gespenstische Schatten im Lichtkegel von Bruntons Lampe. Natürlich verstärkte sich die düstere und so gruslige Atmosphäre noch durch die Gerüchte, wie sie bis heute im Umlauf sind. Da ging das Wort von Totenseelen und Geistern, die dort in der Nacht lebendig würden. Wer sich noch nach Einbruch der Dunkelheit in der Pyramide aufhielte, den würde der Fluch der Pharaonen treffen. Schöne Aussichten im Finstern, kann man da nur sagen! Aber Brunton war jemand, den normalerweise so schnell nichts erschüttern konnte, denn er hatte schon so manches Abenteuer hinter sich. So eine Art »Indiana Jones« eben.

Bald verließ er die Große Galerie und tastete sich weiter zur Königskammer vor. Er musste dazu die imposante Halle ganz hinauf und dann durch einen engen, nur knapp einen Meter hohen Gang kriechen, vorbei an der Vorkammer und nach einem weiteren kurzen Stück des Kriechens schließlich hinein in die Königskammer. Der wunderbar gearbeitete Rosengranit schimmerte im Schein von Bruntons Lampe rötlich. Das einzige, was sich in diesem über zehn Meter langen, fünf Meter breiten und fast sechs Meter hohen Raum befand, war der leere Sarkophag, ebenfalls aus Granit.

Der Schriftsteller setzte sich daneben, löschte das Licht und schloss für eine Weile seine Augen. Allerdings wollte er trotzdem unbedingt wach bleiben, wach und konzentriert.

Mit der Zeit schien sich etwas in dem Raum zu verändern. Brunton hatte die »Empfindung von unsichtbarem Leben« und schrieb später, »In meiner Umgebung *war* etwas, das lebte und pulsierte, auch wenn ich immer noch nicht das Geringste sehen konnte … Ich bin ein Mann, der an Einsamkeit gewöhnt ist – der sie sogar liebt – aber in der Einsamkeit dieser Kammer war etwas Unheimliches und Beängstigendes.« Seine

Vermutung und seine Gefühle wurden ihm bald zur absoluten Gewissheit. Was sich vor ihm abspielte, wurde immer realer. Kein Wunder, dass es der einsame Forscher mehr und mehr mit der Angst zu tun bekam. »Angst, Furcht und Schrecken wandten mir unentwegt ihre grässlichen Fratzen zu. Ich wollte es nicht, aber meine Hände klammerten sich so fest wie ein Schraubstock aneinander … Meine Augen waren geschlossen, aber jene grauen, dahingleitenden, nebelhaften Schemenbilder drängten sich in meinen Gesichtskreis. Und immer war da eine unerbittliche Feindseligkeit … Ein Kreis feindseliger Lebewesen umringte mich, es waren riesige Urkreaturen, grausige Schreckensgestalten aus der Unterwelt in grotesken Formen. Um mich schlossen sich wahnsinnige, grobe und satanische Erscheinungen zusammen. Sie waren entsetzlich abstoßend … Eine dieser schrecklichen Erscheinungen kam auf mich zu, musterte mich mit einem bösen, starren Blick und erhob drohend ihre Hände, so als ob sie mir Angst und Schrecken einflößen wollte … In nur wenigen Minuten erlebte ich Dinge, die sich mir unauslöschlich in die Erinnerung eingruben. Diese unglaubliche Szenerie wird auf immer in meinem Gedächtnis haften, so scharf und deutlich wie eine Fotografie. Nie und nimmer im Leben würde ich wieder ein solches Experiment riskieren. Nie würde ich wieder einen nächtlichen Aufenthalt in der Großen Pyramide versuchen.«

Trotz dieser Hexenküche, die sich vor ihm entfaltete, blieb Brunton, wo er war. Er saß neben dem Sarkophag und rührte sich nicht von der Stelle. Und ziemlich mit einem Schlag nahm der Spuk – nein, noch kein Ende, aber doch immerhin eine bemerkenswerte Wende. »*Ich weiß nicht, wieviel Zeit verging* [Hervorhebung d. d. Verf.], bis ich eine neue Gegenwart in der Kammer spürte.«

Brunton bemerkte nun die Nähe eines reinen, sehr wohlwollenden Wesens,

Der Sarkophag in der Königskammer. In ihm lag nie ein toter Pharao.

das ihn mit gütigen Augen ansah. Bald folgte ein zweites. Es näherten sich zwei weiß gekleidete Gestalten, die Menschen weit mehr ähnelten als die Schauergestalten, die ihn noch vor wenigen Momenten heimgesucht hatten. Und was von ihnen ausging, war eine beruhigende »klösterliche Ruhe«, so sagt Brunton. »War ich in eine vierte Dimension versetzt und in einer fernen Epoche wieder auferweckt worden?«, fragt Brunton in seinem Bericht, um sofort zu verneinen, da ihn die Gestalten doch auch sehen konnten. Und wenn es doch so war? Er war verwirrt.

Diese Wesen betrachteten den Fremdling, und nach einiger Zeit sprachen sie sogar zu ihm – »Der Weg des Traumes wird dich weit weg leiten vom Pfad der Vernunft. Manche sind ihn schon gegangen und zerstörten Geistes zurückgekehrt.« Er solle »den Weg für die Füße der Sterblichen« besser nicht verlassen, und deshalb sei es auch nicht gut gewesen, dass er an diesen Ort gekommen war. Brunton akzeptierte die Warnung, erwiderte aber, er werde sich von dem einmal eingeschlagenen Weg sicher durch nichts abbringen lassen. Das zuerst eingetretene Wesen antwortete darauf: »So sei es denn. Du hast Deine Wahl getroffen. Folge ihr also, denn jetzt kannst du sie nicht mehr widerrufen. Lebe wohl!« Dann zog es sich zurück. Nun näherte sich das zweite Wesen und sprach bemerkenswerte Dinge zu ihm: »Mein Sohn, die mächtigen Gebieter der geheimen Kräfte haben sich deiner angenommen. Heute nacht sollst Du zur ›Halle des Wissens‹ geführt werden.« Brunton folgte dann den weiteren Anweisungen der spukhaften Gestalten. Er legte sich in den kühlen Granit-Sarkophag und spürte, wie eine eisige, unnatürliche Kälte von unten aufstieg. Sie wanderte von den Füßen immer weiter hoch, bis sie bald seinen ganzen Körper erfasst hatte und Brunton ihn nicht mehr spürte. Es war so, als ob ihm ein besonderes Betäubungsmittel verabreicht worden wäre. Das war nicht allein die Kälte des Steines und der ägyptischen Nacht, die in das einsame Gemach drang.

Bald hatte er das Gefühl, ihn würde ein tropischer Wirbelwind erfassen, ein Strudel, der ihn durch eine schmale Öffnung hindurch nach oben zog: »Ich sprang in das Unbekannte hinein, und ich war – frei … in dieser vierten Dimension, zu der ich durchgedrungen war!« War Brunton durch so etwas wie ein Sternentor gegangen? Sein Körper wohl nicht, aber offenbar sein Geist. Er sah sich aus der Höhe zeitweilig selbst, starr auf dem Stein liegend – eine außerkörperliche Erfahrung. » ›Das ist der Zustand des Todes, nun weiß ich, dass ich eine Seele bin und dass ich außerhalb meines Leibes bestehen kann‹ «, schoss es Brunton durch den Kopf.» ›Und ich werde das immer glauben, denn ich habe es erprobt.‹ ... Ich hatte die Frage des Fortlebens auf eine wie mir schien sehr befriedigende Art und Weise gelöst – durch tatsächliches Sterben und Weiterleben.« – Und der alte Hohepriester sprach zu ihm: »Nun hast Du die große Weisheit gelernt. Der Mensch, geboren aus dem Unsterblichen, kann niemals wirklich sterben. Fasse diese Wahrheit in Worte, die von den Menschen verstanden werden. Sieh her!« Nun sah Brunton deutlich und unverwechselbar die Gesichter von drei Verstorbenen, die er persönlich gekannt hatte. Sie sprachen ihn an und er antwortete.

Dieser sehr ungewöhnlichen Erfahrung folgten noch weitere. Schließlich spürte Brunton seinen Körper wieder und wie die Starre sich langsam löste. Seine Umgebung wurde ihm bewusster, er tastete nach der Lampe, schaltete hastig das Licht an und war so erregt, dass er lauthals zu schreien begann.

Als die Pyramide am nächsten Morgen wieder geöffnet wurde, fand man Brunton in einem Mitleid erweckenden Zustand vor. Staubig, übermüdet und verwirrt stolperte er der bewaffneten Polizeiwache entgegen. Es dauerte noch eine ganze Weile, bis er sich wieder einigermaßen erholt hatte.

Der Schriftsteller Paul Brunton verfasste später etliche Bücher mit mystischem Inhalt und schrieb unter anderem »Wissen vom Über-Selbst«. Über seine Erfahrungen in der Kammer des Wissens schreibt er leider nicht viel. Es scheint, als ob er nichts darüber sagen wollte oder durfte, aber an einer Stelle bemerkt er zu den Informationen, die er in der Pyramide erhalten hatte: »Das Geheimnis der Großen Pyramide ist das Geheimnis deines eigenen Ichs. Die geheimen Kammern und und alten Aufzeichnungen liegen alle in dir selbst beschlossen.« Das sagte ihm der Hohepriester. Konnte das des Rätsels Lösung sein oder wurde Brunton nur zum Sprachrohr einer Macht, die ihn benutzte, um ihn zu verwirren? Und an was erinnert uns das wieder? Verfuhren die »Neun«, wie sie sich vor allem über die Gruppe von Puharich äußerten, nicht in einer sehr ähnlichen Weise? Waren am Ende die feindseligen Urgeschöpfe, die Brunton in der Pyramide umringten, keine anderen Wesen als jene Mächte der Großen Neunheit oder des »Rats der Neun«, dessen tatsächliche Wurzeln noch unausgegraben im Boden der Mysterien ruhen? Und was, wenn Brunton schlichtweg phantasierte? Das wäre natürlich die einfachste und gleichzeitig naheliegendste Erklärung für seine Geschichte. Ich meine, wir müssen uns das einmal bildlich vorstellen: Da hockt jemand völlig alleine, abgeschieden und fest eingeschlossen mitten in der mächtigen Pyramide, die so rätselhaft ist wie sie groß ist! Ihre mysteriöse Vergangenheit und dann auch noch die unheimlichen Stories über alle möglichen Spukgestalten, die dort ihr Unwesen treiben! Und das einzige Licht von Bruntons Lampe; die großen, wallenden Schatten, die Fledermäuse, der Sarkophag! Prost, Mahlzeit! Da verbringen Sie mal eine ruhige Nacht!

Nur, das alles kam eigentlich nicht überraschend für Brunton. Er wusste, worauf er sich einließ, war ein erwachsener Mann und Forscher obendrein. Mochte er sich wirklich so in einen Wahn hineinsteigern, dass er zu halluzinieren begann wie ein Weltmeister? Gut, ausgeschlossen ist sicher nichts. Und ich würde seinen Bericht auch nicht so ernst nehmen, wenn ich nicht seit Jahren schon eine Person kennen würde, die ganz bestimmt nicht zum Spintisieren neigt, die aber wie Brunton das – vielleicht etwas fragwürdige – Glück hatte, eine Nacht in der Großen Pyramide zu verbringen. Diese Person, eine junge Journalistin, ich will sie hier Carol nennen, ist in den langen Gesprächen, die wir miteinander geführt haben, immer mit beiden Beinen fest auf dem Boden geblieben. Sie ist im übrigen überhaupt nicht der Typ Mensch, der sich gerne zu Spekulationen hinreißen lässt, und trennt Fakten immer von Fiktionen. Aber sie versucht offen und vorbehaltlos auch Ungewöhnliches anzugehen, vor allem seit ihrem Erlebnis in der Pyramide.

Ich habe keinen Grund, ihren Bericht anzuzweifeln. Sofort fällt daran die Ähnlichkeit zu den Schilderungen von Brunton auf. Carol sagt, dass sie im Jahr 1994 zusammen mit einer kleinen Reisegruppe unterwegs war, die sich auch für die spezielleren Geheimnisse Ägyptens und der Großen Pyramide interessierte. Der Leiter dieser Tour hatte sehr gute Kontakte in Kairo und schaffte es, eine Erlaubnis zu erhalten, mit der Gruppe eine Nacht in der Königskammer zu verbringen. Genau wie Brunton wurde die relativ kleine Gruppe also abends in dem unheimlichen Gemäuer eingesperrt und harrte dann in dieser majestätischen Kammer der Dinge, die kommen sollten.

Mit dem Betreten der Pyramide sagte niemand mehr ein Wort. Das war eine Abmachung, die jeder bis zum Schluss einhielt. Carol saß in der Mitte der Kammer und blickte mit halb offenen Augen leicht nach unten, um sich in die Situation einzustimmen und zu meditieren. Nach einer Zeit spürte sie eine Veränderung. Von Anfang an schon hatte sie das Gefühl gehabt, das Millionen Tonnen schwere Bauwerk um sie herum sei geradezu schwerelos und transparent. In keinem Moment empfand sie die Steinmassen um sich herum als bedrückende Last. Die nächtliche Stille wurde nur von gespenstischen Geräuschen unterbrochen, die von der Pyramide selbst kamen. »Die Pyramide macht unglaubliche Geräusche!«, erklärte mir Carol halb flüsternd, und ich merkte, wie lebendig das Erlebnis trotz der nun vergangenen Jahre immer noch in ihr war. »Man glaubt nicht, was für unheimliche Geräusche der Wind macht, wenn er durch die dutzende von Meter langen Schächte weht! Es ist ein ständiges Pfeifen und leises Dröhnen!«

Nach einer Zeit spürte sie eine Veränderung. Denn plötzlich tauchten sehr ungewöhnliche Empfindungen und Bilder vor Carol auf; zumindest setzten erste verblüffende Erlebnisse ein, die aber völlig real auf die junge Frau wirkten. Die Pyramide schien sich nach oben hin zu öffnen, und aus der Höhe erfasste Carol ein Lichtstrahl. Über dieses Phänomen, so hatte sie das Gefühl, gelangte sie in eine neue Umgebung. Sie befand sich plötzlich zusammen mit einer Ägypterin in der Wüste. Diese Ägypterin ähnelte ihr selbst in erstaunlicher Weise. Beide wanderten nun eine lange, aber unbestimmte Zeit durch die Einsamkeit. Wie Carol mir sagte, verlor sie mit dem Betreten der Pyramide ihr Zeitgefühl vollkommen. Nach Stunden oder Tagen endete die Wanderung dort, wo sie begonnen hatte, und Carol befand sich wieder an ihrem Platz – mitten in der Königskammer.

Bald darauf bemerkte die junge Frau eine bedrohliche Veränderung im Raum. Aus der dunklen Ecke hinter dem Granit-Sarkophag, genau an jener Stelle, an der eine der Bodenplatten einst von Eindringlingen zerstört worden war, sah sie drei düstere Gestalten hervortreten. Sie hatten keine Gesichter. Als sie näher kamen, erkannte Carol, dass jedes dieser Wesen in der Höhe der Brust ein großes Loch hatte. Es sah so aus, als ob sie direkt durchgreifen könne. Ein erschreckendes Bild! Bedeutete dieses Loch, dass den dunklen Wesen das *Wesen*tliche fehlte – der Sitz guter Kräfte, des Geistes als irdischer Teil des so schwer definierbaren ägyptischen *ka* oder der Seele *ba?* Carol spürte jedenfalls, dass diese Geschöpfe an sich zwar weder gut noch böse waren, doch offenbar einen vernichtenden Auftrag hatten. Sie sollten oder wollten ihr das Leben nehmen.

Noch bevor Carol die Pyramide zu nächtlicher Stunde betrat, wurde sie und der Rest der Gruppe vier Wochen lang in einige Konzentrations-Übungen eingeführt, mit denen sie sich mental auf einige möglicherweise recht ungewöhnliche Energien einstellen und lernen konnte, sich von ebenso ungewöhnlichen Vorgängen um sie herum abzuschotten. Carol begegnete wie gesagt allem offen, aber kritisch. Außerdem war sie sowie auch die anderen an den vorausgehenden beiden Tagen zur gewöhnlichen Zeit in die Große Pyramide gegangen, um sich schon ein wenig mit der Umgebung vertraut zu machen. Bereits bei ihrer ersten »persönlichen Begegnung« mit dem Monument hatte sie ein so merkwürdiges wie deutliches Gefühl, vor sehr langer Zeit bereits an diesem Ort gewesen zu sein. Dieser starken Empfindung konnte sie sich einfach nicht erwehren. Seltsam war auch ein Gedanke, der Carol damals sehr spontan durch den Kopf ging: »Ganz egal, was hier geschehen wird, selbst wenn ich in der Pyramide sterbe, es ist alles in Ordnung damit!«

Gerade in dem Moment, als Carol sich dann am zweiten Tag in der Königskammer befand, fiel das Licht für rund fünf Minuten aus, und die Gruppe stand in pechschwarzer Düsternis. Eine perfekte Einstimmung auf die kommende Nacht!

Die »Generalprobe« war vorbei, nun saß Carol inmitten der Pyramide, und drei bedrohliche, dämonische, mit Spießen und anderen Waffen bewehrte Gestalten rückten immer näher an sie heran. Carol spürte, dass sie nicht entkommen konnte. In diesen Momenten änderte sich ihre körperliche Verfassung radikal; während die Journalistin zuvor keine Beschwerden hatte, stellte sich nun starkes Herzrasen ein, Übelkeit und das beängstigende Gefühl, jeden Augenblick die Besinnung zu verlieren. Carol war nicht mehr in der Lage, sich vom Fleck zu rühren. Sie wusste ohnehin, dass sie dieser Situation nicht mehr entfliehen konnte.

Nun war Carol auf Armeslänge umstellt. Eines der Wesen näherte sich ihr von hinten. Doch sie spürte, was sich da abspielte. Die Gestalt holte mit einem Beil aus, um ihr das Rückgrat zu zerschmettern. Schon eine Weile lang hatte Carol versucht, sich gegen die negative Energie der unheimlichen Geschöpfe »abzuschirmen«, indem sie sich auf das Gegenteil jener dunklen Macht konzentrierte. So sah sie sich mehr und mehr eingehüllt in eine Art gedanklichen Bannkreis aus Licht. Ihr Bewusstsein kämpfte gegen die nunmehr lebensbedrohlich wirkende Erscheinung an; das Wesen hinter ihr schlug zu, doch die Axt prallte an der visualisierten Lichtbarriere ab. Schließlich schwächte sich die Kraft der Bilder ab und die Gestalten zogen sich zurück.

Ob Carol tatsächlich etwas geschehen wäre, wenn sie keine gedanklichen Gegenmaßnahmen ergriffen hätte, das vermag niemand zu sagen. Vielleicht wäre sie zusammengebrochen, ohne dass die anderen den Grund bemerkt hätten.

Später erschienen dann, von der Wand hinter dem Sarkophag kommend, hell gekleidete Gestalten, Frauen und Männer, die auf Carol »wie Eingeweihte wirkten«. Sie strahlten Güte, Friedlichkeit und größte Weisheit aus. »Um sie war etwas sehr Leuchtendes, geradezu Aurahaftes«, erinnert sich Carol.

Zum Abschluss jener unvergesslichen Nacht legte sich einer nach dem anderen für einige Minuten in den kalten Sarkophag. Nur zwei der Anwesenden ließen davon ab. Niemandem von den anderen, die es wagten, war wirklich wohl dabei, denn diese Aktion schien doch ziemlich anmaßend zu sein – weshalb sich wie gesagt auch nicht alle dazu durchringen konnten. Aber es war eine einmalige Chance und Erfahrung. Als sich Carol in den Sarkophag legte, hatte sie das Gefühl, regelrecht aufgeladen zu werden. Sie spürte ein Kribbeln, als ob sie von einem durchdringenden Feld erfasst würde. Keinen Moment aber empfand sie das steinerne Behältnis als letzte Ruhestätte eines Toten. Sie war sich sicher, dass es genau wie die Königskammer als Ort der Einweihung diente.

Als die Gruppe sich wieder aus der Macht der Pyramide gelöst hatte, kehrte sie schweigend ins Hotel zurück. Erst am nächsten Tag sprachen alle über ihre Erlebnisse. Und bis auf einen hatte jeder ganz individuelle, unerklärliche Erfahrungen gemacht. Derjenige, der nichts erlebte, war allerdings voller Angst gewesen. Er hatte nur dagesessen und stundenlang mit aufgerissenen Augen in die fahl erleuchtete Kammer gestarrt. Vielleicht *sollte* er nichts sehen.

Neun von zehn der Anwesenden aber sahen Dinge, die sie nie vergessen werden. Nebenbei bemerkt, wir werden die Zahl *Neun* nicht los…

Die wichtigste Erfahrung, die Carol aus jener Nacht in der Pyramide mitnahm, ist wie sie sagt, die Erkenntnis, dass sich ein Mensch im Prinzip gegen alle negativen Kräfte und Anfechtungen wehren kann. Natürlich begann Carol, ihre Erlebnisse in der Pyramide nach einiger Zeit in Frage zu stellen. Denn letztendlich war es kaum irgend möglich, ein solches Erlebnis in das Alltagsgeschehen einzuordnen! Trotzdem lässt sie diese Erfahrung bis heute nicht mehr los. Für sie erscheint noch heute alles vollkommen real, so real wie etwas nur eben sein kann.

Ich bin sicher, wir sollten die Vorgänge in der Königskammer ernst nehmen. Ich will damit nicht sagen, dass die unheimlichen Erscheinungen *materiell* real sind. Irgendetwas aber löst in unserem Gehirn Reize aus, Signale, die entweder von uns selbst oder eher von einer anderen »Intelligenz« produziert werden, die auf uns einwirkt. Meiner Meinung nach – und ich versuche dabei, all das zu berücksichtigen, was ich im Laufe der Zeit über die Pyramide in Erfahrung bringen konnte – findet in der Königskammer ein Vorgang statt, der normalerweise extrem schwache Effekte verstärkt, darunter auch den eigentlich allgegenwärtigen Speicher der morphogenetischen Felder Sheldrakes. Dadurch erhalten Anwesende nach einiger Zeit und vor allem in Situationen der Stille direkten Zugang zum »Weltgedächtnis«, in dem alles, was je gedacht und gesagt wurde, alles, was je geschehen ist – vor allem am Ort des Verstärkers – wieder lebendig wird. Dies ist ein *geistiges* Sternentor, mit dem derjenige, der es durchschreitet, unabhängig wird von Zeit und Raum, »frei« wird, wie Brunton sagte. Und weil es ein rein *geistiges* Sternentor war, konnte er nur durch sich selbst zur heiligen »Halle der Aufzeichnungen« gelangen, aber nicht physisch. Er »schaute« den Gott der Weisheit, Thoth, durch sich selbst und trat mit ihm in einen direkten Kontakt über die Jahrtausende! Sicher, ein gewagtes Szenario, aber im Grunde der naheliegende Ansatz für eine Arbeitshypothese. Wie sonst sollten sich die zahlreichen Berichte erklären lassen? Allesamt als Lügen und pure Erfindungen? Ich hielte das für eine sträflich leichtfertige »Erklärung«!

Die Begegnung mit einem »mentalen« Sternentor! War es das, was auch Napoleon Bonaparte erlebte, als er Ende des 18. Jahrhunderts auf seinem Eroberungs-Feldzug immerhin genügend Zeit fand, auch einmal in die Königskammer zu klettern? Der umtriebige Korse bat darum, man möge ihn einige Zeit alleine darin lassen. Als er wieder herauskam, war er auffallend blass und irritiert, so als ob er soeben etwas wirklich Bedeutendes und Bewegendes erlebt hätte. So ähnlich erschien es wohl auch einem Adjutanten, der sich mehr im Scherz die Frage erlaubte, ob dem Feldherrn denn vielleicht gerade irgendetwas Geheimnisvolles widerfahren sei, worauf Napoleon sehr schroff reagierte. Er wolle sich darüber nicht äußern, so meinte er, und fügte wieder etwas beherrschter hinzu, er wünsche, nie mehr danach gefragt zu werden. Viele Jahre später machte er einmal ein paar vage Andeutungen, er habe in der Pyramide einige Vorahnungen über seine Zukunft und sein Schicksal gehabt, und kurz vor seinem Ende hätte er sich wohl beinahe einem Vertrauten offenbart, doch selbst im Angesicht des Todes überlegte er es sich noch einmal anders. Er hob gerade an, um den Vorfall zu erklären, doch dann plötzlich schüttelte er beinahe resignierend den Kopf und sagte: »Nein, nein. Es hat ja doch keinen Zweck, Sie würden mir sowieso nicht glauben!« Dabei blieb es dann, und Napoleon nahm sein ägyptisches Geheimnis mit ins Grab.

Es wurde schon orakelt, ob Franklin D. Roosevelt an Napoleons ungewöhnliche Erfahrung dachte, als er 1943 während einer Gipfelkonferenz im Gegensatz zu Churchill und dem Chinesen Chiang Kai-shek ablehnte, die Große Pyramide aufzusuchen. Menschenskinder! Ich bin zwar durchaus offen für viele Überlegungen, aber dass Roosevelt ohne größere Mühen nicht einmal bis zum Eingang der Pyramide gekommen wäre, ist doch klar. Selbst, wenn ihm jemand geholfen hätte, wäre der Ausflug in das Stein-Monument sicher kein Vergnügen für ihn geworden. 1921 erkrankte er schwer an Kinderlähmung und brauchte bald zehn Pfund schwere Stahlschienen, um auch nur einigermaßen *stehen* zu können! Und mit dem Rollstuhl hätte die Pyramide für ihn, mit Verlaub gesagt, sehr schnell von der Geisterbahn zur Todesfalle werden können!

Da ist es schon etwas merkwürdiger, dass der sowjetische Staatsmann Nikita Chruschtschow 1964 deutlich seine *Absicht* kundtat, ins Innere der Pyramide hineinzugehen und darauf prompt ein Telex aus Moskau eintrudelte: »Wir raten dringend ab, die Pyramide zu betreten« – Absender: KGB, der sowjetische Geheimdienst! Chruschtschow ließ es also lieber sein. Warum der KGB so besorgt war, wurde nie verlautbart (vielleicht deshalb nicht, weil er ja ein Geheimdienst ist?), und ganz verständlich ist die Sache wirklich nicht. Denn sicher musste der KGB nicht befürchten, dass feindliche Mächte ihren Nikita in die Königskammer sperren und dort verhungern ließen. Da gab es bestimmt unkompliziertere Möglichkeiten, und außerdem warteten am nächsten Tag die Touristen auf ihre Chance, die Pyramide von innen zu sehen.

Fürchtete der KGB, Chruschtschow könnte im Inneren des Bauwerks mental beeinflusst werden?

Das wäre eine merkwürdige, aber trotzdem denkbare Erklärung. Immerhin gab es genug seltsame Vorfälle in der Großen Pyramide. Wenn wir uns die Geschichte von Brunton noch einmal ansehen, fällt auf, dass er sich in den Sarkophag legte beziehungsweise legen sollte und daraufhin in geheimes Wissen eingeweiht wurde. War das der eigentliche Zweck des Granit-Sarges? Nicht umsonst hat sich für viele die Frage gestellt, wohin denn all die Mumien verschwunden waren, wenn die Pyramiden als Grabstätten dienten. Die andere Folgerung war: Sie dienten eben nicht als Gräber, also gab es auch keine Toten dort. Der *Sarkophag* war auch kein »Fleischfresser« – nichts anderes nämlich bedeutet dieses griechische Wort. Das hängt mit der Ansicht zusammen, dass das Gestein solcher Behältnisse die Zersetzung des Toten fördert.

Doch der »Sarkophag« in der Königskammer mochte vielmehr einem geheimen Ritus dienen und die Pyramide mit ihren Eigenschaften, geistige Kräfte zu verstärken, als machtvoller Einweihungs-Tempel.

Die Mystikerin Helena Petrovna Blavatsky, die im 19. Jahrhundert lebte, bezeichnete die Große Pyramide in ihrem Buch »Die entschleierte Isis« – wohlgemerkt: *Isis*! – als »Tempel der Initiation«, also eben genau als Einweihungs-Tempel, »in dem die Menschen zu den Göttern emporwuchsen und die Götter zu den Menschen herabstiegen.« Helena Blavatsky sah in dem Sarkophag eine Art Taufbecken der Einweihung. Der Novize wurde während einer geheimen Zeremonie in den Sarg gelegt und vom obersten Priester in einen tiefen Trance-Schlaf, den »Schlaf Siloams« versetzt, um dann drei Tage und drei Nächte mit den Göttern in einem »vertrauten Gespräch« zu stehen. Nach den über alles anstrengenden, das Bewusstsein erweiternden Erfahrungen in der Königskammer musste sich der Adept, nach drei Tagen als Eingeweihter auferstanden oder wiedergeboren, dann in die Kammer der Königin begeben, um dort zur Ruhe zu finden und sich sammeln zu können. Der schon erwähnte Peter Tompkins erklärt in seinem wegweisenden Buch *Cheops*: »Die meisten der alten Philosophen und die großen Lehrer der Religionen wie beispielsweise Moses und Paulus sollen ihre Weisheit von den ägyptischen Eingeweihten bezogen haben. Zu den Männern, auf die dies zutrifft, zählen Sophokles, Solon, Plato, Cicero, Heraklit, Pindar und Pythagoras.

Einige jener Zeremonien, die zuweilen auch als die niedrigsten Mysterien oder Weihen eingestuft werden, sind heute noch in mehr oder minder entarteter oder in rein formeller Gestalt im Ritual der Freimaurer und der christlichen Kirchen enthalten. [Der Astronomie-Professor] Kingsland glaubt sogar, das Geheimnis der Pyramide ist heute noch einigen Eingeweihten bekannt. Wahrscheinlich aber ›zählt dieses Wissen zu jenen Dingen, die sie glauben, der großen Masse vorenthalten zu müssen.‹ Nach Norman Frederick de Clifford, dem Autor des Buches ›Ägypten, die Wiege der alten Freimaurerei‹ entstand die Freimaurerei bereits viele Jahrhunderte vor Beginn ihrer schriftlich festgehaltenen Historie. Wie er behauptet, war die alte Bruderschaft im Besitz eines viel umfassenderen Wissens auf den Gebieten von Mechanik und Naturwissenschaften, als dies für die Baumeister unserer Tage zutrifft.«

Wie Helena Blavatsky sagte, spiegeln sich in der »Isis-Pyramide« zwei große Geheimnisse. Nach außen verkörpert ihre geheime Geometrie die Natur und den Kosmos, ihr Inneres aber ist Ort der Einweihungs-Mysterien. Der dänische Ingenieur Tons Brunés bestätigt den ersten Teil dieser Aussage mit dem Hinweis, dass der Bauplan der Großen Pyramide in einer hoch entwickelten, aber geheimen Geometrie – einer *hermetischen* Geometrie – entworfen wurde. Brunés erinnert auch daran, dass der Philosoph und Vater der griechischen Mathematik Pythagoras erst einmal zweiundzwanzig Jahre lang Priester in einem *ägyptischen* Tempel war, bevor er in seine Heimat zurückkehrte und *dann* beeindruckende mathematische Zusammenhänge lehrte. Wir kennen Pythagoras hauptsächlich wegen seines schicken Lehrsatzes über das rechtwinklige Dreieck, einem Satz, der runtergeht wie geschnitten Brot – »Die Summe der Kathetenquadrate ist gleich dem Hypothenusenquadrat« –, wobei umstritten ist, ob diese Beobachtung wirklich von Pythagoras stammt. Unabhängig davon machte sich später auch der weise Plato nach Ägypten auf, um in die niedrigen Grade des hermetischen Wissens eingeweiht zu werden. So langsam wird uns dabei klar, dass die alten Griechen nicht schlecht bei den älteren Ägyptern »gespickt« haben.

Die heilige Geometrie der Großen Pyramide muss in einem engen Zusammenhang mit den ungewöhnlichen Kräften und Vorgängen in ihrem Inneren stehen. Das eine bedingt das andere. Im »Tempel der Einweihung« spielen sich auch heute noch höchst ungewöhnliche Dinge ab. Auf einer Ägyptenreise betrat der Franzose Antoine Bovis auch die Königskammer der Großen Pyramide. Dort entdeckte er einige tote Tiere, darunter Katzen, die sich verlaufen hatten und dort verhungert waren. Bovis fiel auf, dass diese Tiere, obwohl sie schon lange dort gelegen haben müssen, geruchlos waren. Sie befanden sich in einem dehydrierten Zustand der Mumifikation. Irgendetwas musste dafür gesorgt haben, dass die toten Körper erhalten blieben. Wie Bovis sagt, war es wohl ein »Intuitions-Blitz«, der ihn auf den Gedanken brachte, die spezielle Geometrie der Pyramide könne dafür gesorgt haben. Sie musste unbekannte Kräfte entfesseln oder verstärken, die konservierend wirkten. Bovis baute ein Holzmodell der Pyramide, mit exakt denselben geometrischen Proportionen, und richtete die Kanten der quadratischen Grundfläche so genau wie möglich nach den vier Himmelsrichtungen aus – so wie das auch bei der echten Pyramide der Fall ist. Nun kam der eklige Teil des Experiments. Der Franzose verschaffte sich eine tote Katze und ein Stück

Kalbshirn, das normalerweise sehr schnell den Weg des Vergänglichen geht. Er legte die Überreste dann ins Innere seines maßstäblichen Modells, genau in die Position und Höhe der Königskammer. Seine beiden »Proben« trockneten zwar aus, aber sie verfaulten nicht und gaben auch keine Gerüche ab, wie sie eigentlich in sogar unerträglichem Maß zu erwarten gewesen wären. Wirklich seltsam. Das war wieder ein handfestes ägyptisches Rätsel – oder doch nur Hokuspokus? Der Versuch von Bovis regte zahlreiche weitere an. Sicherlich haben Sie auch schon oft davon gehört, dass der tschechische Ingenieur Karel Drbal bei seinen Pyramiden-Versuchen abgenutzte Rasierklingen wieder auffrischen konnte. Eine davon benutzte er zweihundert Mal. Sein Pyramiden-Rasierklingenschärfer erhielt sogar ein Patent (Nummer 91304). Aber über das alles ist schon so viel geschrieben worden, dass ich diese Geschichte hier sicherlich nicht wiederkäuen muss. Ich wollte auch nur ergänzend daran erinnern, denn dies alles scheint zu bestätigen, dass sich im Inneren der Pyramide wirklich ungeahnte Kräfte entfalten, von denen wir fast schon erwarten können, dass sie unser Bewusstsein beeinflussen. Ich habe übrigens vor vielen Jahren selbst eher spaßeshalber mit einigen Modell-Pyramiden und Pflanzen experimentiert. Einige sehr mikrige Pflanzen, die massive Wachstumsprobleme hatten, habe ich längere Zeit mit rund vierzehn Tage altem Wasser gegossen. Dann verwendete ich ebenfalls rund vierzehn Tage altes Wasser, das allerdings in einer Pyramide untergebracht war – in Königskammer-Position. Ich staunte nicht schlecht, als sich die Pflanzen von da an gut zu entwickeln begannen. Eine Pflanze, die lange Zeit lediglich aus einem einzigen kläglichen Blatt bestanden hatte, das aus einem kleinen Blumentopf ragte, begann geradezu immens zu wachsen. Sie erreichte eine Höhe von mehr als einem Meter, dann knickte sie unter ihrem eigenen Gewicht ab. Leider habe ich damals keine Aufzeichnungen geführt und kann mich heute nicht mehr erinnern, was für eine Pflanze es war. Ich weiß nur noch, dass sie panaschierte Blätter besaß. Natürlich ist der wissenschaftliche Wert dieser wenigen und wie gesagt eher spaßeshalber durchgeführten Versuche gleich Null. Sie beweisen daher an sich nichts. Für mich bleiben ihre Ergebnisse dennoch als erstaunlich in Erinnerung.

Wer nun nach physikalisch greifbaren Beweisen für unerklärliche Kräfte der Pyramide fragt, auch die gibt es. Und viele werden diese Geschichte schon gehört haben. Trotzdem will ich sie wenigstens kurz ins Gedächtnis zurückrufen.

1965 kam dem amerikanischen Physik-Nobelpreisträger Luis W. Alvarez – der später hauptsächlich wegen seiner Theorien über das kometenbedingte Aussterben der Dinosaurier und wegen der Beteiligung an einer CIA-UFO-Studie populär wurde – auf den Gedanken, man könnte so etwas wie eine »Röntgenaufnahme« einer Pyramide machen, die bislang unentdeckte Kammern und Gänge zeigen würde. Für die Durchleuchtung konnte Alvarez, seines Zeichens ein begeisterter Hobby-Ägyptologe, natürlich keinen gewöhnlichen Röntgenapparat nehmen. Statt dessen nutzte er die ständig aus dem Weltraum einfallende kosmische Strahlung. Seine Überlegung war im Grunde einfach. Die energiereichen, winzigen Teilchen werden selbst von mehrere Meter dickem Gestein nicht wesentlich behindert. Sie dringen hindurch, beinahe als wäre das Gestein gar nicht vorhanden. Dabei werden sie lediglich abgebremst. Alvarez ging davon aus, dass Hohlräume in der Pyramide sich bemerkbar machen müssten, wenn er die einfallenden Teilchen von einer Stelle im Inneren der Pyramide messen würde. Dort, wo sich Hohlräume verbargen, müssten die Teilchen weniger stark gebremst werden als beim Weg durch massives Gestein. Und wenn Alvarez seine Apparaturen ein bisschen verschieben und nochmal messen konnte, dann würde er damit das erreichen, was der Mensch mit seinen beiden Augen auch schafft: *räumlich* sehen. Alvarez hoffte, auf diese Weise ausrechnen zu können, an welcher Stelle sich die verborgenen Kammern genau befinden. Die einfallenden Teilchen sollten zwischen Aluminiumplatten jedesmal elektrische Funken-Entladungen auslösen, die Alvarez auf Band aufzeichnen und im Computer auswerten wollte. Das Kunststück war natürlich nicht so einfach zu vollbringen, wie es klingt. Zu allererst musste überlegt werden, in welcher der Pyramiden das Experiment stattfinden sollte. Die Wahl fiel auf die zweite Pyramide, die »Chephren-Pyramide«, und zwar, weil hier nur eine läppische Kammer bekannt war. Alvarez glaubte nicht, dass es in einer so riesigen Pyramide nur einen einzigen Hohlraum und ein paar simple Gänge gibt. Außerdem lag die 1818 von Belzoni entdeckte und nach ihm benannte Kammer nur wenige Meter über der Grundebene der Pyramide. Also, das meiste Gestein wäre über den Mess-Instrumenten zu finden. Im Frühjahr 1967 begann der Einzug des Strahlen-Messlabors von Alvarez, hinter dem sich in Wirklichkeit ein echtes Großprojekt verbarg. Immerhin waren zwölf verschiedene Institutionen und Organisationen daran beteiligt, sowohl von ägyptischer als auch von amerikanischer Seite. Unter ihnen fand sich auch die US-

Atomenergie-Behörde, die riesige Washingtoner Smithsonian Institution, das Lawrence-Laboratorium der Universität von Kalifornien und der naturwissenschaftliche Zweig der Kairoer Ain-Shams-Universität. Eigentlich waren das schon wieder zu viele Interessenten!

Alvarez und sein Team mussten tonnenweise elektronische Gerätschaften in die Pyramide hineinschaffen. Damals war es mit der Miniaturisierung noch nicht weit her. Die kompletten Instrumente waren meistens viel zu groß, um durch die schmalen Kriechgänge von nur etwas über einen Meter Breite zu passen. Also blieb nichts übrig, als alles in Einzelteile zu zerlegen und anschließend wieder in der Kammer zusammenzustöpseln. Nach drei Monaten standen sämtliche Teile am vorgesehenen Platz. Da brach der Sechs-Tage-Krieg aus, und vorbei war's mit der Ruhe. Die Alvarez-Gruppe musste warten, und bis sie mit ihrem Experiment beginnen konnte, verging ein geschlagenes Jahr. Dann endlich lief das Projekt an.

Die ersten »Röntgenbilder« sahen vielversprechend aus. Ein Computer vom Typ IBM 1130, der in der Ain-Shams-Universität parat stand, lieferte saubere Daten. Deutlich zeichneten sich auf den Ausdrucken die Umrisse der Pyramide ab, sogar die Reste des äußeren Mantels an der Spitze waren zu sehen. Im Inneren zeigte sich außerdem ein dunkler Schatten, der einer der gesuchten Hohlräume hätte sein können. Er erwies sich leider bald als Reflex. Wenigstens war klar, dass die Methode funktionierte. Denn sonst wären wohl nicht einmal die Umrisse der Pyramide richtig erschienen, schon gar nicht die der oberen Kalk-Verkleidung. Offenbar also gab es keine anderen Kammern. Dann aber geschah, wieder einmal, etwas Merkwürdiges – aber das ist für Ägypten ja nicht weiter überraschend!

John Tunstall, ein Journalist aus London, wollte für die *Times* über die ungewöhnlichen Versuche der Alvarez-Gruppe berichten. Er flog also nach Ägypten und suchte den Physiker Amr Goneid, einen der Mitarbeiter des Teams in der Ain-Shams-Universität auf. Der hockte bald schon Haare raufend über hunderten von Magnetbändern und wusste nicht mehr weiter. Als Tunstall den Raum betrat und den Forscher fragend ansah, erklärte Goneid ratlos: »Was ich hier habe, das widerspricht allen Gesetzen der Physik!« Das große Problem war: Wie sich herausstellte, glich keines der aufgenommenen »Röntgenbilder« dem nächsten, was eigentlich gar nicht sein konnte, denn die Pyramide veränderte sich nicht, und bei der Menge der jeweils gemessenen Teilchen konnten die

Abweichungen nicht durch eine Schwankung in deren Fluss erklärt werden. Schwupps, da war es also wieder, das Problem der ägyptischen Mysterien! Vielleicht musste auch Tunstall daran denken, denn seine erste Frage war, ob denn hier nicht vielleicht Kräfte jenseits unseres Vorstellungsvermögens aktiv waren. Was sollte Goneid schon darauf erwidern, er hatte ja auch keine Ahnung, was sich da abspielte! Er gab Tunstall aber eine Antwort, wie sie für einen exakten Wissenschaftler eher untypisch ist: »Also, entweder ist die geometrische Struktur der Pyramide ein einziges physikalisches Durcheinander und löst bei unseren Messungen widersprüchliche, verwirrende Ergebnisse aus oder das Ganze ist ein unerklärliches Mysterium« – eigentlich bedeuteten sowohl der »Entweder«-Teil als auch der »Oder«-Teil des Satzes dasselbe. Goneid meinte dann sehr offen: »Sie können es nennen, wie sie wollen, Okkultismus, den Fluch der Pharaonen, Zauberei oder Magie oder was sie immer. Jedenfalls ist in der Pyramide eine Kraft aktiv, die jedem Naturgesetz spottet!«

Später stellte sich Alvarez vor Goneid und erklärte, sein Assistent habe so etwas nie behauptet. Die Geschichte sei eine Erfindung des Journalisten, und ganz gewiss hätte er, Alvarez, seinen ägyptischen Kollegen nie und nimmer auf ein Jahr in die USA eingeladen, damit er in seiner Forschergruppe mitarbeiten könne, wenn er auch nur einen Augenblick daran glauben würde, dass Goneid einen solchen Unsinn gesagt hätte. Es wäre nicht das erste Mal, dass unliebsame Ergebnisse einfach unter den Tisch fallen. Wissenschaftler sind auch nur Menschen, wir vergessen das leider zu schnell, wenn wir sie weiß bekittelt im Kabelsalat wüten sehen! Alvarez hatte die Büchse der Pandora geöffnet und da flog ihm dann so manches entgegen, was er gar nicht sehen wollte.

Während der folgenden Jahre gab es eine ganze Menge anderer Versuche, um in den Anlagen des Plateaus von Giseh geheime Kammern zu finden, sei es in der Großen Pyramide oder genauso auch in dem nicht minder geheimnisumwitterten monströsen Sphinx, dessen rechte Schulter gelegentlich auch als aussichtsreicher Ort für eine »Zeitkapsel« im Sinne der berühmten »Halle der Aufzeichnungen« angesehen wird.

Gerade an diesen Suchaktionen haben sich über die Jahre sehr zäh auch mächtige Organisationen wie CIA, SRI, der Bechtel-Konzern, die NASA und andere beteiligt, die alle komischerweise miteinander in einer unterschwelligen Beziehung stehen und außerdem oft auch deutlich mit militärischen Kreisen verbunden sind. Wie sich herausstellt, drangen bei solchen Suchaktionen bis auf Ausnahmen nur sehr wenig verwertbare Informationen nach draußen, eben gerade soviel, um sich nach etwaigem Auffliegen der jeweiligen Aktion dem Vorwurf einer Vertuschung entziehen zu können; auch die wahren Gründe der Sondierungen um und in den Monumenten wurden meistens ausgespart und durch Scheinargumente ersetzt. Mit anderen Worten: Der Umgang mit der Wahrheit wurde sparsam betrieben – ist es das, was mit *falscher Bescheidenheit* gemeint ist? Aber sich schon jetzt um diese Dinge zu kümmern, wäre verfrüht und ist auch gar nicht der Gegenstand dieses Kapitels. Was ich Ihnen momentan ein wenig näherbringen möchte, sind vor allem die ungewöhnlichen Vorgänge und Kräfte, wie wir sie an den heiligen Stätten Ägyptens antreffen und wie sie offensichtlich auch die Begründung für die heimlichen Wühlereien ziemlich unheimlicher Interessenten sind.

Mysteriöse Kräfte wirken nicht nur in der Großen Pyramide – auch wenn unbestritten in ihr ein dickes Bündel an Mysterien zusammenkommt.

Die großen Tempel und Grabanlagen sind förmlich in »Magie« getaucht, und selbst nüchterne Forscher mussten zugeben, beim Betreten der uralten Stätten geradezu bewusstseinsverändernde Strömungen zu spüren. Beinahe beschwörend klingen die Wort von Albert Champdor, eines vielseitig gebildeten Schriftstellers und Historikers: »Ich bin die Säle und Korridore in den Grabpalästen des Tals der Könige entlang gewandelt. Als ich dann wieder aus den Tiefen einer von Göttern und Zeichen erfüllten Nacht hervorkam und unter der kaum auszuhaltenden Helligkeit des ägyptischen Himmels wie von Sinnen war, konnte ich mich kaum lösen vom Zauber der Schatten, *deren Ruhe ich zu stören gewagt hatte* [Hervorhebung d. d. Verf.] Ich konnte auch nicht vergessen, was ich alles in der Totenwelt der alten Ägypter gesehen hatte; seltsame Visionen von anklagenden Gottheiten, Pharaonenmumien, die mit Talismanen bedeckt waren, die enthaupteten Feinde des Osiris, wie sie in einer auf dem Kopf stehenden Welt umherirrten, sich in der Finsternis wandelnde Formen ungewisser Gestalt. In den Totenstädten von Biban el-Moluk [= »Tal der Könige«, die Stätte zahlreicher Felsengräber der Pharaonen, Anm. d. Verf.], als ich die Welt des lebendigen Lichts verließ, habe ich verstanden, welche Bedeutung das entsetzliche Schweigen der thebanischen Totenstädte nach so vielen Jahrtausenden des Vergessens und der Gleichgültigkeit hatte. Im Lauf des Abstiegs zu den zwölf

Regionen der Unterwelt und hinunter zu den Paradiesen des Todes, die in den siebenhundert Pyramidentexten beschrieben sind, spürte ich den markverzehrenden Schrecken auf ein neues. Es ist etwas Fremdartiges, Unerträgliches um die Welt jener Gestalten und um die Starre jener ewigen Nächte … Nein, niemals werde ich vergessen, wie ich eines Tages ein Tor öffnete, hinter dem sich die monströsen Feinde des Lichts scharten, und andere Tore, hinter denen ich die Gerechtfertigten der neuen Auferstehungen gewahrte. Ich erblickte Pharaonen, denen Millionen von Jubeljahren gegeben waren und die von falkenköpfigen Göttern begleitet wurden … In den bemalten Gängen, die zu den *Het nub*, den ›Goldhäusern‹ führen, wagte ich kaum, in die bizarren Gesichter der Göttinnen zu blicken; einige dieser Göttinnen hatten den glatten Bauch eines Krokodils. Dann wieder meinte ich zu erkennen, wie sich in diesen Hallen des Schreckens die Schalen jener entsetzlichen Waage der Psychostasie hoben und senkten, so als wäre mein Atem oder aber mein Blick nicht rein oder als wäre die Farbe meiner Haut, die nicht grünlich war, so wie bei Isis, …, die Haut eines Dämonen der oberen Welt gewesen …«

Diese Passagen passen eigentlich gar nicht recht zum übrigen, sachlichen Stil von Champdors Werk über das Ägyptische Totenbuch, dem sie entnommen sind. Plötzlich kann sich der Leser des Eindrucks nicht erwehren, dass Champdor selbst in einen realen Strudel der altägyptischen Götterwelt geriet, im Sinne von handfesten Visionen!

Wenn Sie einmal Wahr- und Wachträume – hoffentlich aber keine Wahnträume! – erleben wollen, dann ist wahrscheinlich Ägypten genau der richtige Tipp beziehungsweise Trip.

Die alten Ägypter waren überzeugt von der Realität von Offenbarungsträumen, und sie hatten wohl allen Grund zu dieser Überzeugung. Wir stolpern andauernd über alte Berichte, die von irgendwelchen Traumprophetien wissen und über visionäre Reisen durch Zeit und Raum. Seien es Überlieferungen von Träumen der Art, wie sie König Saurid (Thoth) zur Sintflut hatte oder Thutmosis III. zwischen den Pranken des Sphinx, als er erfuhr, dass er bald Herrscher über das Reich werden würde. Seien es auch Visionen, wie sie Menschen in der Großen Pyramide hatten.

Genau wie unsere heutigen Kirchen und Kathedralen, so erfüllten auch die ägyptischen Tempel und Pyramiden sehr wirksam den Zweck, so etwas wie gewaltige »Antennen-Anlagen« zu sein – für den Funkverkehr zwischen der irdischen und der göttlichen Welt. All diejenigen

Ägypter, die eine göttliche Eingebung oder einen göttlichen Rat suchten, begaben sich für eine Nacht in einen Tempel. Sogar aus dem an Tempeln und Orakeln sicher nicht ungesegneten Griechenland reisten viele an, um ihre Erhellung in den ägyptischen Monumenten zu erfahren. Dreimal dürfen Sie raten, welcher Tempel bei diesen Ausflügen in andere Dimensionen ganz oben auf der Hitliste stand! *Einmal* reicht eigentlich schon. Richtig: Es war kein anderer als der Tempel von Sethos I. in der uralten Stadt Abydos, die auch so häufig in den Totentexten erwähnt wird. Ausgerechnet der Tempel, in dem die höchst unägyptischen, weil teuflisch modernen Hieroglyphen von Panzern, Hubschraubern und U-Booten gefunden wurden!

Hier ist etwas vorgefallen, was vielleicht nur von wenigen selbst verfolgt wurde, aber zu einer immensen Legendenbildung und Bedeutung des Ortes geführt hat, gerade, wenn es um Traumvisionen und den Blick in die Zukunft oder um das Unergründliche ging.

Unter den ägyptischen Prophezeiungen, die wahr wurden, gab es auch sehr nachteilige. Völlig gleich, wodurch ihre Erfüllung letztlich bewirkt wurde, auch ihnen scheint eine unerklärliche und effektvolle Kraft innezuwohnen.

8.

Der Fluch der Pharaonen

Im Jahr 1881 trug sich an der Ausgrabungsstätte von Deir-el-Bahari, dem Zentrum der thebanischen Totenstätte, eine merkwürdige Begebenheit zu. Damals war der bekannte, wenn auch von Sir Flinders Petrie als ziemlich schlampig geächtete Ägyptologe Sir Gaston Maspero damit beschäftigt, etliche Königsmumien und Gerätschaften aus den Felskammern herauszuholen, um sie dann ins Museum zu befördern.

An Masperos gut bewachten Mumien-Lagerplatz sammelten sich immer mehr tote Pharaonen an und bald herrschte dichtes Gedränge. Der größte Leichnam war der von Ramses I., des Vaters von Sethos I. und *Groß*vaters von Ramses II. Maspero ließ die Mumie an einen schattigen Ort legen.

Man hatte bereits früh mit der Arbeit begonnen, doch schon nach kurzer Zeit wurde es unerträglich heiß, wie so oft in diesem Landstrich. Ramses lag da, als würde er ein Mittagsschläfchen halten, und die Arbeiter Masperos taten es ihm nach, denn nun war die Hitze zu groß zum Arbeiten geworden. Nach der Erholungspause wollten sie Ramses abholen, um ihn zu verschiffen, doch als sie zur Stelle kamen, wo er sich »ausruhte«, fuhr ihnen trotz der immer noch kräftigen Sonnenglut des Nachmittags ein eisiger Schauder durch Mark und Knochen. Denn Ramses hatte mittlerweile einen Arm hoch angehoben! Das sah aus wie eine gebieterische Drohgebärde. War die Mumie lebendig geworden? Mussten nun diejenigen, die den ewigen Frieden des Pharaos gestört hatten, mit uralten Verwünschungen rechnen? Die Arbeiter gerieten völlig in Panik, und Maspero hatte einiges zu tun, um sie wieder zur Vernunft zu bringen.

Wie sich herausstellte, war es Ramses einfach auch ein wenig zu heiß in seinen Bandagen geworden. Denn die Sonne war nun weiter gewandert, so dass der alte Mann jetzt mitten in der Sonne lag. Das war zu viel für ihn. In der Hitze verspannte sich eine der Bandagen, sie zog wie ein lebender Muskel an dem morschen Armknochen und ließ Ramses posthum noch einmal angsteinflößend gestikulieren. Maspero hatte einige Schwierigkeiten, die störrische Mumie wieder in ihre ursprüngliche Haltung zu bringen.

Diese Geschichte könnte glatt aus einer Gruselkomödie stammen, aber sie ist tatsächlich passiert. Wie Sie wissen, gibt es eine ganze Menge anderer seltsamer und unheimlicher Begebenheiten um ägyptische Mumien und Gräber. Gruften sind halt immer gruslig, ob alt oder neu! Und gerade der Glaube des Pharaonenreichs drehte sich doch so vollkommen um das Weiterleben nach dem Tod und um den Erhalt der sterblichen Hülle, dass die Idee an zombiartige oder besser gesagt: -*un*artige Mumien unvermeidlich war. Natürlich zog das eine Menge unsinniger Schauergeschichten nach sich. Wie bei vielem ist aber auch hier die Frage, ob einige Ereignisse nicht in einem tieferen und realen Zusammenhang gesehen werden müssen, wie auch immer die wahren Hintergründe zu verstehen sein mögen. Berühmt ist der »Fluch der Pharaonen« und seine offenbare Erfüllung nach der Öffnung des Grabes von Tut-ench-Amun, des so früh verstorbenen Kind-Pharaos aus der 18. Dynastie um 1560

Diese zeitgenössische Aufnahme zeigt die Bergung der Pharaonen-Mumien durch Maspero. Die Mumie von Ramses I. wurde dort für einen Augenblick »lebendig«, als die Sonnenhitze ihre Bandage verzog. Doch gibt es auch weniger leicht erklärliche Vorkommnisse – wie den berühmten » Fluch der Pharaonen«.

bis 1300 v. Chr. Ohne Zweifel haben Sie schon einiges darüber gelesen. Ich will Sie jetzt auch nicht damit langweilen, denn mein Buch soll ganz bestimmt nicht Ihre Schlafprobleme lösen, sofern sie welche haben. Im Gegenteil, wenn ich ehrlich bin, dann möchte ich Ihnen schon eher ein paar *schlaflose* Nächte bereiten – vor allem wünschte ich mir, dass einige der Mysterien und Unstimmigkeiten der ägyptischen Geschichte auch Sie nicht mehr loslassen! Deshalb möchte ich zum berühmten »Fluch des Tut-ench-Amuns« etliche wahrscheinlich kaum bekannte Fakten beisteuern, die manche bemerkenswerte Zusammenhänge aufdecken könnten. Auch sie werden letztlich zur altägyptischen Urweisheit zurückführen, ganz egal, ob nun der Fluch tatsächlich wirkte oder nicht. Apropos Fluch, wie verhält es sich denn beispielsweise mit dem Voodoo-Zauber? Er wirkt, das ist unbestritten! Nur wie? Der Schlüssel dazu ist der uneingeschränkte Glaube. »Glaube ist Opium für das Volk«, hat einer mal gesagt. Richtig. »Glaube kann Berge versetzen«, hat ein ganz anderer mal gesagt. Genauso richtig. Und? Völlig klar: Voodoo wirkt nur bei denen, die uneingeschränkt an diesen Verhexungs-Zauber glauben. Das geht so weit, dass Menschen aus medizinisch nicht ersichtlichen Gründen sehr plötzlich sterben, wenn sie nur fest genug daran glauben, das Ziel einer Voodoo-Attacke zu sein – das ist nichts als die berühmte selbsterfüllende Prophezeiung! Wie heißt es: »Er wird dran glauben!«

Beim Fluch der Pharaonen könnte aber mehr im Spiel sein. Werfen wir doch wenigstens noch einmal einen kurzen Blick auf die für unsere Betrachtung wichtigsten Ereignisse.

Schon seit 1890 führte der britische Archäologe Howard Carter Ausgrabungen an den Stätten des Pharaonenreichs durch. 1907 trat sein wohlhabender Landsmann Lord Carnarvon an ihn heran, der nach einem Autounfall zur Genesung wiederholt nach Ägypten gereist war und eine wahre Begeisterung für die Kultur und die alten Kunstschätze entwikkelte. Er suchte einen fähigen Archäologen, dem er finanziell unter die Arme greifen konnte und dafür am Ruhm der Entdeckungen Anteil haben dürfte. Gaston Maspero verwies Carnarvon an Carter. Carter war überzeugt, dass im Tal der Könige noch ein unentdecktes Grab zu finden sei. Sein sehr erfolgreicher Kollege Theodor M. Davis hatte nämlich bereits deutliche Hinweise darauf gefunden. Davis war wirklich sehr erfolgreich gewesen, unter anderem als Entdecker des *Grabes* (nicht des *Tempels*!) der Königin Hatschepsut. Eines Tages stieß er unter einem Felsblock auf einen alten Fayence-Becher mit dem Namenszug des Pharaos

Tut-ench-Amun. Die alte ägyptische »Fayence« (das »Glänzende«), das ist ein vielfarbiges, gebranntes Material aus reinem Quarzkern, der ganz dünn von kieselsaurem Glas überzogen wurde. Außer dem Becher entdeckte Davis in einem kleinen Schachtgrab einen Holzkasten mit Bruchstücken von Goldblättchen, die wiederum den Namen des gesuchten Pharaos trugen. Schließlich stieß Davis auf eine Grube mit Überresten des einstigen Totenmahls, das nach altem Ritus für den Pharao abgehalten wurde. In der Grube lagen Leinwand-Bündel und andere nicht mehr verwendete Utensilien der Einbalsamierung. Diese Funde hätten eigentlich einen Freudentaumel bei Davis bewirken müssen. Doch er erklärte, im »Tal der Könige« gebe es nichts mehr zu entdecken, und trat 1914 seine Grabungskonzession an Howard Carter und Lord Carnavon ab. Eigentlich könnten wir schon hier anfangen, uns zu wundern!

Noch verwunderlicher ist fast, dass der so berühmte Archäologe behauptete, er habe die letzte Ruhestätte des Tut-ench-Amun schon entdeckt. Davis meinte damit jenes lächerliche Schachtgrab. Das war natürlich Unsinn im Quadrat, denn nie und nimmer hätte man einem Pharao ein derartiges Sardinen-Begräbnis bereitet. Davis musste das besser wissen als jeder andere. Ich frage mich jetzt einmal laut, ob er vielleicht einen anderen Grund hatte, mit dem »Buddeln« aufzuhören. Aber ich halte mir auch gleich wieder die Hand vor den Mund.

Jedenfalls trat er mit seiner Konzession auch die Möglichkeit für einen Jahrhundert-Fund an Carter ab; der wusste das genau und machte diesen Fund auch wirklich. Die Suche und die Vorbereitungen der Ausgrabung waren langwierig und sind beinahe in jedem Buch nachzulesen. Ich möchte daher gleich die Abkürzung ins Jahr 1922 nehmen. Nachdem Carter und seine Leute einige Hütten der Grabarbeiter gefunden und abgetragen hatten, stießen sie Anfang November 1922 auf eine erste Treppenstufe zu einer unterirdischen Anlage. Am nächsten Tag hatten sie sich schon bis zur zwölften Stufe vorgearbeitet, und auf gleicher Höhe tauchte das Oberteil einer Tür mit königlichem Siegel auf. Carter ließ alles noch einmal zuschütten, um den Fund zu sichern und nun bis zum Eintreffen des Lords zu warten, der sich zu jener Zeit gerade in England befand. Das Warten muss für Carter in der Zwischenzeit ziemlich nervtötend gewesen sein. Carnarvon rauschte dann endlich am 23. November an, und die Arbeit konnte fortgesetzt werden. Hinter der Tür folgte ein fast acht Meter langer, mit Schutt gefüllter Gang. Nach dessen Freilegung gelangten die Archäologen zu einer zweiten Türe. Carter bohrte

»mit zitternden Händen« ein Loch in die linke obere Ecke – alles dahinter war stockdunkel. Er erweiterte das Loch vorsichtig und führte eine Kerze hinein, denn er wollte sicher gehen, dass in der Kammer dahinter keine giftigen Gase lauern. Das Licht flackerte, als ein Schwall heißer Luft durch die Öffnung fegte. Unruhig warteten Lord Carnarvon, seine Tochter Lady Evelyn und der Assistent Callender auf eine erlösende Bemerkung Carters. »Zuerst konnte ich nichts sehen, da die heiße Luft, die aus der Kammer entwich, das Licht zum Flackern brachte«, erinnerte sich der Archäologe später. »Als sich meine Augen dann aber dem Licht anpassten, tauchten im Inneren der Kammer bald Einzelheiten aus dem Nebel auf. Seltsame Tiere, Statuen und Gold – überall glänzendes, schimmerndes Gold! Für einen Augenblick – den anderen, die neben mir standen, muss es wie eine Ewigkeit vorgekommen sein – war ich stumm vor Erstaunen. Als Lord Carnarvon die Ungewissheit nicht länger ertragen konnte und ängstlich fragte: ›Können Sie etwas sehen?‹ war alles, was ich herausbringen konnte: ›Ja, wunderbare Dinge!‹«

Das ist genau jene Art bestechend schlichter Sätze, wie sie oft große Geschichte schreiben!

Das Team war nun bis zur ersten Kammer vorgedrungen, der Vorkammer. Hier lagen hunderte verschiedenster Gegenstände, von denen viele selbst Fachleuten neuartig waren. Alles musste genau katalogisiert und vorsichtig ausgeräumt werden. Erst nach Monaten war diese

Das Tal der Könige. Rechts im Bild die Eingänge zu den Gräbern von Ramses VI. und Tut-ench-Amun (unten).

Kammer leer – fast. In seinem mehrbändigen Werk über »Das Grab des Tut-ench-Amun« schreibt Carter beinahe bedeutungsschwanger: »Mitte Februar war unsere Arbeit in der Vorkommer zu Ende gekommen. Mit Ausnahme der beiden Wächterstatuen, die wir in einer *bestimmten Absicht* [Hervorhebung d. d. Verf.] hatten stehen lassen, war alles ins Laboratorium gebracht worden. Jeder Zoll des Bodens war gekehrt und nach der letzten Perle durchsiebt worden … Endlich waren wir so weit, das Geheimnis der versiegelten Tür zu lösen.« Jetzt ging die Arbeit an die Hauptkammer, die eigentliche Grabkammer des Pharaos. »Dort vor uns war die versiegelte Tür, und wenn wir sie jetzt öffneten, dann würden wir Jahrtausende überwinden. Wir würden uns in der Gegenwart eines Königs befinden, der vor dreitausend Jahren regierte. Als ich auf die Plattform stieg, waren meine Gefühle eigenartig gemischt; meine Hand zitterte, als ich den ersten Schlag ausführte … Nachdem ich, etwa nach zehn Minuten, ein Loch gemacht hatte, das ausreichend groß war, führte ich eine kleine elektrische Lampe hindurch. Ihr Licht enthüllte Staunenerregendes! Nicht einmal einen Meter von der Tür entfernt, befand sich dort etwas, das sich so weit man nur blicken konnte erstreckte und den Eingang zur Kammer versperrte. Allem Anschein nach war es eine Mauer aus massivem Gold!«

Diese Mauer erwies sich bald als riesiger goldener Schrein für den Sarkophag des Tut-ench-Amun. Die Spannung wurde den Ausgräbern unerträglich, vor allem, weil sie wussten, dass zumindest in die Vor- und Seitenkammer des Grabes vor langer Zeit Plünderer eingebrochen sein mussten, denn dort befand sich so ziemlich alles in heilloser Unordnung, und es gab andere Spuren. Zwar war das Siegel an der Tür zur Kammer mit dem Goldschrein unversehrt, doch bei näherer Inspektion fand Carter an ihrer Unterseite ein aufgefülltes Loch, durch das jemand in die Sargkammer eingebrochen war. Carter befürchtete natürlich, dass die Diebe auch den Schrein geöffnet hatten. An dessen Ostseite fand er dann große verschlossene und verriegelte Flügeltüren ohne Siegel. »Eilig zogen wir die Querriegel zurück und schlugen die Tür auf«, notiert Carter. Dahinter tauchte ein zweiter Schrein auf und eine weitere Tür. Sie war versiegelt und unangetastet. Weiter wollte das Team nicht vordringen, denn niemand wollte jetzt mit einer zu schnellen Aktion einen Fehler machen. Carter beschrieb noch einen anderen Grund: »Ich glaube, in diesem Moment verlangten wir gar nicht danach, das Siegel zu entfernen, denn schon beim Öffnen der Türen fühlten wir uns wie Eindringlinge. Vielleicht wurde dieses Gefühl auch durch den ergreifenden Eindruck eines mit Goldrosetten verzierten leinernen Bahrtuches verstärkt, das vom inneren Schrein herabhing. Wir spürten, dass wir uns in der Gegenwart des toten Königs befanden und dass wir ihm nun Ehrfurcht erweisen mussten … Sorgfältig und so leise wie nur möglich, verschlossen wir die große Flügeltüre und schritten zum anderen Ende der Kammer.«

Dort fanden sie eine unverschlossene Kammer, in der sich die größten Schätze des Grabes befanden, die das Team bisher zu Gesichte bekommen hatte. Ist es nicht merkwürdig, dass die einstigen Grabräuber zwar tief in die geweihte Stätte eingedrungen waren, schon dort offenbar nicht viel mitnahmen, und dann auch noch die Gelegenheit nicht nutzten, diese unverschlossene Kammer auszuräumen? Originalton Carter: »Ängstlich suchten wir nach Hinweisen auf Plünderungen, doch rein äußerlich waren keine zu sehen. Zweifellos müssen die Räuber eingedrungen sein, aber sie können höchstens zwei oder drei Kästen geöffnet haben.« Warum hatten sie die mit Gold und Elfenbein verzierten Kästen liegenlassen?

Ich will nun nicht auf das weitere Vordringen, die Öffnung der anderen Sargschreine und den Fund von Tut-ench-Amun in seinem unvergleichlichen, unermesslich wertvollen Goldsarkophag eingehen, denn darüber gibt es wirklich haufenweise Literatur, die jedes Detail beschreibt. Viel wichtiger ist an dieser Stelle, den »Fluch der Pharaonen« und ein paar Ergänzungen zu denkbaren Hintergründen kurz zu beleuchten. Der Fluch wird vor allem mit Tut-ench-Amuns Grab in Verbindung gebracht. Denn es wird berichtet, dass Carter in der Vorkammer ein kleines Tontäfelchen fand, ein sogenanntes Ostrakon, auf dem ein magischer Fluch eingeritzt war: *»Der Tod wird denjenigen mit seinen Schwingen erschlagen, der die Ruhe des Pharaos stört.«*

Der amerikanische Ägyptologe Robert Brier glaubt nicht an die Existenz eines solchen Täfelchens und ist auch nicht überzeugt von der Beschreibung des deutschen Autoren Philipp Vandenberg, der sogar ein komplettes Buch über den Fluch veröffentlicht hat. Wie er sagt, wurden die Wissenschaftler nervös, als sie das Täfelchen fanden, und zwar nicht, weil sie an die darauf ausgesprochene Verwünschung glaubten, sondern, weil sie meinten, die abergläubischen ägyptischen Helfer könnten wegbleiben, was die Ausgrabung natürlich kräftig aufgehalten hätte. So verschwand das zunächst ganz wie üblich nummerierte und katalogisierte

Howard Carter öffnet die goldenen Schreine des Tut-ench-Amun

Täfelchen aus den Listen – nur wenige Tage, nachdem sein Hieroglyphen-Text von Carters Schriftexperten Professor Alan Gardiner übersetzt worden war. Es verschwand auch aus dem Fundus. Und da es nicht fotografiert wurde, gibt es keinen echten Beweis dafür, dass es je existierte. Und genau hier hakt Brier ein: »Es gibt auch keinerlei glaubhafte Hinweise auf einen solchen Fluch, außerdem widerspricht es den Anschauungen der Ägypter, von ›Schwingen‹ des Todes zu sprechen oder etwas auf Tontäfelchen zu schreiben. Und es ist auffallend, dass Vandenberg in dem einen Absatz seiner Darstellung bemerkt, das Ausgrabungsteam ... sei wegen des Fluchs keineswegs euphorisch gestimmt gewesen, während er im nächsten Abschnitt feststellt, dass niemand unter ihnen den Fluch ernst nahm.«

Ist das alles richtig? Ich glaube, nicht so ganz. Wenn Sie noch einmal einen Blick auf die Behauptungen von Brier werfen, wird Ihnen das sicherlich auffallen. Zunächst einmal waren die Forscher wegen des Fluchs laut Vandenberg zwar nicht euphorisch gestimmt, aber nur deshalb, weil sie befürchteten, die Arbeiter würden ihnen davonlaufen. An eine echte Wirkung des Fluches glaubten sie nicht. Hier bringt Brier wohl absichtlich etwas durcheinander. Dann sagt er, die Ägypter hätten nichts auf Tontäfelchen zu schreiben gepflegt. Absoluter Unsinn. Denn diese Ostraka-Tafeln waren über die ganze Zeit zwischen dem Alten Reich der ersten Dynastien bis in die arabische Zeit im Gebrauch, also auch in der dazwischenliegenden 18. Dynastie des Tut-ench-Amun. Ostraka bestanden aus zerschlagenem Kalkstein oder den Scherben zerbrochener Tongefäße. Diese Splitter dienten als einfaches Schreibmaterial, das billiger zu bekommen war als Papyrus. Auf ihnen fanden sich alle möglichen Notizen, Rechnungen, Skizzen, Abschriften von Weisheitslehren. Gerade aus solchen Ostraka haben Ägyptologen viel über den Alltag und die Kultur des alten Ägypten gelernt. Deshalb auch erscheint es mir wiederum komplett unverständlich, warum Brier in schon auffallender Weise behauptet, es sei damals nicht Brauch gewesen, auf Tontäfelchen zu schreiben! Ich hätte noch verstanden, wenn er sich darüber gewundert hätte, warum ein wohl wichtiger Fluch offenbar ziemlich hastig auf ein billiges Tontäfelchen gekritzelt wurde, ein Fluch, der immerhin ein Königsgrab schützen sollte.

Doch auch dazu gibt es zwei Dinge beizusteuern: Erstens geht es bei einem Fluch vor allem um seine magische Kraft, egal, ob er auf ein tönernes Täfelchen gekratzt oder in Granit gemeißelt ist. Zweitens müssten wir uns dann auch wundern, warum die Darstellungen an den Wänden der Kammer mit dem goldenen Schrein auch nur ziemlich hastig aufgemalt wurden. Offenbar war insgesamt einige Eile geboten, die Grabstätte zu errichten, denn der Tod des gerade einmal achtzehn Jahre alten

Pharaos kam völlig plötzlich und unerwartet und ist ein Mysterium für sich.

Brier erklärt auch, dass es den Anschauungen der Ägypter widersprach, von den »Schwingen« des Todes zu schreiben. Warum? Für die alten Ägypter besaßen Vögel eine nicht unerhebliche Bedeutung. Das müsste selbst dem flüchtigsten Betrachter von Hieroglyphen-Schriften schnell klar werden. Dauernd irgendwelche Vogel-Symbole! Nur, weil anscheinend keiner der Texte jener alten Totenbücher direkt von den »Schwingen des Todes« spricht, heißt das noch längst nicht, dass kein solcher Fluch existiert hat. Die Amarna-Kultur der 18. Dynastie war ohnehin unvergleichlich in ihrer Art; weder vorher noch nachher gab es eine ähnliche. Hier kann manches anders sein. Nicht umsonst hatte Carter und sein Team Probleme mit der mythischen Bedeutung mancher Fundstücke aus dem Grab. Interessant, dass sich, wie wir gesehen haben, noch krassere Merkwürdigkeiten und Abweichungen in der 19. Dynastie ereigneten – siehe Abydos! Aber die Zusammenhänge sind hier noch tiefgreifender, wie wir gleich feststellen werden. Der Begriff »Schwingen« wurde jedenfalls in Ägypten durchaus verwendet. In einem Spruch der Totentexte beginnt eine Zeile folgendermaßen: »Und die Götter, die im Himmel ihre Schwingen entfalten …« Interessant ist auch, dass der Tod als unerbittlicher Räuber galt. Schloss diese Vorstellung denn das Bild eines mächtigen Raubvogels aus, der seine Opfer packt, seine Schwingen über ihm schließt und ihn damit »erschlägt«? Natürlich beweisen meine Kommentare nicht, dass das Täfelchen jemals existiert hat. Sie sollen aber zeigen, dass Briers kritische Bemerkungen auch nicht beweisen, dass es nie existieren *konnte.* Sie sind unangebracht und wirken eher wie der auffallend plumpe Versuch, die ganze Geschichte um den Fluch ad absurdum zu führen oder zu vernebeln. Und gerade das weckt noch mehr Interesse an der Sache. Vielleicht sollte ich noch eine Bemerkung von Carter erwähnen, nämlich dass in der Grabkammer magische Figuren gefunden wurden: »Auf diesen magischen Figuren sind Beschwörungsformeln festgehalten, die den ›Feind des Osiris (des Verstorbenen) verscheuchen sollen, in welcher Gestalt er auch komme.‹ Und sie haben ihren Zweck erfüllt. Denn von den siebenundzwanzig in dem ›Tal‹ beerdigten Herrschern aus der Zeit der ägyptischen Weltmacht war einzig und allein Tut-ench-Amun dreiunddreißig Jahrhunderte lang von profaner Menschenhand unberührt geblieben.« Es ist, offenbar bis auf eine ebenfalls bemerkenswerte Ausnahme, von der noch die Rede sein wird, das einzige Grab, das nicht geplündert wurde – sogar, obwohl schon Räuber eingedrungen waren! Das sollten wir uns einmal bildlich vorstellen!

Schließlich kam dann aber das Carter-Team und räumte die Kammern leer. Übrigens, ich hatte weiter oben schon erwähnt, dass Carter *fast* alles aus der Vorkammer räumte, die beiden Wächterfiguren an der Tür zur Sargkammer aber *aus einem bestimmten* Grund bis ganz zum Schluss stehen ließ. Nur einmal sagte er warum, nämlich, als ihn der Wachmann Richard Adamson direkt danach fragte. Carter sagte, es seien die *Kas* des Pharaos, also Zufluchtsorte seiner Seele in der Zeit der Einbalsamierung. Und man habe damals geglaubt, in ihnen würde der Pharao weiterleben. Brier beschreibt Adamson ohne weitere Erklärung als einen »merkwürdigen Mann«, um dann zu erklären, dass er Carters Bemerkungen als ein Zeichen von Aberglauben interpretierte. Das passe aber überhaupt nicht zu Carters Denkweise. Ganz sicher nicht, sonst hätte er wahrscheinlich seinen Beruf verfehlt und er wäre überhaupt nie in das Grab eingedrungen! Bestimmt hat Brier diesmal auch recht, wenn er einen Verdacht äußert: nämlich, dass Carter und einige wenige seiner engsten Freunde bereits vor dem offiziellen Aufbrechen des Zugangs zur Kammer mit dem Goldschrein ihre Neugierde befriedigt hatten, indem sie das schlecht vermauerte Loch der Räuber wieder aufrissen und dadurch schon vorher eindrangen. Dafür gibt es einige Hinweise, der deutlichste entstammt einem Tagebuch-Eintrag von Lord Carnarvons Bruder. Und auch die Wächterfiguren spielten dabei eine Rolle. Denn sie sorgten für zusätzliche Abschreckung. Brier meint, dadurch dass sie links und rechts der Tür standen, konnte Carter gut begründen, dass ein Holzpodest nur noch genau dazwischen Platz hatte und damit das frisch vermauerte Loch verdeckte. Das Podest erleichterte die spätere offizielle Abtragung des oberen Mauerwerks an der versiegelten Tür. Ganz kann ich diesem Argument Briers wieder nicht folgen. Denn eigentlich hätten alle bei der Öffnung Anwesenden genau wie Carter wegen einer versehentlichen Verletzung der Figuren während der Meißelarbeiten besorgt sein müssen, das Arrangement war unlogisch und auffallend. Carter hätte genauso ein breiteres Podest hinstellen können, das Loch wäre verdeckt und die wertvollen Figuren außer Gefahr gewesen. Hatte es also doch noch etwas anderes mit ihrem langen Verweilen auf sich? Wenn es das Tontäfelchen gab, dann wusste Carter auf jeden Fall davon. Bestimmt glaubte er nicht wirklich an einen Fluch, vielleicht versuchte er das Omen aber – ob nun bewusst oder unbewusst – zu besänftigen. Immerhin gibt es auch in seinem Werk ein paar Stellen, die eindringlich zeigen, dass er sich immer wieder wie ein Eindringling fühlte, wie einer, der etwas Unheiliges tat. Dass selbst unter den hartgesottenen Archäologen ein vom Magischen beeinflusster Bodensatz schlummerte, belegt eine Geschichte, die Thomas Hoving, der Direktor des New Yorker Metropolitan Museums wiedergibt und die sich daher wohl auch tatsächlich zugetragen hat. Auch Brier beschreibt sie.

Professor James Henry Breasted, Carters Experte für sämtliche Siegel, war demnach gerade damit beschäftigt, seiner Aufgabe nachzugehen und versuchte, die Bedeutung der Überbleibsel von Siegelabdrücken in der Vorkammer des Tut-ench-Amun-Grabes herauszufinden. Während er arbeitete, wandte er seinen Blick eher zufällig kurz auf die beiden Wächterfiguren und erschrak sich dabei fast zu Tode. Denn bei einer von ihnen blitzte plötzlich ein Auge auf – die Figur blinzelte ihn an! Breasted war einer Ohnmacht nahe und stand einen Moment lang wie erstarrt da. Er musste sich schon mächtig an den Riemen reißen, um sich der Figur zu nähern und der Sache auf den Grund zu gehen. Erst aus aller-

Tut-ench-Amun, Porträts auf der unermesslich wertvollen Goldmaske (rechte Seite) und einem Alabaster-Krug (rechts).

nächster Nähe wurde ihm der Spuk klar. Direkt vor dem Auge des Wächters hing – an einem kaum sichtbaren Fädchen, vielleicht an einem Spinnfaden – ein kleines Krümelchen der abbröckelnden dunklen Farbe, mit der die Figur bemalt war. An der früheren Innenseite dieser Flitter glänzte ein silberner Belag. Als ein leichter Luftzug durch die Kammer ging, bewegte sich der herabhängende Brösel und blitzte im Licht von Breasteds Lampe auf. Das Auge des Wächters funkelte ihn an!

Hoving war übrigens der erste, der die Theorie vom inoffiziellen Eindringen Carters aufstellte, nebenbei bemerkt eine glaubwürdige Theorie, die wieder einmal beweist, dass auch Wissenschaftler nur mit »Wasser kochen«, wie man so schön sagt. Und wenn die Suppe dann nicht schmeckt, sollen sie sie eben auch selbst auslöffeln!

Nach Hovings Meinung erschreckte sich der Siegelforscher vielleicht deshalb so übermäßig, weil er von Carters heimlicher Aktion wusste und daher wohl besonders angespannt war. Ganz egal, ob das nun stimmt oder nicht, der tiefere Grund der Sache wird wieder einmal nicht erwähnt, bedarf aber nun wirklich keiner Erläuterung, denn er liegt auf der Hand. Die Überreaktion ist doch ganz eindeutig am besten damit erklärbar, dass in jenem Moment eine unterdrückte Angst ausbrach, nämlich die, dass alte Kräfte aus der Zeit des Pharaos noch heute wirken könnten. Und für diese unterschwellige Befürchtung könnte eventuell das Wissen um das besagte Tontäfelchen viel eher verantwortlich sein als die ziemlich profane Geschichte von Carters verfrühtem Blick in die nächste Kammer. Was meinen Sie?

Bis heute ungeklärt ist die Tatsache, dass genau dreizehn von den insgesamt zwanzig bei der Öffnung der Hauptkammer anwesenden Personen auf unnatürliche Weise starben.

Der sechste Earl von Carnarvon, Sohn des Finanziers von Howard Carter, erinnert sich an den ungewöhnlichen Tod seines Vaters. Genau in dem Moment, in dem der angesehene britische Adlige seinen letzten Atemzug tat, so erzählt der Erbe, gingen in ganz Kairo die Lichter aus, für volle drei Minuten. Auch dafür hatte niemand eine Erklärung.

Keiner kennt den wirklichen Grund für das plötzliche Ableben des Lords. Ziemlich seltsam bleibt auch der Umstand, dass sein Hund im fernen England zeitgleich zu Heulen begann, sich auf die Hinterfüße setzte und tot umfiel.

Der Lord starb am 5. April 1923. Das war noch bevor Carter den überwältigenden Goldsarkophag des Tut-ench-Amun fand. Lord Carnarvon sollte ihn und die Mumie des Pharaos, also die Hauptobjekte seiner Bemühungen, nie zu Gesichte bekommen.

Nach Lord Carnarvons Dahinscheiden ging es in den Reihen der Ausgräber mit unerklärlichen Todesfällen ebenso unmunter weiter. Eine Aufzählung erspare ich Ihnen hier absichtlich, denn auch diese Vorfälle sind bereits ausführlich von anderen aufgeschrieben worden. Aber die Argumentation eines Skeptikers will ich Ihnen keinesfalls vorenthalten. Im

Die Wächter des Grabes.
Der Siegel-Experte James Henry Breasted erschrak vor einer davon fast zu Tode.

letzten Kapitel seines Mumienbuchs lässt sich der französische Mediziner und Ägypten-Experte Ange-Pierre Leca auch herab, über den Fluch zu schreiben. Zu den Begleitumständen von Lord Carnarvons Tod meint er souverän: »Für die Geschichte des Hundes gibt es kaum Zeugen. Aber selbst, wenn wir zugestehen, dass sie wahr ist, findet sich keinerlei Zusammenhang mit dem Fluch des Pharaos. Und was den anderen Zufall angeht, stirbt doch in einer Großstadt andauernd jemand, also auch während eines Stromausfalls – so, wie das auch Lord Carnarvon tat.« Muss man das kommentieren? Ich sage nur: Der Kandidat erhält null Punkte – in Wahrscheinlichkeits-Rechnung! Merkwürdig ist, dass auch 1968 der Strom in ganz Kairo ausfiel, genau zur Stunde, als mehrere Experten aus England das Tut-ench-Amun-Grab betraten, um den Körper des Pharao zu röntgen. Zudem starb damals ein enger Vertrauter des Projektleiters.

Nachdem Leca die ganze Kette an unnatürlichen Todesfällen aufgelistet und als ziemlich gewöhnlich abgetan hat, erwähnt er noch den Fall des englischen Arztes und Ägyptologen H. G. Evelyn White als Fluch-*Gegenargument*. Mr. White zählte zu den ersten, die in die Grabkammer hineingegangen waren. Er starb erst zwanzig Jahre später, aber genau wie die anderen durch eine unnatürliche Ursache. Er beging Selbstmord durch Strangulation. In seinem Abschiedsbrief schrieb er: »Ich stehe unter einem Fluch, der mich dazu zwingt, aus diesem Leben zu scheiden.« In seinem hervorragenden Buch über »Das Leben des Tutanchamun« (die Schreibweise ist unterschiedlich) erklärt Arnold C. Brackman zu den Umständen kurz vor dem Tod des Ägyptologen: »White war gerade erst aus Ägypten zurückgekehrt, wo ihm ein Mönch einen geheimen Raum in einem koptischen Kloster gezeigt hatte. Dort hatte er eine große Sammlung verborgener Schriften gefunden, von deren Existenz man vorher gar nichts wusste.« War White auf hermetische Geheimlehren gestoßen? Wenn, dann dürften es nicht die bedeutendsten gewesen sein, denn White soll angeblich von den Mönchen die Erlaubnis bekommen haben, die alten Manuskripte nach Kairo mitzunehmen. Trotzdem schreibt White in seinem Abschiedsbrief: »Ich wusste, dass ein Fluch über mir liegen würde ... Die Mönche sagten mir, dass der Fluch so oder so wirken würde. Nun hat er es getan.«

Das klingt deutlich. Und dazu nun die lapidare Logik Lecas (der White aufgrund des Namensteils Evelyn versehentlich für eine Frau hielt): »Das ist keineswegs befremdlich. Schließlich können auch Ägyptologen durch massive melancholisch bedingte Depressionen in den Selbstmord getrieben werden, und es ist nicht verwunderlich, dass der von Evely[n] White hinterlassene Brief ihre mit ihrer Tätigkeit eng verbundene vorgefasste Meinung darstellt.« Da arbeitet ein Mensch also jahrzehntelang als Spezialialist auf einem Gebiet und kommt am letzten Stündlein seines Lebens auf die Dreistigkeit, eine *vorgefasste* Meinung zu äußern! Also ich denke eher, noch *später* hätte Mr. White seine Meinung bestimmt nicht fassen können, es sei denn im Reich des Osiris! Nur, dann wäre es vielleicht mit dem Abschiedsbrief problematisch geworden!

Es bleibt doch einigermaßen ungewöhnlich, wenn von zwanzig Menschen, die bei der Graböffnung anwesend waren, rund zwei Drittel an einer unnatürlichen Todesursache starben, egal, wann nun der Tod eintrat. Auf welche Weise dieser Fluch des Pharaos wirkte, ist trotz verschiedener Vorschläge bis heute nicht gelöst. Einige Autoren haben vermutet, dass Gifte in der Grabkammer verteilt waren, die nach Jahrtausenden noch wirkten. Bekannt sind die vergifteten Kerzen, die kurz vor dem Versiegeln des Grabes angezündet wurden, im verschlossenen Raum niederbrannten und dabei das Gift in die Luft freisetzten. Die Rede war auch von Bakterien und Viren und auch von Pilzsporen, die dort überdauerten und zur tödlichen Falle für die Ausgräber wurden.

Howard Carter (zweiter von rechts) und seine Kollegen tafeln in einem ehemaligen Grab. Viele der hier abgebildeten Personen waren bald nach der Öffnung des Grabes von Tut-ench-Amun nicht mehr am Leben. Ganz links ist J. H. Breasted zu sehen.

Leca entgegnet, es sei aber zu bedenken, dass »Tut-ench-Amuns Grabkammer nahezu dreitausend Jahre lang hermetisch versiegelt war und darin auch keine Fledermäuse oder lebende Pilze überleben hätten können.« Vielleicht war das Grab also doch eher *hermetisch* »verflucht«.

Leca erwähnt die Fledermäuse, da in ihren Eingeweiden ein Pilz gedeiht, der natürlich über die Ausscheidungen auch nach außen gelangt, in der Luft verteilt wird und die Lunge befällt. Die dadurch ausgelöste Histoplasmose ähnelt symptomatisch beinahe einer Lungenentzündung, breitet sich aber krebsartig streuend aus. Sie kann zum Tod führen. Diese Erkrankung muss nicht zum Ausbruch kommen, und vielleicht wurden nur die Anfälligeren unter den Besuchern des Grabes von ihr erfasst und starben.

Howard Carter starb, wenn auch unter großen Schmerzen, erst sechzehn Jahre nach dessen Öffnung. Durch seine jahrelange Arbeit in ägyptischen Gräbern könnte er gegen eine heftige Attacke der Pilzsporen immunisiert worden sein, wohingegen der sowieso schon lungenkranke Lord Carnarvon keine Chance hatte. Dann müssten aber diejenigen Opfer des

Fluchs, bei denen kein Pilz als Verursacher in Frage kam, nur »Zufallstode« gewesen sein – darunter auch Dr. H. G. Evelyn White. Wie gesagt, niemand kann heute eine wirklich griffige Erklärung anbieten, doch ändert das nichts an der ungewöhnlichen Todesrate bei den Tut-ench-Amun-Ausgräbern und ihren Helfern.

Interessant ist, dass das Wort vom Fluch des Pharaos schon ein Jahr nach Lord Carnarvons Tod umging. Damals, im Jahr 1924, war es kein Geringerer als der französische Ägyptologe Professor J. S. Mardrus, der den Fluch ernsthaft ins Feld führte und die ägyptische Kultur als die »geistig hochstehendste« bezeichnete, »die sich je auf unserem Erdball entwickelt hat.« Und, nachdem er wiederholt von Kritikern angegriffen worden war, gab er seine Ansicht noch einmal deutlich zu verstehen: »Das ist kein kindischer Aberglaube, den man mit einem Schulterzucken abtun kann. Wir müssen uns ins Gedächtnis rufen, dass die alten Ägypter während einer Zeitspanne von siebentausend Jahren magische Praktiken ausübten … Ich bin absolut davon überzeugt, dass sie wussten, wie man bestimmte dynamische Kräfte um eine Mumie konzentrieren kann, von denen wir nicht die geringste Ahnung haben.« Brackman erklärt, dass die Bemerkungen von Mardrus darauf bald ernster genommen wurden und dass sogar die *New York Times* schrieb: »Es ist ein tiefes Geheimnis, und man macht es sich zu leicht, wenn man es bezweifelt oder ablehnt.«

Eine ganz andere Frage ist, warum denn ausgerechnet Tut-ench-Amun, dieser junge und wenig bekannte Pharao einen wirksamen Fluchspruch als Waffe gegen Eindringlinge einsetzte, während all die anderen, viel mächtigeren Pharaonen dies eben nicht taten. Eine interessante Frage. Bestimmt genauso interessant wie die schon gestellte Frage, warum denn Tut-ench-Amuns Grab bis auf eine Ausnahme das einzige ungeplünderte Pharaonengrab von allen ist! Und das, obwohl sich Eindringlinge sogar schon mitten darin befunden hatten, um dann keinen der goldenen Gegenstände zu rauben.

Was war an Tut-ench-Amun so besonders? Wer war er überhaupt? Vorweg gesagt: Ich behaupte, zumindest in einer Sache irrte Howard Carter gewaltig, nämlich, wenn er nicht ohne Zynismus sagte: »Das einzig Bemerkenswerte am Leben dieses Pharaos war, dass er starb und begraben wurde.«

Das Leben von Tut-ench-Amun spielte sich in der Amarna-Kultur ab, einer der ungewöhnlichsten Epochen der ägyptischen Kultur, seine

Herkunft ist aber bis heute ein Rätsel. Es gibt verwickelte Forschungen über seine Vorfahren, keiner kann dazu aber Genaues sagen. Mit ziemlicher Sicherheit aber ist er ein sehr enger Verwandter von Echnaton, des Gemahls der legendären Nofretete. Vielleicht war Tut-ench-Amun ein illegitimer Sohn dieses Pharaos oder aber sein Bruder – für die enge Verwandtschaft spricht die Identität der seltenen Blutgruppe A2, Untergruppe MN. Der Serologe Dr. Conolly konnte sie 1959 aus einer Gewebeprobe des Tut-ench-Amun bestimmen. Sie deckt sich mit der einer Mumie, bei der es sich anscheinend um Echnaton handelt.

Echnaton ist ein ägyptisches Kapitel für sich, und um die Hintergründe von Tut-ench-Amuns Tod und seinem Fluch zu verstehen, sollten wir uns nicht zuletzt ein paar Wesenszüge dieses ungewöhnlichen Menschen einmal kurz ansehen. Echnaton war der Sohn von Amenophis III., hieß also konsequenterweise ursprünglich Amenophis IV. Er griff bald – im fünften Jahr seiner Regentschaft – die Religion des Sonnengottes Aton auf und erklärte ihn zum einzigen, alleinigen Gott. Niemanden anderen betete er an. Und er drückte diese Ketzerei sehr deutlich durch einen Namenswechsel aus – Amenophis IV. wurde zu Ech-n-aton. Außerdem zog der als Mystiker und Träumer bekannte Pharao vom traditionellen Zentrum der Amun-Verehrung, der prunkvollen Metropole Theben weg, ins dreihundert Kilometer nördlich gelegene et-Tell el-Amarna, wo er Achet-Aton, den »Horizont des Aton« als neue Hauptstadt einer neuen Religion gründete.

Der meiste Teil von Echnatons Leben hüllt sich in ein mystisches Dunkel. Wir wissen über ihn auffallend wenig. Das liegt auch daran, dass seine Nachfolger sehr darum bemüht waren, all sein Andenken radikal auszulöschen. Wieder so eine Vernichtung von Schriftzeugnissen, wie sie wohl immer dann vorkommt, wenn die Angst vor der Macht eines anderen zu groß wird!

Als Theodor Davis, jener Archäologe, der Howard Carter die Grabungskonzession abtrat, 1907 im Tal der Könige ein neues Grab entdeckte – später als »Grab 55« aufgelistet –, wunderte er sich nicht schlecht. »Grab 55« war unversehrt geblieben, das Siegel war nicht verletzt worden. Dieses Grab ist jene eine Ausnahme eines Grabes, das außer desjenigen des Kind-Pharaos nie geplündert wurde. Verwunderlich aber war weit mehr die Tatsache, dass die Pharaonen-Mumie, die Davis fand, keine goldene Maske trug, was eigentlich den Gepflogenheiten entsprochen hätte. War das Grab doch beraubt worden? Aber es gab keine

Spur eines gewaltsamen Eindringens. Niemand konnte die letzte Ruhestätte dieses Pharaos nach der Versiegelung noch betreten haben.

Seltsam bis ungewöhnlich!

Der geheimnisvolle Tote in »Grab Nummer 55«

Davis versuchte herauszufinden, wer hier begraben war. Doch nirgends in der Gruft gab es einen Hinweis darauf. Die Wände trugen keine Zeichen, und ehemalige Inschriften auf einzelnen Gegenständen waren entfernt worden. Nichts mehr davon zu sehen.

Ungewöhnlich bis unerklärlich!

Auffallend war auch, dass sämtliche der üblichen Totengötter durch Abwesenheit glänzten. Dafür lagen ein paar Gegenstände herum, darunter bestimmte Amulette, die zumindest *eine* Information lieferten: Wie es schien, war an dem Toten nicht die übliche Beerdigungs-Zeremonie durchgeführt worden, sondern viel mehr eine Art Exorzismus!

Unerklärlich bis erschreckend!

Wer lag hier?

Möglicherweise war es der »Ketzerkönig«, Echnaton selbst. Sein Leichnam wurde in eine Gruft verbannt, in der es keine Göttervielfalt gab. Er sollte namenlos in die Ewigkeit eingehen. Und nachdem der Exorzismus an ihm durchgeführt worden war, verschlossen die Priester das Grab auf alle Zeit, auf dass der aufrührerische Geist des gehassten Pharaos nie mehr Unruhe stiften würde. Die Geschichte um Grab Nummer 55 ist allerdings verwirrend und bis heute noch nicht geklärt. Ägyptologen sagen, dass dieses Grab ein Scheingrab der Königin Teje war, in das später der jung verstorbene, mysteriöse Semenchkarê gelegt wurde. Anatomische Altersbestimmungen der Knochen der Mumie aus dem Grab deuten auf ein Alter von höchstens fünfundzwanzig Jahren. Das wäre zu wenig für Echnaton. Eine sehr enge Verwandtschaft zu Tut-ench-Amun muss auf jeden Fall bestanden haben, dafür sprechen Analysen des Blutes. Auch rein äußerlich stellten die Forscher eine deutliche Ähnlichkeit zu Tut-ench-Amun fest, nicht zu Echnaton. Doch wird ohnehin ja oft vermutet, dass alle drei – Tut-ench-Amun, Echnaton und Semenchkarê – Brüder waren. Interessant ist, dass einige wenige Grabbeigaben in Tuts Grab tatsächlich Reste vom Namenszug des Semenchkarê tragen. Auch das ist ein Hinweis auf eine mögliche »Plünderung« dessen Grabes und natürlich auch für den unerwarteten Tod von Tut-ench-Amun. Es würde auch die hohe Bedeutung belegen, die seinerzeit dem blutjungen Pharao beigemessen wurde!

Unverständlich ist aber, warum an der Mumie aus Grab 55 ein Exorzismus durchgeführt worden sein soll, wenn es sich *nicht* um Echnaton handelte. Im übrigen ist auch unverständlich, warum dann keine Götter an den Wänden abgebildet sind. Noch komplizierter wird die Geschichte dadurch, dass der Sarg aus Grab Nummer 55 in seiner Ausgestaltung nur für eine *Prinzessin* bestimmt gewesen sein kann. Dafür käme die älteste Tochter Echnatons in Frage, Meritaton, die Gattin Semenchkarês. In der Tat ganz schön verwirrend, wohinter aber möglicherweise sogar eine tiefere Absicht steckte. Ob wir jemals die wahren Hintergründe erfahren? Ob Echnatons Leichnam erst noch gefunden werden muss?

Die magische Macht des Echnaton, unter dessen Herrschaft das Reich zwar verfiel, Kultur und Wissenschaft aber blühten, muss sehr groß gewesen sein. Nur nutzte sie dieser ungewöhnliche Mensch nicht zur Unterdrückung. Er war kein Tyrann. Echnaton hatte die massenweise Freilassung von Sklaven angeordnet und andere sehr humane Erlässe verabschiedet, immerhin so viel ist noch aus einigen kläglichen Überresten alter Inschriften zu erfahren. Die Frage ist dann aber, weshalb er sonst über den Tod hinaus so sehr gefürchtet wurde!

Es war wohl sein ungeheures Wissen über sehr alte Geheimnisse.

Übrigens, noch heute wird Echnaton verblüffenderweise von vielen Ägyptologen sehr negativ dargestellt. Auffallend ist, dass Echnaton als erster den Monotheismus in Ägypten einführte. Von nun an wurde nur noch *ein* Gott offiziell verehrt – Aton. Dieser Gott führt wieder zurück zum eigentlichen und ersten göttlichen Wesen, dem Gott Atum von Heliopolis, der die Große Neunheit in sich vereint. Ein anderer Mann, von dem wir wissen, dass er den Monotheismus im Nahen Osten einführte und zur Zeit des Echnaton lebte, ist niemand anderes als Moses – dessen letzte Ruhestätte nie gefunden wurde. Es gibt viele Verbindungen zwischen Moses und Ägypten. Das fängt schon beim Namen an. »Moses« heißt »geboren von«. Bei den Pharaonen kommt dieser Namensteil häufig vor. Hinter Thutmosis verbirgt sich Thothmoses – »der von Thoth Geborene«. Ramses ist Rameses oder Ramoses – »der von Ra Geborene«. Es gibt viele andere Beispiele.

Moses selbst, der (von niemandem?) Geborene, war zweiundzwanzig Jahre lang ägyptischer Priester – übrigens: eine für die Freimaurer sehr wichtige Zahl! – darin besteht kein Zweifel.

Der Ägyptologe Sir Wallis Budge, der wegen seines besonderen Interesses für Mumienschädel von den Arabern auch »Abu Arra'wus« – »Vater der Schädel« genannt wurde, erklärte sogar, dass die Wunder des Moses jenen geheimnisvollen Weisen nicht nur als ägyptischen Priester auszeichneten, sondern als einen Magier des höchsten Ranges. Für Budge ist nicht ausgeschlossen, dass Moses ein *Ker Heh* war, ein ägyptischer Hohepriester. Das bestätigen auch die Worte des Manetho, selbst ägyptischer Hohepriester im dritten Jahrhundert vor Christus: »Moses, Sohn des Stammes Levi, erzogen in Ägypten und eingeweiht in Heliopolis, wurde ein Hohepriester der Bruderschaft unter der Regentschaft von Pharao Amenophis – Echnaton.« Und im siebten Kapitel der Apostelgeschichte können wir unter Vers 22 – ausgerechnet 22! – nachlesen: »Und Moses wurde unterwiesen in aller Weisheit der Ägypter, und er war mächtig in seinen Worten und Taten.«

Interessant, dass das Wort »Ägypten« in der Bibel insgesamt sechshundertachtzig Mal vorkommt, das Wort Israel in ägyptischen Texten aber nur ein einziges Mal. So fuhr die Weisheit in diesem Fall also offenbar auf einer Einbahnstraße – was die Intelligenz der Israeliten allerdings keineswegs schmälert, sondern eher einen chronologischen Aspekt erhellt!

Die ägyptischen Wurzeln der christlichen Religion sind jedenfalls unbestreitbar. Die heilige Trinität findet sich im Bild des dreimal großen Hermes – Thoth; die Auferstehung nach drei Tagen entspricht dem Grundmuster alter Einweihungsriten; in der aus Ägypten stammenden Dogon-Überlieferung des All-Gottes *Amma* wird dessen Repräsentant *Nommo* ans Kreuz geschlagen; noch heute beenden wir jedes Gebet mit dem Wort

»Amen«, was aus *Amun* heraus entstanden ist. An ihn erinnert natürlich auch *Amma*.

Mit den engen Verbindungen zwischen Ägypten und Moses, über den die alten Lehren an die Juden weitergegeben wurden, befasste sich in den dreißiger Jahren des 20. Jahrhunderts auch der berühmte Psychoanalytiker Sigmund Freud. In seinem Werk über Moses und den Monotheismus macht er seine Leser neben anderen Zusammenhängen darauf aufmerksam, dass »Adonai« als jüdischer Name für »Gott« zu »Aton« wird, wenn man die Buchstaben ins Ägyptische überträgt. Auch das aus Hygienegründen erstmals in Ägypten praktizierte Ritual der Beschneidung nahm dieselbe Einbahnstraße – aus dem Land der Pharaonen zu den Hebräern. Freud erklärte, dass Moses ein Ägypter am Hof von Echnaton gewesen sei. Der Autor Ahmed Osman ist sogar überzeugt, dass Moses und Echnaton in Wirklichkeit *ein und dieselbe* Person waren. Das lässt sich (noch) nicht beweisen. Doch dass die Verbindung zwischen Echnaton und Moses sehr eng gewesen sein muss, darüber gibt es keinen Zweifel. Echnaton musste in jedem Fall auch tief in die uralten Geheimnisse eingeweiht gewesen sein, viel tiefer als jeder andere. Er war der einzige Pharao, der noch die Schlüssel zum alten Wissen besaß. Und sie waren auch die Schlüssel zu seiner Macht ebenso wie zu jener Furcht, die er bei vielen auslöste.

Nach dem Tod des Echnaton folgte ihm Tut-ench-Aton als knapp Zehnjähriger auf den Thron.

Nofretete hatte nur Töchter gehabt, Tut-ench-Aton wurde durch die Heirat mit einer von ihnen, Anchesenpaton, zum Herrscher. Wenn er wirklich ein illegitimer Sohn von Echnaton war, heiratete er demnach nun seine Halbschwester in sehr jungen Jahren. Jetzt befand sich ein Kind auf dem Thron Ägyptens. Offenbar war das ganz im Sinne der mächtigen Befehlshaber, denn ein Kind war sicher nicht imstande, das Land wirklich zu regieren. Im Alter von dreizehn Jahren änderte der Pharao seinen Namen in Tut-ench-Amun und legte damit den als ketzerisch verfemten Aton-Kult ab. Tuts Gemahlin Anchesenpaton (manche vermuten, der alttestamentarische Name *Asenath* sei eine verstümmelte Form davon und mit ihr identisch) wurde zu Anchesenamun.

Wie es scheint, kehrte Tut-ench-Amun seinem Vorgänger und dessen Kult ganz entschieden den Rücken. Nur ist anzunehmen, dass diese Handlung nicht von ihm selbst ausging, sondern wahrscheinlich unter dem immer stärker werdenden Druck der mächtigen Priesterschaft und auch der Generäle wie Eje (Ay) und Haremhab, die später seine Nachfolge antraten. Die alten Verhältnisse sollten wieder hergestellt und Tut-ench-Aton/Amun so sehr wie nur möglich von der geheimen Lehre des Magiers Echnaton ferngehalten werden. Was spricht für diese Behauptung?

Zuerst kann man wohl mit ein bisschen gesundem Verstand annehmen, dass der junge Pharao zum Spielball der reaktionären Kräfte werden musste. Doch gibt es echte Hinweise. Einer fiel Howard Carter auf, als er das Grab öffnete und die Gegenstände noch so gelagert waren, wie man sie vor über dreitausend Jahren dort zurückgelassen hatte. In seinen Aufzeichnungen wundert sich Carter über das Arrangement des Thronsessels: »Die Königsnamen werden merkwürdigerweise hier beide verwendet. An einigen Stellen ist der Name Aton ausgemerzt und durch Amun ersetzt, während an anderen der Name Aton unverändert stehen geblieben ist. Zumindest ist es seltsam, dass ein Gegenstand, der derart ketzerische Zeichen auf sich trug, offen in diesem Bollwerk des Amunglaubens beigesetzt wurde. Es mag vielleicht nicht ohne Bedeutung sein, dass gerade auf diesem Teil des Thrones Reste eines leinernen Überzugs lagen. Und es könnte so erscheinen, als ob Tut-ench-Amuns Rückkehr zum alten Glauben nicht aus einer echten inneren Überzeugung heraus stattfand.«

Seltsam ist auch, warum Tut-ench-Amun mit geschorenem Haupt beerdigt wurde. Die alten Ägypter waren fasziniert von Frisuren und Haarpracht, und in einem Spruch des Totenbuchs heißt es beschwörend: »Mein Haar wird mir nicht geschoren!« Selbst der Mumien-Experte Ange-Pierre Leca, der sich ansonsten bekanntlich über kaum etwas wundert, gibt zu: »Niemand versteht, warum er nach der Tradition der Hohenpriester rasiert und nicht wie alle anderen Pharaonen mit all seiner Haarpracht einbalsamiert wurde.«

Viele Ausnahmen und Widersprüche umgeben das Leben und Sterben des Tut-ench-Amun. Mit hoher Wahrscheinlichkeit starb er eines unnatürlichen Todes. Darauf deutet eine Verletzung an der linken Seite seines Kopfes hin, die zu einer Gehirnblutung führte. Wahrscheinlich wurde Tut-ench-Amun ermordet. Eje war versessen auf den Thron, ebenso Haremhab, deshalb wohl durfte der junge König nicht mehr lange leben. Aber: Fürchtete man Tut-ench-Amun nach seinem Tod nun mehr als je zuvor? Fürchtete man ihn als eingeweihten Nachfolger des Echnaton und damit als Bewahrer eines uralten Wissens? Fürchtete man seine Rache und die magischen Kräfte doch so sehr, dass man ihm wie einem

Hohepriester den Kopf rasierte? Zerstörte man auch deshalb sein Grab nicht, weil Tuts Schein als Amun-Anhänger zumindest nach außen hin gewahrt war und man sich nicht den Zorn der Urgötter zuziehen wollte, in Form eines gewaltigen Fluchs? Wer wusste denn noch von den verborgenen Kräften, die mit den fünf Sinnen nicht zu erfassen waren? Und war es vielleicht niemand anders als die Witwe Anchesenpaton/-amun, die ihrem früh und unerwartet verstorbenen Gemahl noch eilig ein kleines Tontäfelchen mit dem Fluchspruch ins Grab legte?

Die, freiweg zugegeben, spekulativen Fragen spiegeln zumindest deutlich wieder, wie rätselhaft alles ist, was diesen Pharao umgibt. Dazu fällt mir ein: In seinem Buch über Moses bezeichnet sich Freud als »den, der Undenkbares denkt«. Dieser Formulierung will ich mich gerne anschließen. Manchmal ist es schlichtweg nötig, Undenkbares zu denken!

Auch das endgültige Schicksal von Tut-ench-Amuns Gemahlin Anchesenamun ist unbekannt. Sie hatte den Hethiterkönig Schuppiluliuma in Karkemisch um einen seiner Söhne als Nachfolger für den ägyptischen Thron gebeten. Ein beispielloser Akt der Verzweiflung! Misstrauisch sandte der König erst einmal seinen Minister Hattu-Zitisch nach Ägypten, der sich von der echten Not der Anchesenamun überzeugte. Schuppiluliuma war daraufhin bereit, einen Sohn auszuwählen. Der skrupellose Haremhab – der die ganze Aktion in seiner hohen Position natürlich von Anfang an brühwarm mitbekam – sorgte aber dafür, dass dieser Prinz, Zannanza, noch auf der Reise nach Ägypten ermordet wurde, woraus eine bittere Feindschaft zwischen den Hethitern und den Ägyptern erwuchs. Anchesenamum musste nunmehr den alten Eje heiraten, der darauf vier Jahre lang als Pharao regierte. Als er starb, nutzte Haremhab die Gunst der Stunde und ernannte sich zum neuen König. Er heiratete eine Schwester der Nofretete. Was aus Anchesenamun wurde, kann niemand sagen.

Haremhab, der nicht königlichen Geblüts war, zeigte sich unerbittlich gegenüber allem, was an seine Vorgänger erinnerte. Die Jahre seiner Herrschaft über Ägypten mehrte er künstlich, indem er einfach die Zeit der »Ketzer« – für ihn waren das Echnaton ebenso wie Tut-ench-Amun und Eje – dazu zählte. So löschte er sie alle auch noch mehr aus dem Gedächtnis der Zeit. Im übrigen ließ er Namen und Bildnisse von Tut-ench-Amun überall wegmeißeln, wo sie nur auftauchten. Nur das Grab des jungen Pharaos tastete er nicht an. Dafür findet auch die führende französische Amarna-Expertin Christiane Desroches-Noblecourt,

Direktorin der Ägyptischen Abteilung im Pariser Louvre, keine Erklärung: »Bei aller untadeligen Logik beging dieser König [Haremhab, Anm. d. Verf.] nur einen Fehler: Er unternahm zwar alles, um Tut-ench-Amun … aus der Geschichte zu streichen, ließ aber unverständlicherweise das Grab nicht plündern.«

Der schon erwähnte deutsche Autor Philipp Vandenberg ergänzt dazu in schlichter Logik: »Diese Frage hat in der Tat die Ägyptologen schon mehrfach beschäftigt. Es gibt keinen einsichtigen Grund dafür, dass Haremhab all das, was an König Tut erinnerte, in Grund und Boden stampfte, seine Grabstätte jedoch unversehrt ließ. Das verwundert um so mehr, als damals ja jeder wusste, mit welchen Schätzen der so jung verstorbene Pharao bestattet worden war. Und Haremhab hatte nie in seinem Leben eine Gelegenheit ausgelassen, den Reichtum seiner Schatzkammern zu vermehren. Die Priester hatte Haremhab auf seiner Seite, sie konnten dem rigorosen Pharao kaum ein Verbot auferlegt haben. Nein, es gibt für diese Zurückhaltung Haremhabs nur eine Erklärung: Das Grab war, bevor es verschlossen wurde, von den Priestern mit geheimnisvollen Kräften gesichert worden, die nicht mehr zerstört werden konnten. Der Fluch hätte sonst einen Pharao selbst getroffen.«

9.

Raum-Zeit-Schleusen

Zeit, Zeitlosigkeit und Ewigkeit – Begriffe, wie sie aus dem alten Ägypten nicht wegzudenken sind! Sie sind auch mit dem allgegenwärtigen Chepner-Käfer eng verbunden, dem Skarabäus. Dieser Käfer galt den Ägyptern als Symbol für die Schöpfung aus sich selbst heraus. Er erinnerte sie an die Entstehung des Universums und des Urschöpfers, der in Heliopolis verehrt wurde. Der Skarabäus war Sinnbild eines Zyklus der Zeiten und stand für die ewige Wiederkehr.

An einer der Halsketten von Tut-ench-Amun hing ein ganz besonderer Skarabäus. Er bestand aus einem ultra-reinen Glas. Mit einer Güte von achtundneunzig Prozent war es fast so rein wie die besten Gläser, die heute in hochtechnisierten Labors künstlich hergestellt werden können. Die Entstehung des Glases aus dem Tut-ench-Amun-Grab ist immer noch ungeklärt. Es scheint aus einer rätselhaften Region rund siebenhundert Kilometer westlich des Tals der Könige zu stammen. Dort, in der libyschen Ostsahara, finden sich bis zu einige Pfund schwere Brokken dieses klaren, grünlich-gelben Glases auf einem Gebiet von achtzig Kilometer Länge und bis fünfundzwanzig Kilometer Breite. Das mysteriöse »libysche Wüstenglas« enthält auffallend viel Iridium, ein seltenes Metall, das in Kometen und anderen Körpern aus dem All häufiger vorkommt als auf der Erde. Demnach stammt das Glas aus dem Weltraum. Forscher haben überlegt, ob es bei einem Meteoriteneinschlag entstanden ist. Es gibt ja so einige Orte auf der Erde, bei denen Meteorite beim Aufprall ausreichend Hitze produziert haben, um das Gestein dabei zu glasigen Klumpen zu verschmelzen. Aber, nirgends ist dieses Glas auch nur annähernd so rein wie in der Wüste von Libyen. Sein Ursprung bleibt rätselhaft. In Tuts Grab wurden auch einige Gegenstände aus Meteoreisen gefunden, zum Beispiel ein Dolch. Sollen diese Funde auf ein kosmisches Urwissen hindeuten, vielleicht auf das Wissen, dass der verhasste Echnaton an seinen Nachfolger weitergegeben hat? Tut-ench-Amuns Haupt ruhte auf einer Kopfstütze aus geschmiedetem Eisen. Die Totenbücher der 18. Dynastie schreiben der Kopfstütze eine besondere magische Bedeutung zu. Über sie soll der Pharao aus seiner Ohnmacht erwachen, in der er darniederliegt. Und weiter besagen die Texte: »Besiege deine Feinde, triumphiere über alles, was sie gegen dich getan haben!« Auch diese Aussagen erinnern sehr an den Fluch.

In der eher okkulten Literatur gilt der so ungewöhnliche Begründer der Aton-Religion, Echnaton, selbst sogar als *außerirdischer* Lehrmeister, der als »Wesen des Christus-Bewusstseins« auf die Erde geschickt wurde und vom Sirius kam. Das bringt uns wieder in die Nähe von Moses und, nicht zu vergessen: auch in die Nähe von Nommo. Im Gefolge der Prophezeiungen von Edgar Cayce waren es die geistigen Führer von Atlantis, die Echnaton nach Ägypten schickten, worauf der »außerirdische Pharao« – so nennt ihn der Autor Daniel Blair Stewart – dreihundert weitere Personen oder Wesen in das verlorene Wissen einweihte. Es sollen Unsterbliche gewesen sein, die der Brüderschaft von Thoths Sohn angehörten und alle Zeit in unterirdischen Städten der Großen Pyramide gelebt hatten. Unterirdische Städte?

Einige Quellen sprechen davon, dass die Pyramide, wie wir sie sehen, nur die halbe Wahrheit ist. Und das ganz beim Wort genommen. Ihre Form entspricht einem durch die quadratische Mittelfläche halbierten Oktaeder, einem aus acht genau gleichen Seitenflächen zusammengesetzten Körper – und damit einem der fünf magischen *regulären Körper*. In die Erde soll sich die Konstruktion weiter erstrecken, in Form einer auf dem Kopf stehenden zweiten Pyramide, die das Oktaeder komplett macht. Diese Form spielt in der Technik des zu Anfang des Buches angesprochenen Raum-Zeit-Experiments seltsamerweise eine bedeutsame Rolle, auf die ich zurückkommen werde, wenn sich der Kreis schließt. Die Beschreibung einer umgedrehten Pyramide unter der Pyramide, mit geheimen Kammern, darunter möglicherweise auch die »Halle der Aufzeichnungen«, erinnert auch ein wenig an die »enthaupteten Feinde des Osiris«, die »in einer auf dem Kopf stehenden Welt umherirrten«, wie sie Albert Champdor in seiner rauschhaften Schilderung der ägyptischen Gräberwelt beschreibt.

Die Errichtung pyramidenförmiger Strukturen ist eng mit dem Zeit-Phänomen verbunden – ob nun in einem eher esoterischen oder aber praktischen Sinn. War es das, was der arabische Dichter Umara el Jamani vor Jahrhunderten eigentlich meinte, als er schrieb: »Es gibt kein Bauwerk unter dem Himmel, das an Vollendung jenen Pyramiden von Ägypten gliche! Sie sind Bauten, vor denen sogar die Zeit Furcht zeigt, wo doch sonst alles in der sichtbaren Welt die Zeit fürchtet!«

Die Pyramiden, aber auch die alten ägyptischen Tempel scheinen einen Weg zu bieten, die Zeit zu beherrschen und zumindest *geistig* zu überbrücken. Dafür sprechen die unzähligen visionären Ereignisse dort. In der Großen Pyramide fanden *Einweihungsrituale* statt, Menschen verschiedenster Zeiten kamen darüber in Kontakt mit Urgöttern und fremden Wesenheiten …

… Ja, ich höre schon die Skeptiker lauthals buhen! Gut, dann sagen wir, zur nächtlichen Beruhigung jener Kinder der Angst, es waren sehr persönliche Erfahrungen und subjektive Realitäten. Aber, ändert das *wirklich* etwas daran? Ich glaube nicht. Denn diese Begebenheiten brachten jedem dieser Menschen unerwartete Informationen, an die sie oder er andernorts nie gelangt wäre. »Irgendetwas« *wirkt* dort und beeinflusst den *Geist*. Die Pyramiden und ihre Verwandten verstärken Signale, seien sie aus dem Unterbewussten, aus einer anderen Zeit, einer anderen Dimension oder dem alles vereinenden morphogenetischen Feld. Sie sind geistige Sternentore von Raum und Zeit. Wie war das mit den Pyramidentexten, in denen ohne vorgehaltene Hand davon die Rede ist, dass die Ägypter eine geheime Technik kennen, ihren Göttern oder Gott zu begegnen – ob nun tot oder aber auch »nur« außerhalb des eigenen Körpers –, um auf diese Weise zumindest etwas An*teil* an deren Wissen zu bekommen! Und wie war das mit der mysteriösen *Mer-Ka-Ba*?

Die Merkaba taucht in der ersten Epoche jüdischer Geheimlehren auf, beginnend im 2. Jahrhundert vor Christus, um dann als Begriff über ein Jahrtausend überliefert zu werden. Dabei dreht sich in dieser »Merkaba-Mystik« alles um das ungewöhnliche Gefährt, das dem Bibel-Propheten Ezechiel (Hesekiel) mehrfach begegnet ist und von einigen »Ketzern« heutzutage als Raumfahrzeug rekonstruiert wurde – dank der schon fast übertrieben genau wirkenden Beschreibungen des Propheten. Und wer nicht gerade Tomaten vor seinen Augen züchtet, sollte bei dieser Neu-Interpretation auch nicht gleich rot sehen, sondern wenigstens einmal ins leichte Grübeln geraten!

In den *Hechaloth*-Büchern ab dem Ende des 4. Jahrhunderts finden sich dann in Verbindung mit der Merkaba sehr interessante Berichte. Da geht es darum, wie die Mystiker »heilige Hallen des Himmels« betreten, eben jene *hechaloth*, in denen der Thron Gottes steht. Vor allem aber bemerkenswert sind die Hinweise auf eine durch Vorbereitungen und Übungen erwirkte Himmelsreise in eine transzendentale, göttliche »Lichtwelt«.

In der Mystik wird das Wort *Mer* als eine Kombination von gegenläufig rotierenden Lichtfeldern verstanden. *Ka* umschreibt den Geist und *Ba* das körperliche Element. Was wir hier haben, können wir auch als Symbol für die Trinität, die Dreiheit, ansehen und damit indirekt als andere Erscheinungsform von Thoth, dem dreimal großen Hermes und Baumeister der Pyramiden. Dabei sollten wir nicht vergessen wie die Pyramiden von den alten Ägyptern genannt wurden – *Mer!*

Wir sehen, immer wieder kommt alles auf erstaunlichen Wegen zusammen. Was Thoth oder Tahuti angeht, sollte ich vielleicht auch einige Wort-Verwandtschaften nicht vergessen. Thoth stieß zur Achtheit hinzu. Deren Stadt, Hermopolis, wurde auch die »Stadt der Achtheit« genannt – *Chemenu* oder *Khemenu*, ich hatte das schon erwähnt. Interessanterweise leitet sich im Arabischen aus Khem die Bezeichnung »Alchemie« für geheime magische Künste ab. »Al khem« bedeutet soviel wie »aus Khem«. Und Khem allein steht für Ägypten. »Alchemie« bedeutet also: »aus Ägypten«!

Schnell noch ein Namensvergleich und eine geographische Seltsamkeit: Ist es nicht bemerkenswert, dass wir, könnten wir von Ägypten aus ein Loch mitten durch die Erde und bis auf ihre andere Seite bohren, dort dann bei einer Insel herauskommen würden, die *Tahiti* heißt? Kein Ort liegt Ägypten ferner, und doch liegt ein Vergleich mit *Tahuti* so nahe!

Raum, Zeit und eine ungewöhnliche Magie verbinden sich im alten Ägypten in einer Art und Weise, dass es einfach glatter Unsinn wäre, bei all dem noch von reinem Zufall zu sprechen. Die Merkaba gilt als Raum-Zeit-Gefährt und wird durch zwei ineinander geschobene, zu einem dreidimensionalen Davidstern kombinierte Tetraeder (dreiseitige Pyramiden) symbolisiert. Die Form der Pyramiden selbst symbolisiert Zeit und Raum.

Okkulte Bücher liefern sehr viele und nicht nur spärliche Hinweise darauf, dass vor allem die Pyramiden ebenso wie der große Sphinx von Giseh mehrere verborgene *Zeitkapseln* mit geheimen Botschaften eines lange vergessenen Wissens enthalten. Zugegeben, ich stehe vielen dieser Hinweise skeptisch gegenüber, seien es Mitteilungen jenes Rats der Neun, wie er sich dem dubiosen Professor Puharich geäußert hat, über den noch so viel zu sagen wäre, seien es die damit ohnehin verbundenen Prophezeiungen von Edgar Cayce. Vieles hat sich nicht bestätigt, vieles steht auf wackligen Füßen. Aber, und das ist ein Rätsel für sich, letzten Endes werfen die aus den unterschiedlichsten Richtungen eintreffenden »Strahlen« ungewöhnlicher Informationen doch ein verblüffend einheitliches Bild auf unsere geistige Leinwand! Oder etwa nicht?

Und das geht nur, wenn auch wirklich »was dran« ist an der ganzen Geschichte. Und nicht zu vergessen: all jene Rätsel, die auf ganz direktem Wege aus Ägypten in unser Bewusstsein gedrungen sind! Die steinernen Denkmäler selbst, die alten Überlieferungen, die Hieroglyphen, die Funde der Ausgräber – sie alle sprechen zu uns, in einer wundersamen Sprache! Hier liegen sowieso noch ein paar funkelnde Eisen im Feuer, die ich Ihnen – zum einen, um es spannender zu machen, aber auch der »Ordnung« halber – erst in den nächsten Kapiteln vorstellen werde. Diese heißen Eisen ergeben eine interessante Flammenschrift. Betreff: das schon gelegentlich angedeutete große Interesse bestimmter geheimer Organisationen am Giseh-Komplex und anderen ägyptischen Monumenten sowie die Behinderung von allzu neugierigen unabhängigen Wissenschaftlern. Auch diese ungewöhnliche Betriebsamkeit in Ägypten wird belegen, dass wir mit unseren Vermutungen wohl doch die richtige Spur verfolgen. Denn jene bemerkenswerten Organisationen sind immer dort zu finden, wo es auch wirklich um etwas geht! Und ihre Beharrlichkeit bei der Sache belegt, dass sie nicht »nur mal vorsorglich« nachsehen, ob es da vielleicht etwas zu finden gibt.

Vorhin gerade habe ich Edgar Cayce erwähnt, dessen Aussagen ich nicht mit gutem Gewissen immer sofort für bare Münze nehmen würde. Aber, ich finde, wir würden wohl einen Fehler machen, sie unbesehen und unbesprochen zur Seite zu legen und zu vergessen. Dazu sind die Hintergründe viel zu wichtig und viel zu ungewöhnlich, als dass irgendwer wirklich entscheiden könnte, was ein echter Hinweis ist und was nicht. Ich will auch niemandem unrecht tun, denn Unrecht geschieht in dieser Welt leider überall schon zu oft.

Cayce sagt, dass in der rechten Schulter des Sphinx der Zugang zu den »Hallen des Schicksals« beziehungsweise der »Halle der Aufzeichnungen« zu finden sei, in denen die gesamte Geschichte unserer Erde enthalten sei, das heißt: auch die Geschichte ihrer Zukunft. Andere haben versucht, diese Prophezeiung durch die Regeln einer heiligen Geometrie zu belegen. Die Idee ist genauso kühn wie kurios. Ausgangspunkt ist eine besondere Spirale, die Fibonacci-Spirale, die auch bei biologischen Strukturen immer wieder vorkommt. Sie basiert auf Rechtecken, deren Kantenlängen im Verhältnis des berühmten Goldenen Schnitts zueinander stehen. Wenn Sie die Kanten ausmessen und dann die Zahl der längeren durch die der kürzeren teilen, muss dasselbe Ergebnis herauskommen, wie wenn sie die Summe beider Längen durch die längere Kante teilen. Das klingt komplizierter als es eigentlich ist. Der gewünschte Effekt tritt sofort ein, wenn die beiden Kantenlängen im Verhältnis der transzendentalen Zahl Phi stehen, also 1 zu 1,618033… hinterm Komma geht's ewig weiter und eigentlich passt alles nie bis ins Letzte, denn dazu müsste die Zahl auch im Unendlichen bestimmt sein. Egal wie, wichtig ist etwas ganz anderes. Wenn man die drei Giseh-Pyramiden als Bezugsmarken nimmt, kann man durch sie eine Fibonacci-Spirale ausrichten, dadurch ist auch ihr Ursprungspunkt bestimmt und die Lage all jener speziellen Rechtecke. Halbiert man das Rechteck, das das Giseh-Plateau voll umschließt, von Norden nach Süden und damit entlang der Rechtecks-Längsachse, dann läuft die Linie exakt durch den Kopf des Sphinx! Und verlängert man die Südkante der Chephren-Pyramide in Richtung Sphinx, liegt der Schnittpunkt mit der Nord-Süd-Linie genau an dessen rechter Schulter!

Diese geometrische Bastelei wirkt ziemlich künstlich. Interessant ist aber der Umstand, dass der Sphinx trotz aller Restaurierungs-Versuche vor allem an seiner rechten Schulter immer wieder aufbricht, fast, als ob er bald sein Geheimnis von selbst Preis geben oder gar loswerden wolle. Nehmen Sie mich da aber nicht zu wörtlich. Verschiedene »Seher« unserer Zeit haben ungewöhnliche Dinge über den Sphinx kundgetan. Unter seinem Kopf, der auch nicht mehr so besonders fest sitzt, soll eine Zeitkapsel in Form einer goldenen Kugel verborgen sein. Die Suche nach den verborgenen Hallen des rätselhaften Mischwesens soll von insgesamt 148 verschiedenen Personengruppen betrieben werden. Jede von ihnen setzt sich aus drei Mitgliedern zusammen. Jeder, der nicht zu den echten drei Auserwählten zählt, wird seine Suche mit dem Leben bezahlen. Drei Personen, die aus dem Westen kommen, sollen das Geheimnis lüften und, wenn sie einen ganz bestimmten Laut äußern, in die Kammern eindringen – entlang eines Felsenkorridors, der mit selbstleuchtender Luft gefüllt ist. Wenn die drei Richtigen diesem Gang folgen, finden sie an seinem Ende eine große Halle, in der die Beweise dafür liegen, dass die menschliche Kultur schon seit 5 ½ Millionen Jahren auf der Erde besteht.

Nicht übel! Das alles klingt wie in einem wüsten Abenteuer-Roman. Und es kommt noch besser. Direkt am Eingang zur Halle treffen die Drei

Der gewaltige Sphinx von Giseh, hier auf der letzten Aufnahme, die gemacht wurde, bevor man ihn von den Sandmassen befreite.

Diese moderne Aufnahme zeigt den Sphinx fast aus derselben Perspektive wie das vorherige Bild. Von der einstigen Romantik ist nicht mehr viel zu spüren, vor allem, seit die Gerüste der Restauratoren das Monument flankieren. In Giseh finden aber nicht nur Restaurations-Arbeiten statt. Der Pyramiden-Komplex und der Sphinx sind auch Ziel geheimer Aktivitäten zur Suche nach den geheimen Kammern des Wissens.

auf einen mächtigen Stein, auf dem jeder ein Bild von sich vorfinden wird, dazu seinen wahren Namen und genau das aktuelle Datum – also den Tag ihres Eintreffens in der Halle! In diesem verborgenen Tempel werden auf die drei Auserwählten jener Prophezeiung zufolge verschiedene Geheimnisse warten, die aus vielen verschiedenen Dimensionen stammen.

Wenn diese Behauptung stimmen sollte, wäre das mit der Aussage gleichbedeutend, den Schlüssel zur Überbrückung oder »Durchtunnelung« von Raum und Zeit in jenen Hallen zu finden.

Waren die alten Ägypter aber wirklich selbst in der Lage, Raum und Zeit zu *beherrschen?* Sicher klingt das jetzt komisch, aber diese Frage führt uns zuerst einmal wieder zu der Verehrung, die das geheimnisvolle Volk dem *Quadrat* entgegenbrachte!

Wie Sie ja wissen, ordneten die ägyptischen Schreiber die Hieroglyphen-Symbole möglichst quadratisch an, geradezu besessen von ästhetischem Empfinden. Im tieferen Sinne wurde diese Ästhetik geleitet von der Magie des Quadrats. Nicht umsonst sitzen die Götter und Pharaonen Ägyptens oft auf würfelförmigen Thronen und Thronsesseln. Sie halten die drei heiligen Szepter in ihren Händen – Peitsche, Krummstab und Anubisstab. Alle drei dienen einem gemeinsamen Zweck, der *Beherrschung*. Die Peitsche dient der Beherrschung des Körpers, der Krummstab derjenigen der Seele und der Anubisstab der Kontrolle der Gedanken – heute würden wir von *Mind Control* sprechen. In diesen Symbolen spiegelt sich übrigens auch die Dreiheit der Mer-ka-ba wieder. Und wie die Pyramide auf einer quadratischen Grundfläche ruht, so ruht der Gott-Pharao (nebenbei bemerkt: *Pharao* bedeutet »Großes Haus«!) auf der quadratischen Sitzfläche des Würfelthrons. Er symbolisiert die vollständige Beherrschung der irdischen Natur und damit auch diejenige von Raum und Zeit.

Als Paul Brunton, dessen unheimlichen nächtlichen Pyramiden-Besuch ich schon ausführlich geschildert habe, den rätselhaften Tempel von Abydos aufsuchte, begann er, über einige interessante Querverbindungen nachzudenken. Er machte sich Gedanken über die Darstellung des Gottes Horus auf seinem quadratischen Thron, um dessen unteren Rand herum eine Kette der allgegenwärtigen Ankh-Zeichen verlief, jener Henkelkreuze, die nach landläufiger Meinung Symbole des Lebens für die Ägypter waren. Brunton sah sie in einem etwas anderen Sinne aber als »Schlüssel zu den Mysterien« und als Symbole der Einweihung in das unsterbliche höhere Leben des Geistes.

Wie auch Brunton uns erklärt, haben die Freimaurer so manche Anregungen aus der ägyptischen Weisheit bezogen. Die rechtwinklige Form des Thrones fließt ebenfalls in ihre Philosophie ein. Sie übernahmen die Vorstellung des rechten Winkels als Zeichen der Aufrichtigkeit und des ehrenhaften Betragens *(im rechten Winkel handeln).* Und Brunton erinnert daran: »Die Freimaurerei besitzt eine längere Vor-Geschichte als viele unter ihren Anhängern glauben«, und belegt das mit einer sehr alten persischen Inschrift, die von den Freimaurern verwendet wird: »Füge dich nützlich ein; jeder Stein, der in die Mauer passt, liegt nicht im Weg!« Die Freimaurer übernahmen noch andere Symbole. Wir finden die ägyptischen Götter und Könige oft in einer sehr ausgewogenen Sitz-Position vor, absolut in sich selbst ruhend, geradezu steif in ihrem majestätischen Ausdruck. Ihre Haltung ist völlig aufrecht und symmetrisch zur Körperachse, die Hände liegen flach auf den Oberschenkeln; das Antlitz mit seinen entspannten, aber konzentrierten Zügen ist exakt nach vorne gerichtet, wobei der Blick des Eingeweihten in die Unendlichkeit zu reichen scheint – alles Hinweise auf das Idealziel einer völligen Beherrschung von Körper, Geist und Seele. »Dieser König bedeckte seine Sexualorgane mit einer dreieckigen, gegürteten Schürze, einem Kleidungsstück, das exakt dasselbe symbolisierte, wie die Schürze der heutigen Freimaurer«, beobachtet Brunton. »Demnach besitzt also diese Gestalt des Pharaos mit seiner Schürze, ..., ein ganz modernes Gegenstück in Gestalt eines Freimaurers des 20. Jahrhunderts, der sich in der Loge vom Stuhl dem Ritual unterzieht. Abydos war, als erster Sitz der Osiris-Verehrung, auch die erste Großloge der inneren geheimen Riten dieser Religion – das heißt, der Mysterien, Vorfahren der frühen Freimaurerei.«

Die Kontrolle über die Naturkräfte war eigentlich immer der zentralste Wunsch des Menschen. Denn, würde er diese Fertigkeit perfekt beherrschen, wäre er zu gottgleichen Aktionen fähig. Es gäbe keine Grenzen mehr. Das alte, verlorene oder zumindest *verborgene* Wissen der eingeweihten Ägypter umfasste augenscheinlich Kenntnisse, die ihnen Dinge ermöglichten, wie sie heute wieder jenseits des Machbaren liegen – sei es der Bau der Pyramiden oder die Erklärung der »magischen« Vorkommnisse im Bereich von Pyramiden und Tempeln, darunter auch Zeitanomalien, visionär wirkende Erscheinungen oder Prophezeiungen. Ich fasse das jetzt einmal alles vielleicht etwas schlampig unter einem *»geistigen* Eindringen in andere Dimensionen« zusammen. Ist es dieses Phänomen, das unter anderem auch die Freimaurer bewegt, noch heute in geheimnisvollen verdeckten Aktionen um die alten ägyptischen Bauwerke zu streifen?

Und wieder taucht das mysteriöse Abydos auf. Brunton erwähnt die komplett unzeitgemäßen Hieroglyphen des Deckenbalkens nicht, er scheint sie übersehen zu haben. Doch nicht allein der Deckenbalken gibt Rätsel auf. In der Nähe von Abydos wurde ein ungewöhnliches weißes Pulver gefunden, das identisch ist mit einer Substanz, die Ausgräber entdeckten, als sie den Sarkophag in der Großen Pyramide zum ersten Mal öffneten. In ihm befand sich eine größere Menge von kristallinem Pulver. Später fanden Wissenschaftler heraus, dass die Produktion dieser Substanz während sehr tiefer Trance beziehungsweise Meditation von der kleinen, aber für die Hormonproduktion unentbehrlichen Hypophysa cerebri ausgelöst wird, der Hirnanhang-Drüse des Menschen. Sie befindet sich ziemlich genau in der Mitte des Kopfes. Wie die Substanz von dort letztlich in großer Menge in den Sarkophag geraten konnte, ist eine gute Frage. Es gibt Menschen, die behaupten, es genauer zu wissen. Sie erklären, dass während der Einweihung die Eigenschaften der linken und rechten Gehirnhälfte – des »rechten und linken Auge des Horus« zu einer Einheit wurden. Also verschmolzen Analytik und Intuition, Denken und Fühlen, Herz und Verstand, wie auch immer wir wollen. Und genau dabei soll es passiert sein:

Die enorme Konzentration bewirkte die flutartige Ausschüttung eines speziellen Hormons aus der Anhangdrüse, das die Stirn in der Mitte, beim »dritten Auge« erreichte und es »öffnete«, wobei auch die Ausschüttung stattfand. Im Verlauf des Einweihungsrituals wurden auch die sechs weiteren Drüsen (die Schilddrüsen zu einer Drüse zusammengefasst) des innersekretorischen Systems so stark angeregt, dass das Bewusstsein des Betreffenden dadurch *»im rechten Winkel«* (!) bewegt wurde. Das war gleichbedeutend mit einem Austreten aus dem eigenen Körper. Man nannte es auch das »Öffnen des Großen Buches« und »Brechen der sieben Siegel« (der sieben Drüsen).

Der Fund des ungewöhnlichen weißen Pulvers im Granitsarg legt jedenfalls wieder einmal nahe, dass die Königskammer tatsächlich Initiations-Riten gedient hat. Die seltene Substanz wird heute im Britischen Museum in London aufbewahrt.

Die Große Pyramide und die Mysterien von Abydos sind auch noch anderweitig miteinander verbunden. In der Tempelstätte befindet sich das *Kenotaph* von Sethos I., also ein falsches Grab oder vielleicht auch Ehrengrab, so meint die Fachwelt. Es besteht aus mehreren Kammern, von denen der mittlere einem gewaltigen Sarkophag mit Satteldach ähnelt. Die Anlage ist von einem Wassergraben umgeben, der das Mittelschiff der Krypta vom übrigen Teil isoliert. Der in diesem Buch schon mehrfach zu Wort gekommene Paul Brunton besuchte auch diese Stätte und war sich absolut sicher, dass mehr hinter ihr stecken musste. Er vermutete die Verbindung zu einem geheimen unterirdischen Kanal zum Nil und erwähnt Herodot, der von einem jener Krypta sehr ähnlichen Raum unterhalb der Großen Pyramide sprach.

Für Brunton war klar, dass die Anlage in Abydos als Zentrum der Initiation diente. Ihre Konstruktion mit den geheimnisvollen, wassergefüllten Gräben erinnert auch an die Berichte über das »Linke Auge des Horus«, der zwölfjährigen ersten Hälfte jener Ausbildung auf dem Weg zum ägyptischen Adepten. Eine Prüfung zur Beherrschung der Angst bestand darin, in eine große wassergefüllte Grube in einem Tempel zu springen und in die Tiefe zu tauchen, einen schmalen Spalt entlang, hinunter in die Dunkelheit. Ganz unten tat sich ein Loch auf. Es führte hinein in ein von oben mit Licht durchflutetes Basin, in dem lauter Krokodile schwammen. Der Prüfling müsste zwischen ihnen hindurch nach oben steuern, um wieder aus dem Wasser auftauchen zu können. Wenn er dies tat, erwartete ihn dort ein Priester mit der Nachricht, die Prüfung *nicht* bestanden zu haben. Also musste der Anwärter alles wiederholen. Er musste wieder in das gefährliche Becken tauchen und einen neuen Weg – den richtigen – suchen. Wenn es ihm gelang, erneut unbeschadet unter den Krokodilen durchzuschwimmen, würde er nun nicht denselben Fehler begehen und nach oben aufsteigen. Im Gegenteil, er würde ein enges dunkles Loch unter sich finden, durch das er noch tiefer abtauchen könnte. Im Moment größter Angst musste er den Mut, den Willen und die Entschlossenheit aufbringen, sich in noch größere Tiefe und eine wahrscheinlich noch größere Gefahr zu begeben. Der Schacht führte in ein zweites Basin, viel dunkler als das mit den Krokodilen. In ihm konnte er von unten auch keine Wasseroberfläche erkennen, denn große, aus den Wänden hervorkragende Mauersteine hinderten den freien Blick. Doch der Adept hatte keine andere Chance, als aufzutauchen. Der bisherige Tauchgang und die gewaltige Anspannung hatte all seinen Atem verbraucht. Wenn der Adept sich zwischen den Steinen nach oben durchgeschlängelt hatte, stieß er durch das Wasser in einen luftigen Raum;

damit war diese Prüfung bestanden – die Ausbildungs-Methoden der alten Ägypter unterschieden sich also in ihrem Wesen nicht sonderlich von denen, wie sie heute bei den US-Elite-Truppen üblich sind, beispielsweise bei den Navy-SEALs, den See-Luft-Land-Sondereinheiten.

Interessant ist, dass ausgerechnet im Grab von Pharao Sethos I., des Erbauers jenes genauso heiligen wie rätselhaften Tempels von Abydos, auch einige der ausführlichsten Darstellungen eines bis heute rätselhaften Rituals gefunden wurden, das in vielen Details mit modernen medizinischen Methoden zur Wiederbelebung übereinstimmt – vielleicht waren sie gerade dort ja auch am nötigsten!

Gemeint ist das Mundöffnungs-Ritual.

Wenn ein Pharao starb, vollzog der Nachfolger diese Zeremonie an dem »Osiris«, also dem Verstorbenen, um damit dessen Organe wieder zurück in den Zustand völligen Funktionierens zu versetzen. Kurz: Es ging auch damals um Wiederbelebung. Wenn wir heute lockerer Lippe von der ägyptischen Mundöffnung sprechen, könnte es so wirken, als ob das gerade einmal eben ein kurzer symbolischer, religiöser Akt gewesen sei – halt Klappe auf und fertig! Kaum jemand denkt daran – schon gar nicht bildlich, plastisch, realistisch – dass die ganze Prozedur aus über hundert verschiedenen Handlungen bestand! In Worten: über *hundert!*

Vielleicht ist ja meine Phantasie irgendwann einmal zu kurz gekommen, aber ich kann mir beim besten Willen nicht vorstellen, dass das alles bloß ein lang*atmiger* »Mumienschanz« ohne realen Hintergrund war, zur allgemeinen Unterhaltung der Bestattungsgemeinde, nur weil es damals (wahrscheinlich) ja noch kein Fernsehen gab.

Ich glaube, wir Heutigen brauchen manchmal eher schon ein *Augenöffnungs*-Ritual, um den Geheimnissen der alten Zeit etwas aufmerksamer und aufgeschlossener zu begegnen! Und vor allem *aufgeschlossene* Fach-Mediziner betrachten die Grabmalereien geradezu kopfschüttelnd vor Verwunderung – oder sollte ich sagen: vor *Be*wunderung! Die dort abgebildeten Instrumente, die während der verwickelten Zeremonie gebraucht wurden, ähneln nämlich nicht nur oberflächlich jenen Geräten aus der Notfallmedizin, wie sie zur Wiederbelebung noch jetzt verwendet werden. Entweder verfügten die alten Ägypter also selbst zeitweilig über ein entsprechendes Wissen, das in späterer Zeit wieder verloren ging, oder aber sie schauten solche Prozeduren irgendwo sehr gründlich ab.

Die Beherrschung von Natur und Zeit äußert sich im übrigen ja gerade auch in der Einbalsamierung, wobei komischerweise die ältesten Mu-

Das Mundöffnungs-Ritual – auf diesem Grabgemälde wird es an Tut-ench-Amun (links im Bild als Osiris) von dem verräterischen Eje vollzogen. Diese Wandmalerei findet sich direkt über dem glasbedeckten Sarkophag, in dem der wohl berühmteste Pharao heute ruht.

mien oft die am besten präparierten waren. Auch hier scheint einiges Wissen verschütt gegangen zu sein. Und wir mit unserer famosen Kryonik, mit deren Hilfe sich zahlungskräftige Zeitgenossen nach ihrem Dahinscheiden mit speziellen Frostschutz-Mitteln auffüllen und in eiserne Eisbottiche eintopfen lassen! Zu Lebzeiten waren diese Menschen der bangen Hoffnung verfallen, irgendwann in unbestimmter Zukunft wiedererweckt zu werden! Sind wir mit diesen modernen Einmach-Mumien dem ewigen Leben auch nur einen Schritt näher gekommen als anno Tobak die Ägypter? In Wirklichkeit bauen wir mit diesem Unternehmen doch nichts weiter als ein paar zusätzliche Schneemänner! Aus den derart Eingeweckten werden sicher niemals Aufgeweckte. Noch bevor die hoffnungsfrohen Leichen ihre Konservendosen von innen sehen, haben sie schon das Verfallsdatum überschritten.

Aber das gehört nicht wirklich hierher.

Gerade habe ich mir noch einmal das Buch von Albert Champdor aus dem Schrank geholt. Mir ist nämlich eingefallen, dass darin noch einige sehr interessante Bemerkungen über die ägyptische »Magie« zu finden sind. Augenblick, ich suche nur die Stelle. Hier: »Die ägyptischen Zeitgenossen der fünfunddreißig Pharaonendynastien nämlich waren der Überzeugung, dass der mit dem *Ka*, seinem unsterblichen

Doppelgänger, erschaffene Körper nicht verfallen oder aber einer physischen Zerstörung im Grab zum Opfer fallen könne, sondern dass der an der Schwelle zum Jenseits niedergelegte Leichnam sich nach den Gesetzen der Metamorphose wandeln konnte … Wir verfügen heute nicht mehr über den Schlüssel zu diesen Mysterien. Wir sind heute genausowenig in der Lage zu erklären, was es mit dieser mysteriösen Verwandlung der Toten auf sich hatte, wie wir verstehen können, warum die Mauern des Amun-Tempels für all diejenigen durchsichtig wurden, die die ›magischen Formeln‹ kannten, die eine unglaubliche Wirkung besaßen.« Und in Klammern fügt Champdor noch die Anmerkung dazu: »Die magische Tätigkeit der Einweihungspriester vor viertausend Jahren muss uns Heutigen keineswegs lächerlicher oder fragwürdiger vorkommen als das Treiben der Physiker des 20. Jahrhunderts, denen es gelang, Materie zu spalten und Anti-Materie zu erschaffen. Diese Magie der eingeweihten Priester war der unsichtbare Strahl, der die Seelen in das führte, was wir heute Tod nennen«. Der zu Osiris gewordene Verstorbene »wird teilhaben am strahlenden Glanz des Morgensterns, und alle Pforten des Himmels werden sich vor ihm öffnen, denn er weiß die Zauberformeln zu sprechen, durch die sie sich in ihren Angeln drehen … Er wird mit den Unzerstörbaren verschmelzen, die seit Jahrtausenden umherschweifen.« Gerade wieder dieser letzte Satz ist doch wirklich bemerkenswert: Der Osiris erhält die Schlüssel, um mit ihnen die geheimen Pforten der Mysterien zu öffnen, und er verschmilzt mit den *seit Jahrtausenden umherschweifenden Unzerstörbaren*!

Damit geraten wir wieder in große Nähe des Urwissens und der geheimnisvollen Neunheit. Zu diesem Satz Champdors gebe es noch viel zu sagen. Er erinnert auch an merkwürdige Gerüchte über *neun* Orte auf der Erde, an denen Zeit-Anomalien auftreten und an denen sich Stationen oder Operations-Zentren eines obskuren Kollegiums von neun Eingeweihten befinden, die im Lauf langer Zeiträume nach einem Rotationsprinzip ausgetauscht werden. Wir fangen an, darüber zu sinnieren, ob sie die lenkende und leitende Kraft hinter den Informationen sind, wie sie Puharichs Gruppe vom »Rat der Neun« empfangen hat, der ja nicht mit den eigentlichen neun ägyptischen Urgöttern gleichgesetzt werden darf. Der legendäre Graf von St. Germain, seinem Ruf nach ein Zeitreisender, der seit Jahrhunderten als menschliches Rätsel durch die Jahrhunderte geistert, war, so heißt es, vor sehr langer Zeit ebenfalls ein Mitglied jenes Kollegiums. Er soll vor Tausenden von Jahren einen ägyptischen Hohepriester ermordet haben, dem er vorher allerdings noch das Geheimnis des ewigen Lebens stahl. Dann verschwand er und tauchte erst viel später zu verschiedenen Zeiten wieder auf, um gelegentlich zum Verräter einiger Geheimnisse des alten und ungeheuren Wissens zu werden. Es heißt, die neun Orte existieren noch heute auf diesem Planeten. An ihnen kommt es manchmal zu merkwürdigen Zwischenfällen, die aber nur das Aufsehen weniger Menschen erregen. An der deutsch-österreichischen Grenze findet sich einer der geheimnisvollen Orte, ein Berg mit einer marmornen Mauer und einem »Raum-Zeit-Tor«, durch das vor einiger Zeit drei Personen gegangen sind, die sich danach im alten Ägypten wiederfanden …

Natürlich kann das nach Auffassung des gesunden Menschenverstandes alles nicht der Wahrheit entsprechen. Steht aber nicht die Natur über diesem Verstand, ohne deshalb sogleich *unnatürlich* zu werden? Wir glauben in unserer ewig modernen Arroganz, heute bereits alles ausgeforscht zu haben und für alles eine wissenschaftliche Erklärung zu besitzen. Und wir gehen sogar soweit, all das, was nicht in den Rahmen unserer *Modellvorstellungen* der Wirklichkeit passt, als nichtexistent von der Hand zu weisen. Wir vergessen eben zu schnell, dass auch die beste Wissenschaft nie mehr als eben solche Modelle der Wirklichkeit bieten kann, niemals aber die Wirklichkeit selbst!

Die Schlüssel, um die geheimen Pforten der Mysterien zu öffnen, sind schon vor langer Zeit verloren gegangen, so sagt Champdor. Doch so mancher ist fieberhaft auf der Suche nach ihnen, andere behaupten, sie seien bereits in ihren Besitz gelangt und wieder andere versuchen, ihre Entdeckung zu verhindern – und damit auch den Zugang zur altägyptischen Weisheit.

10.

Verhinderte Wissenschaft

Einer der davon spricht, in den Besitz geheimnisvoller »Schlüssel« gelangt zu sein, ist Dr. James J. Hurtak, ein Mann, dem wir eine Art gespaltener Persönlichkeit zugestehen müssten, um ihm nur einigermaßen gerecht zu werden. Der Amerikaner Dr. Hurtak erweist sich als eine sehr ungewöhnliche Figur, die trotz ihrer Publizität eher im Hintergrund steht. Dieser amerikanische Orientalist spielt unter anderem buchstäblich eine Schlüsselrolle im Reigen der Neun und ebenso in den geheimen Aktivitäten auf dem Giseh-Plateau.

Der hochintelligente James Hurtak ist einerseits ein »typischer« Wissenschaftler, andererseits ein einflussreicher Mystiker ersten Ranges. Seine Kontakte sind hervorragend, sei es zu bedeutenden Wissenschaftlern, Geheimdiensten oder den wesentlichen Akteuren im ägyptischen Monopoli. Hurtak, der die Akademie für Zukunfts-Wissenschaften *(Academy for Future Sciences, AFFS)* gründete, arbeitete eng mit dem nicht weniger geheimnisvollen Dr. Puharich zusammen, in der Zeit, als Puharichs Kontakt zu den US- Geheimdiensten einen ausgeprägten Charakter besaß, um es einmal vorsichtig auszudrücken. Dr. Hurtak seinerseits erhielt Botschaften des »Rats der Neun«, der im Kreise Puharichs blühte, und wurde von dieser Gruppe bald zum geistigen Anführer erwählt. Der rätselhafte Orientalist behauptet, ihm seien 1973 bedeutende Informationen aus nichtmenschlicher Quelle zugeflossen: »Meine hauptsächliche Arbeit besteht darin, Informationen aus erster Hand weiterzugeben«, erklärte er wiederholt auf Kongressen. »Diese Information entstammt meiner persönlichen Erfahrung mit einer höheren Intelligenz im Jahre

1973, als mir vierundsechzig Schlüssel des Wissens übergeben wurden, die eine neue Erklärung der Evolution des Menschen von der biophysikalischen Ebene bis hin zur astrophysikalischen Ebene betreffen.«

Das klingt schon einigermaßen »abgedreht«! Später kommt er noch öfters auf seine Erfahrungen zurück. Eine Äußerung Hurtaks muss ich noch schnell zitieren, denn sie könnte auch für die ägyptischen Geheimnisse eine interessante Andeutung enthalten: »Im Jahr 1973, ich war damals Professor an der Universität von Kalifornien, erlebte ich einige paraphysikalische Erweckungen. Eine davon betraf die Superhelix und die Möglichkeit, dass das RNA-DNA-Modell ... in das Ringsystem des Saturn kodiert sei«.

Dr. Hurtak denkt an die molekulare Doppelspirale unserer Erbsubstanz und behauptet, dass ihm damals die Information gegeben wurde, der dünne und in sich verschlungene F-Ring des Saturn sei ein Abbild unserer Genstruktur. Auch nicht übel! Dieser Ring – er liegt am Rand der großen Ringe und wurde erst ziemlich spät entdeckt – wäre demnach das künstliche Produkt einer außerirdischen Kultur. Hurtak spricht davon, dass Amerikaner und Russen über zweihundert unbekannte Flugkörper auf Kurs zum Saturn beobachtet hätten und meint: »Wenn die Ringe des Saturn einen natürlichen Brennpunkt für eine außerirdische Intelligenz darstellen, die unser System besucht, um das Modell des Lebens zu betrachten, dann wäre Saturn ein einzigartiger Ort, um unser solares Evolutions-System zu beobachten ...«

Ehrlich gesagt, diesen Ausführungen kann ich mit Logik nicht mehr folgen. Interessant ist aber zweierlei. Lassen Sie mich dazu einmal gewissermaßen laut nachdenken. Einmal erwähnt Robert Temple – Sie wissen schon: der Hauptadvokat des Sirius-Rätsels – in der neuesten Auflage seines gleichnamigen Buches, dass die Nommo-Zivilisation das Sonnensystem nicht verlassen habe, sondern im Saturnsystem stationiert sei. Zum anderen kannten die Ägypter eine Hieroglyphe, die »Lebenszeit« bedeutete und einen spiralig gewundenen Doppelstrick darstellte.

Ich spekuliere: Könnte die Nommo-Zivilisation für die Schaffung des kuriosen F-Rings verantwortlich sein und sollte er wirklich ein symbolisches Abbild unserer Gene bedeuten? Damit wäre klar, dass die fremden Wesen stark am Bauplan unserer Gene interessiert sind. Und dann könnte auch die merkwürdige Metui-Hieroglyphe, jenes Lebenszeit-Symbol eine schwache Erinnerung an eine Lehre sein, die vielleicht von Thoth an die alten ägyptischen Priester vermittelt wurde. Unsere Lebenszeit ist übrigens tatsächlich an die Doppelspirale gebunden. Gen-Endstücke, von Forschern »Telomere« getauft, werden bei jeder Zellteilung verkürzt – dadurch läuft unsere innere Uhr wie bei einem Countdown gegen Null. Irgendwann sind die Enden so stark gekürzt, dass die Gene fehlerhaft werden oder gar nicht mehr funktionieren. Und wir beißen ins Gras.

Dr. Hurtak verfasste ein Buch, das wie ein religiöses, heiliges Werk aufgemacht und auch wirklich so gemeint ist. Es trägt den Titel »Die Schlüssel des Hennoch«. Damit sind wir schon wieder beim Gott der Weisheit, denn wir erinnern uns: Hennoch ist gleich Tahuti – Thoth! Interessant ist dabei auch die Zahl 64, denn wenn wir nochmal an die merkwürdige Aufteilung des Udjat-Auges denken, an das Auge des falkenköpfigen Horus, stolpern wir ja genauso über diese 64. Merkwürdigerweise hat Dr. Hurtak *zwei verschiedene Geschichten* darüber in Umlauf gebracht, *wie* er zu den Schlüsseln gekommen ist. Beide Varianten betreffen aber dasselbe Datum: In der Nacht vom 2. auf den 3. Januar 1973 erschien ihm in

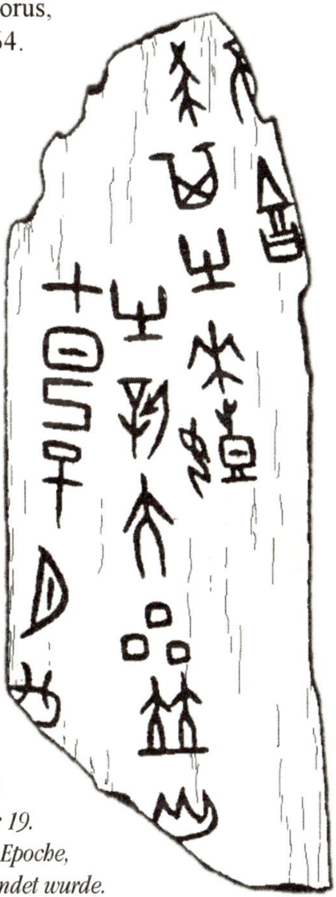

Ein Orakel-Knochen aus China. Der mysteriöse J. J. Hurtak erklärt, dass die Zeichen darauf genau die Beschreibung wiedergeben, die sich auch als Information über unser Sonnensystem auf der Plakette der Pioneer-10-Raumsonde befinden. Diese Plakette ist als Botschaft an eine außerirdische Zivilisation gedacht, sollte die Sonde je irgendwann von fremden Wesen im All entdeckt und abgefangen werden. Der Knochen stammt interessanterweise aus der ersten Phase der 19. Dynastie, genau jener Epoche, in der der rätselhafte Abydos-Tempel vollendet wurde.

seinem Haus angeblich Thoth/Hennoch in eigener Person. Der frankokanadische Astrophysiker Dr. Jacques Valleé, einer der berühmtesten lebenden UFO-Forscher, beschreibt aber in einem seiner Bücher (»Messengers of Deception«), Hurtak habe ihm erzählt, dass er während jener Nacht in der kalifornischen Wüste unterwegs gewesen und über seinem Auto ein helles, fremdartiges Licht erschienen sei. Darauf habe ihn ein Lichtstrahl erfasst und ihn mit den »Schlüsseln programmiert«.

Schon wieder Verworrenheit! Was stimmt nun? Wer lügt, wer sagt die Wahrheit? Es wäre völliger Quatsch anzunehmen, dass der hochintelligente Hurtak etwas verwechselte oder nicht mehr wusste, was er anderen über sein »Schlüssel-Erlebnis« erzählt hatte. Valleé steht Hurtak an Intelligenz sicher nicht nach, also wird auch er nichts verwechselt haben. Wir müssen somit eine Absicht unterstellen, die entweder bei Valleé oder bei Hurtak zu finden ist. Auch wenn ich denke, man sollte einmal die Rolle Valleés ebenfalls näher unter die Lupe nehmen, ist die Frage nach der Rolle Hurtaks hier wichtiger. Ich kann mich dabei des Eindrucks nicht erwehren, dass er ganz gerne für Verwirrung sorgt oder zumindest den einen oder anderen seiner kostbaren Schlüssel für sich behalten will – woher auch immer er sie hat.

Für diese Vermutung spricht nicht zuletzt auch seine Verbindung zu einer Institution, die schon sehr lange verborgenen Kammern und altägyptischen Rätseln nachspürt: Das Stanford-Forschungsinstitut *(Stanford Research Institute, SRI)*. Dieses 1946 von der kalifornischen Stanford-Universität gegründete Institut wurde bald zu einem bedeutenden Vertragspartner für das US-Militär und die US-Geheimdienste, für das Pentagon wie für den CIA. Auch geheimnisvolle Privat-Konzerne zählen zum Kundenkreis von SRI International. Ein Hauptkunde ist die *Bechtel Corporation*, die uns bei der Suche nach dem echten »Stargate«, einem *Sternentor* zu Reisen durch die Raumzeit, in einem unerwarteten und ziemlich spannenden Zusammenhang noch begegnen wird, genau wie SRI selbst.

Bald überflügelte jedenfalls das SRI die Stanford-Universität an Größe und Zahl der Mitarbeiter. Als herauskam, dass SRI für die Kriegsindustrie und die Geheimdienste arbeitete, gingen die Studenten der immerhin ja gleichnamigen Uni auf die Straße. Es hagelte Proteste. In erster Linie, um schlechte Publicity einzudämmen, entschloss man sich daher, das SRI völlig von der Lehranstalt abzukoppeln – so entstand das privat geführte SRI International, das sich zu einem der weltgrößten Konzerne im militärisch-industriellen beziehungsweise militärisch-geheimdienstlichen Komplex entwickelte. Bemerkenswerterweise begann SRI International, sich auffallend stark für das Giseh-Plateau zu interessieren, und zwar genau im gleichen Jahr, in dem Hurtak seine Schlüssel erhielt: 1973! Und einmal ganz abgesehen davon – warum überhaupt, so wird sich doch jeder fragen, begann ein Zulieferer für Militär und Geheimdienst damit, in ägyptischen Altertümern herumzuschnüffeln? Ein Renommier-Projekt war das bestimmt nicht, denn die Wahl der Orte jener mysteriösen Suche legen einen anderen, gezielt angepeilten Hintergrund nahe. Alle Bemühungen konzentrierten sich auf etwas, das von vielen Archäologen eher als irrig angesehen wurde, nämlich auf jenes verborgene Wissen und die verborgenen Kammern. Zu diesem Zwecke suchte SRI International unter dem Sphinx, forschte in Alexandria nach Spuren der berühmten Bibliothek, unternahm seismische Messungen in der Nähe der »Chephren«-Pyramide, tastete die Totenstadt von Sakkâra elektronisch ab, in der Hoffnung, auf das Grab des Weisen Imhotep zu stoßen …

1978 gesellte sich zu SRI sogar noch die Anhängerschaft des Sehers Edgar Cayce hinzu, die mit der *Vereinigung für Forschung und Erleuchtung (Association for Research and Enlightenment, ARE)* ein im Lauf der Jahre ziemlich mächtig gewordenes Organ geschaffen hatte. ARE unterstützte das selbst schon nicht gerade arme, privatisierte SRI und dessen Sphinx-Forschungsprojekt. Andere Forschungsgruppen zogen nach. Eine private Firma führte in der Nähe des Sphinx Bohrungen durch und drang bis in eine Tiefe von dreißig Metern vor, wo sie auf eine Schicht aus Granit stieß. Dieses Gestein kommt dort aber in der Natur nicht vor. Naheliegender Schluss: Offenbar hatte hier irgendwer vor sehr langer Zeit irgendetwas künstlich angelegt. Unterirdische Hallen?

Bevor diese Frage geklärt werden konnte, schritt das ägyptische Militär ein. Der blockierende Riegel, den es dem SRI vor den Bohrer schob, war noch härter als die Granitschicht, durch die man hindurch wollte. Es ist schon seltsam, all das, was sich in Giseh so abspielt!

Dr. Hurtak arbeitete mit SRI International zusammen und war eng mit dem SRI-Phyiker Dr. Lambert Dolphin befreundet, der zwei Giseh-Expeditionen des Konzerns leitete. Im Jahr 1976 vertraute Dolphin seinem Freund »einige private Einsichten über Giseh« an. In den beiden folgenden Jahren führte Hurtak dann zusammen mit anderen Forschern eigene Laser-Messungen in Giseh durch. Doch seine Ergebnisse veröffentlichte er nie.

In denselben Jahren, in denen SRI sich geradezu auf Giseh stürzte, spielten sich noch andere Merkwürdigkeiten hinter den meistens ziemlich gut verriegelten Türen dieses Konzerns ab. Im Auftrag von Pentagon, CIA, US-Marine und sogar der Raumfahrtbehörde NASA führte SRI etliche Programme zum schon im zweiten Kapitel dieses Buches erwähnten *Remote Viewing (RV)* durch, jener geistig ermöglichten Wahrnehmung unzugänglicher beziehungsweise nicht direkt zugänglicher Stätten und Ereignisse (*Fernwahrnehmung*). Eines dieser Projekte trug tiefgründig den Namen *Star Gate*. Die Remote Viewer beschrieben auffallend häufig Pyramiden, was die Suche in Giseh möglicherweise zusätzlich anfachte. Immerhin bediente sich Lambert Dolphin der RV-Daten, und dabei mischte auch wieder James Hurtak kräftig mit.

Neben der für den »Otto-Normalverbraucher« nur schwer nachvollziehbaren Methode der Fernwahrnehmung, die vor allem vom Geheimdienst angewandt wurde, stürzten sich weniger geheime Teams mit ausgefeilter Elektronik auf die Pyramiden und machten sich auf die Suche nach verborgenen Kammern, ganz wie in den sechziger Jahren Dr. Alvarez mit seinem Strahlen-Experiment in der Chephren-Pyramide. Es ist schon komisch: Damals verstand ein Mitarbeiter die Welt nicht mehr, weil die Daten wie Hexerei anmuteten, was Alvarez dann selbst aber abwiegelte. Im Jahr 1986 machten sich zwei Franzosen mit verschiedenen Messgeräten auf die Suche nach bislang unentdeckten Kammern; sie fanden Hinweise, doch die Ägyptologen sprachen von einem Werbegag des französischen Sponsors, eines Elektronik-Konzerns. Wenn die Fachleute nur in diesem Fall ihr Desinteresse kundgetan hätten, wäre das vielleicht noch nicht besonders aufregend. Aber es gibt viele andere Beispiele. Sie belegen ein echtes Dogma: Diejenigen, die eigentlich am meisten interessiert sein müssen, wollen überhaupt nicht, dass neue Entdeckungen gemacht oder bekannt werden, zumindest nicht außerhalb ihres elitären Zirkels. Diese »Wächter« weigern sie sich beharrlich, private Nachforschungen ernstzunehmen. Ein einflussreicher Archäologe hat sogar eine Theorie aufgestellt, der zufolge alle ägyptischen Pyramiden in ihrem Inneren drei Kammern besitzen und mehr nicht. Basta! Und geheime Aktivitäten auf dem Giseh-Plateau? Nein, so etwas gibt es nicht! 1987 machte sich ein Team der japanischen Waseda-Universität auf die Suche nach Geheimkammern. Wie Sie sich bestimmt vorstellen können, hatten die Japaner ein paar elektronische Geräte im Gepäck, die nicht gerade zum alten Eisen zählten. Mit diesem Rüstzeug versuchten sie, vor allem das Gelände um den Sphinx und die Große Pyramide zu durchleuchten. Auch sie fanden bemerkenswerte Hinweise auf zahlreiche bis dahin unbekannte Gänge und verschlossene Kammern. Eigentlich müssten Fachleute *allen* interessanten Hinweisen nachgehen, zumindest, wenn sie von anderen Wissenschaftlern stammen – die Funde der Japaner, und wenn zunächst »nur« Hinweise, wären doch ein echter Leckerbissen. Doch der Bissen blieb liegen, kühlte aus und wurde von den in Giseh federführenden Ägyptologen verschmäht, denn sonst wäre er ihnen wahrscheinlich im Halse stecken geblieben. Da brachte man lieber wieder das Wort von einer Werbeaktion in Umlauf und scheute nicht, sogar von Pseudo-Wissenschaft zu sprechen! Dasselbe passierte dann ja auch dem schon erwähnten Geologen Robert Schoch, als er das Alter des Sphinx neu bestimmte. Mit dieser »Missetat« *verstimmte* er das Establishment so sehr, dass er vom anerkannten Experten postwendend zum verschmähten Pseudo-Wissenschaftler wurde. Aber Schoch befindet sich da ja in guter Gesellschaft, nicht nur zusammen mit den Forschern der Waseda-Universität.

Als Professor Joseph Davidovits von der Barry-Universität, Florida, das Gestein der Großen Pyramide genauer analysieren wollte, da er den Verdacht hegte, es könne teilweise aus einer künstlichen Mixtur bestehen, wurde ihm die Erforschung des Materials von den ägyptischen Behörden strikt verboten. Es kursieren zahllose andere Beispiele, für die der Platz in dieser Beschreibung nie und nimmer ausreicht. Doch der Verdacht schleicht sich immer mehr ein und wird schließlich zur Gewissheit: Hier, auf dem Giseh-Plateau, gibt es eine Wahrheit, die nicht an die Öffentlichkeit geraten soll – Geheimkammern und geheimes Wissen. Wir sollen, wieder einmal, für dumm verkauft werden.

Wie schrieb die alte unliebsame Spürnase, das verfemte enfant terrible der Archäologie Erich von Däniken 1995 in seinem Buch »Der Jüngste Tag hat längst begonnen« über die Schriften des Thoth: »Keines dieser Bücher kam bislang ans Tageslicht. Liegen sie vielleicht seit Jahrtausenden wohlbehütet in luftdichten Kammern der Großen Pyramide? Finden wir dort die Antworten auf unsere Fragen nach dem Jüngsten Tag und der Wiederkunft der Götter?« – Da haben wir auch wieder das Motiv der Rückkehr der Götter in der Diskussion! Der Schweizer Autor kann sich des Verdachts natürlich auch nicht erwehren: »Versucht jemand, dieses Geheimnis der Weltöffentlichkeit vorzuenthalten?« Die Sachlage ist mittlerweile so deutlich, dass wir die Frage gar nicht mehr stellen müssen. Wir können sie mit einem klaren »Ja« beantworten! Schauen Sie sich dazu zusammen mit mir einmal an, was dafür spricht und warum ohne weiteres zusätzliche Kammern in der Pyramide existieren können.

Argumente gegen das so restriktive »Dreikammer-Dogma« gibt es eigentlich schon lange, auch ohne großartige elektronische Technik zur Beweisführung benutzen zu müssen. Ich will in diesem Zusammenhang an die Erlebnisse von zwei Pyramidenforschern erinnern, deren Aufrichtigkeit von den etablierten Archäologen nicht angezweifelt wird. Auch wenn ich einige ihrer Ergebnisse nicht ohne Vorbehalt betrachte, gibt es für ihre diesbezügliche Schilderung weitere bestätigende Zeugnisse. Die beiden Forscher sind uns schon aus der Diskussion um die Cheops-Hieroglyphen in den Entlastungskammern der Großen Pyramide bekannt: John S. Perring und Richard Howard-Vyse.

Zunächst machte Perring am 20. September 1839 eine interessante Beobachtung – in der berühmten Knickpyramide des Pharaos Snofru, über die ich noch schnell ein paar Worte verlieren sollte. Denn diese Pyramide fällt sofort durch eine Merkwürdigkeit auf: Ihre Flanken steigen bis zu etwa 45 Meter Höhe in einem Winkel von 55 Grad auf, ab diesem Niveau flachen sie aber auf 43 Grad ab. Ein einzigartiges Merkmal! Der Physiker Kurt Mendelssohn vermutete, dieser »Knick in der Optik« sei eine im Bauverlauf unternommene Vorsichtsmaßnahme gewesen, um den Druck der Gesteinsmassen in Grenzen zu halten. Mendelssohn war der Ansicht, beim Bau der Pyramide von Meidum (ebenfalls dem Pharao Snofru zugeschrieben!), von der nur ein Stumpf übrig ist, sei es einst zu einer riesigen Baukatastrophe gekommen. Da man die Technik noch nicht so gut beherrscht habe, eine Pyramide im ästhetischen 51-Grad-Winkel (wie bei der Großen Pyramide) zu errichten, sollen die Gesteinsmassen einfach zu groß geworden und die Pyramidenflanken abgerutscht sein. Dabei müssten tausende von Arbeitern ums Leben gekommen sein. Noch heute sind um den gesamten Pyramidenkern herum die riesigen Schuttmassen zu sehen. Sie erwecken den Eindruck, als würde der Stumpf auf einem Hügel stehen. Die Spuren, wie sie die Erosion am zentralen Kegel der Pyramide hinterlassen hat, deuten aber auf eine schrittweise Verwitterung hin, nicht auf einen plötzlichen Rutsch. Der Archäologe George Johnson ist auch deshalb der Ansicht, die Trümmer seien die Reste einer einstigen Rampe. Ich denke, die richtige These dürfte sich doch einigermaßen gut nachprüfen las-

Die ungewöhnlich aussehende Pyramide von Dahschur. Ihrer Form verdankt sie den Namen »Knickpyramide«; ab einer Höhe von rund fünfundvierzig Metern flacht ihr Flankenwinkel deutlich ab. Erbaut wurde sie von Pharao Snofru.

sen: Finden sich zahlreiche Skelette im Schuttkegel, dann war es eine Baukatastrophe. Wenn nicht, war es wohl eine Rampe. Jedenfalls baute Snofrus »Pyramiden-Team« später erstmal eine weniger ästhetische, weil stumpfwinklige Pyramide, die »Rote Pyramide« von Dahschur. Danach folgte die Knickpyramide, bei der man offenbar mutig begann und dann doch lieber auf einen sicheren Kurs ging. Andere sagen, das Baumaterial sei einfach ausgegangen oder die Zeit zu knapp geworden, vielleicht weil Snofru unerwartet starb und das Bauwerk schnell fertig werden musste.

Nicht jeder ist mit diesen Interpretationen einverstanden. Die ungewöhnliche, »geknickte« Pyramide des Snofru wurde vielleicht sogar von Anfang an so geplant, ihre Konstruktion ist nicht das Ergebnis altägyptischen Pfusches, sondern einer durchdachten Idee. Einige Ägyptologen glauben, die beiden Böschungswinkel, durch die das Bauwerk zweigeteilt wird, symbolisieren Unter- und Oberägypten. Besonders interessant ist aber der Gedanke, dass alle *neun* begrenzenden Flächen der Knick-Pyramide, also auch die Basisfläche, das Symbol für die große Neunheit aus Heliopolis darstellen!

Übrigens, wenn der Knick nicht wegen mangelnder Beherrschung der Baukunst entstand, sondern ganz konsequent eine Idee verkörpert, dann steht sicher auch hinter der ungewöhnlich flachen »Roten Pyramide« ein tieferer Gedanke, eine kryptische Botschaft. Dann kann auch niemand mehr behaupten, Snofru habe nur deshalb *drei* Pyramiden errichtet, weil er mit den ersten Ergebnissen (der Meidum-Pyramide und der »Roten Pyramide«) nicht zufrieden war. Außerdem hätte ihn auch die Knick-Pyramide sicherlich nicht zufriedengestellt, so dass sogar noch ein vierter Bau fällig geworden wäre! Und, was schließen wir ganz nebenbei daraus? Etwas, das wir eigentlich schon die ganze Zeit wissen: Die Pyramiden waren *keine* Grabstätten! Denn für *einen* toten Snofru bräuchte man andernfalls nur *eine* Pyramide!

Auch das Innere der Knickpyramide ist ungewöhnlich konstruiert. Die Formen von Kammern, Vorkammern und Gängen weichen vom Üblichen ab. Einige Eigenheiten sind nirgends sonst zu finden. Doch das Innere gibt mehr Rätsel auf, und damit sind wir wieder bei Perring und Vyse, nicht zuletzt auch deshalb, weil später in der oberen Kammer eine Namens-Kartusche des Pharaos Snofru gefunden wurde, die in roten, groben hieratischen Zeichen geschrieben war …

Als Perring damit begann, den Nordkorridor von Schutt zu befreien, kam er nur schwer voran, weil ihn bald ein sehr starker Luftzug überraschte. Am 15. Oktober 1839 konnte Perring fast nicht mehr weiter arbeiten, der Wind pfiff zu kräftig durch die Pyramide, und zwei Tage darauf gingen die Lampen beinahe aus. Die Arbeitsbedingungen waren in der Pyramide extrem hart, vor allem der Sauerstoffmangel und die große Hitze machten den Leuten zu schaffen. Die Zugluft, die in jenen Tagen durch die Pyramide rauschte, war aber *kalt!* Die Strömung musste aus unentdeckten Öffnungen und Gängen unterhalb der Pyramide stammen, vielleicht sogar aus einem kühlen unterirdischen Labyrinth! Anfang der fünfziger Jahre forschte der Ägypter Ahmed Fakhry in der Knick-Pyramide und bemerkte an windigen Tagen merkwürdige Geräusche. Wie er sagt, war »ein Ton zu vernehmen, der zuweilen beinahe zehn Sekunden lang dauerte«.

Bisher hat niemand diese Gewölbe gefunden, doch können wir ziemlich sicher davon ausgehen, dass sie existieren. Selbst der auch in Fachkreisen anerkannte tschechische Pyramiden-Spezialist Miroslav Verner fragt in seinem Standardwerk (»Die Pyramiden«, 1999): »Sind bei der Erforschung der Pyramide tatsächlich alle Kammern in ihrem Inneren entdeckt worden?«

Die Pyramiden-Anlagen der alten Ägypter haben sich als weitaus großartiger und komplexer erwiesen als ihnen viele Profi-Ägyptologen noch bis vor kurzem zugestanden haben. Der Autor Peter Kolosimo vermutet, dass auch unter den Tempeln von Heluan, Sakkâra und Abydos sehr alte verborgene Räume liegen, zugänglich über Türen, die nur durch geheimnisvolle Kräfte zu öffnen sind. Peter Tompkins betont, es könne sich um spezielle Schallwellen oder eine besonders volltönende Stimme handeln. Erinnert das nicht wieder ein wenig an die rechte Schulter des Sphinx und jene drei Personen aus dem Westen? Nur die richtigen sind in der Lage, sich Zugang zu verschaffen, da sie einen ganz bestimmten Laut äußern! Geheimnisvolle Klänge finden wir allerorten in den alten Bauten. Sie durchziehen die Große Pyramide, heulen in den Felsreliefs der gigantischen Ramses-Statuen von Abu Simbel und waren zeitweilig an einem der berühmten Memnons-Kolosse zu vernehmen, den gewaltigen, verfallenen Wächtern der thebanischen Totenstadt. Okkulte Quellen geben Auskunft darüber, dass unter der ägyptischen Wüste ein unterirdisches Königsreich verborgen ist, das sich mit dem sagenhaften Agarthi in Tibet vergleichen ließe.

Was für die oben erwähnten Monumente gilt, trifft auf die Monumente von Giseh wohl noch mehr zu. Diese verwirrenden Anlagen hüten viele Rätsel. Der Atlantis-Forscher Edgerton Sykes berief sich auf einen alten arabischen Text, der von steinernen Drehtüren spricht, die in unterirdische Gewölbe unter dem Giseh-Plateau führen. Auch im Inneren der Großen Pyramide selbst wäre noch Platz für hunderte weiterer Kammern. »Bisher noch nicht betretene prachtvolle Gänge und Kammern« könnten auch vom niedrigen Schacht aus zugänglich sein, der zur Königskammer führt. Thomas Holland, ein Freimaurer des 33ten Grades, hegte die Vermutung, dass hinter dem Granitblock, der von oben in diesen Schacht hineinragt, ein Weg zu den geheimen Gewölben führt. Eine faszinierende Aussage.

Vermutungen! Sind Vermutungen nicht ein bisschen mager, nicht ein bisschen wenig? Für sich allein genommen ganz bestimmt. Aber vieles *wissen* wir ja schon, und genau das, was wir schon wissen, belegt, dass in der Pyramide längst nicht alle Winkel bekannt sind! Bestes Beispiel dafür sind die Entdeckungen des deutschen Ingenieurs Rudolf Gantenbrink, der – jetzt hätte ich beinahe geschrieben: Ende des *vorigen* Jahrhunderts – also genau gesagt: *1992* mit einem von ihm eigens konstruierten und bis ins Letzte ausgefeilten Robotergefährt daran ging, das Innere der Großen Pyramide zu erforschen.

Rudolf Gantenbrink war mit seinen Robotern bereits in der Ölindustrie sehr erfolgreich gewesen und wollte nun seine Begeisterung für die riesigen Pyramiden von Giseh mit der Ingenieurskunst verbinden, um einen frischen Wind in die Archäologie zu bringen. Ihn reizte die Aufgabe, alte Rätsel mit zeitgemäßen Methoden zu lösen.

In der Großen Pyramide gibt es ein einzigartiges System von Schächten, die der Forscher Waynman Dixon mehr oder minder zufällig im Jahr 1872 aufspürte. Er klopfte die Wände in den beiden Hauptkammern ab – der Königs- beziehungsweise der Königinkammer –, um etwaige Hohlräume durch Klang-Unterschiede festzustellen. Dabei fand er in jeder Kammer zwei versiegelte Schächte, die sich gegenüber liegen und quadratische Öffnungen von nur etwa fünfzehn bis zwanzig Zentimetern besitzen. Diese Strukturen habe ich in Kapitel sechs schon kurz erwähnt. Wie tief diese Schächte in die Pyramide hineinführen, ließ sich nicht feststellen. Welchem Zweck sie dienen sollten und warum es ausgerechnet vier sind, ist bis heute unklar. Viele Archäologen erklärten ohnehin, die Schächte besäßen vielleicht eine religiöse Bedeutung und seien nur angedeutete Öffnungen oder unvollendete Strukturen, die sicher nicht tief ins Mauerwerk der Pyramide reichten. Augenscheinlich interessierte sich in Wirklichkeit niemand besonders für diese Schächte oder zumindest nicht für die Aufzeichnungen Dixons, denn schon er fand Hinweise auf ihre Länge. Er zündete ganz einfach vor jeder der beiden Öffnungen in der Königinkammer ein Feuerchen an und beobachtete den Rauch. Der nämlich verschwand sehr schnell im südlichen Schacht, im nördlichen aber blieb er stecken. Also musste wohl der erste von beiden viel länger sein. Allein diese Entdeckung hätte schon wieder die sonst nie schlafende Neugier der Forscher wecken müssen. Doch ihre Antwort auf Dixon bestand in einem solidarischen Schnarchen! Oder stellte man sich etwa nur schlafend? Wollte man nichts hören und nichts sehen und nichts wissen? Fast könnte man das annehmen. Aber weiter im Text. Denn es wird noch besser, noch viel besser!

Für Rudolf Gantenbrink war klar, dass vor allem der Südschacht in tiefe und bisher unerforschte Regionen des Mauerwerks führen und eine genaue Inspektion rechtfertigen würde. In langer Arbeit entwickelte der Profi ein feinmechanisches Meisterwerk in Form eines miniaturisierten Roboters aus Flugzeug-Aluminium, ein Raupenfahrzeug, das gerade groß genug war, um den Schacht langsam hochzuklettern. Das Ganze klingt sehr einfach, erforderte aber mehrere Abwandlungen des Roboters und immer wieder neue Ansätze, denn wegen zahlreicher Hindernisse auf dem Weg nach oben blieb das kleine Gefährt wiederholt stecken. Übrigens sollte das Kind auch einen Namen bekommen, es wurde schließlich auf *Upuaut* getauft – dem hundsgestaltigen Gott von Asyût, der als »Öffner der Wege« den Osiris beim Auszug in der göttlichen

Barke bewachte. Im Namen klingt noch das ägyptische Wort *baubau* (Wauwau!) für Hund wieder. *Upuaut*, der Roboter, sollte auch neue Wege öffnen, mitten in der Pyramide. Dazu stattete Gantenbrink ihn mit einem Laser-Leitsystem, geeigneter Beleuchtung und einer Video-Kamera aus. Alles, was *Upuaut* »sah«, erschien sofort auf einem Bildschirm in der Königinkammer.

Bei der ersten großen Aktion 1992 geriet *Upuaut* nach knapp zehn Metern an einen hervorstehenden Stein und kam kein Stück weiter. Also musste alles wieder neu durchdacht werden. Um in der Pyramide nicht untätig zu sein, stellte Gantenbrink zusammen mit seinem Team einige Vermessungen an und fand verwundert heraus, dass zwölf von vierzehn Messungen, die in einem italienischen Fachbuch verzeichnet und von ihm für seine Computer-Berechnungen verwendet worden waren, überhaupt nicht stimmten! Eine Fehlerquote von sechsundachtzig Prozent – soviel Schlamperei auf einem Haufen? Das ist doch fast schon wieder ein bisschen viel und »schnuppert« irgendwie merkwürdig! Mich erinnert das an eine bewährte Methode zur Verwirrung. Als Deutschland noch in zwei Teile gespalten war, verfuhren die Planer des Ostens genauso. Auf alten DDR-Karten, auf denen Gebiete in Grenznähe verzeichnet waren, hatte man die Sache beim Wort genommen und sich tatsächlich *verzeichnet*. Vieles stimmte auf diesen Karten nicht, und das aus voller Absicht, denn man wollte Republik-Flüchtigen, die sich auf die Karten verließen, doch ein paar kleine und auch ein paar größere Überraschungen bereiten.

Der deutsche Ingenieur Rudolf Gantenbrink und sein geniales Roboter-Fahrzeug Upuaut *(oben rechts). Gantenbrinks Forschung in der Großen Pyramide wurde von Ägyptologen blockiert.*

Pure Desinformation! Ganz offensichtlich gibt es auch eine ganze Schar von Leuten, die nicht wollen, dass bestimmte Informationen über das Innenleben der Pyramiden bekannt werden. Auch Rudolf Gantenbrink sollte das noch zu spüren bekommen. Eine meines Erachtens recht zwielichtige Rolle spielt dabei das *Deutsche Archäologische Institut* (DAI) in Kairo. Zunächst war alles eitel Sonnenschein. Der deutsche Ingenieur hätte seine spannende Suche ohne das DAI überhaupt nicht starten können, denn nur wer den ägyptischen Behörden eine Empfehlung von einem anerkannten Archäo-Institut vorlegen kann, darf auch »buddeln«. Dass das auch seine Richtigkeit hat, muss sicher nicht betont werden. Das DAI unterstützte Gantenbrinks Projekt und stellte ihm auch einen aktiven Mitarbeiter zur Seite, Ulrich Kapp.

Eigentlich sollte dann zum Ende der ersten Kampagne eine Pressekonferenz stattfinden, noch am Tag der Abreise Gantenbrinks. Der damalige Direktor des DAI, Professor Rainer Stadelmann, drängte den Ingenieur dazu, ein Statement zu verfassen, nachdem ihm gelungen war, ein wirksames Ventilationssystem in der Pyramide zu installieren. Schon bei nur einem Drittel der Leistung reduzierten Gantenbrinks Ventilatoren die Luftfeuchtigkeit von fast achtzig auf dreiundfünfzig Prozent. Am Morgen der Abreise wurde die Konferenz abgesagt. Der deutsche Ingenieur erfuhr nie, warum. Wie er sagt, verließ er das Land »verwirrt und enttäuscht.«

Im Dezember 1992 reist er noch einmal nach Ägypten, um dem »Chef der Pyramiden«, Dr. Zahi Hawass, sowie Prof. Rainer Stadelmann den neuen Roboter vorzustellen und einige Ergebnisse zu zeigen. Stadelmann hatte seinerzeit übrigens den Namen *Upuaut* vorgeschlagen und war mit den Plänen Gantenbrinks einverstanden. Er bedauerte bei alldem nur, dass die ersten Schritte nicht auf Video aufgezeichnet worden waren.

Im März 1993 traf der Ingenieur wieder in Kairo ein, zusammen mit dem noch einmal modifizierten Roboter und einem kleinen Zusatzgerät zur Messung des Neigungswinkels im Schacht. Wie vereinbart, war Dr. Hawass da, aber niemand wusste, wo sich Prof. Stadelmann aufhielt, der eigentlich ebenfalls erwartet wurde. Gut, er war ein vielbeschäftigter Mann. Aber es ist doch unverständlich, dass er sich während der ganzen spannenden Aktion 1993 nur einmal kurz in der Pyramide blicken ließ.

Am 18. März hat sich *Upuaut* nach mehreren Rückschlägen dreiundfünfzig Meter weit in den Schacht vorgearbeitet – und immer noch kein Ende! Er ist nun aber an eine Boden-Schwelle gestoßen und kommt nicht weiter.Die Videokamera erfasst eine kaum merkliche Aufhellung im Dunkel des Schachts direkt vor ihr. Dr. Hawass ist von den Ergebnissen begeistert.

Nur einen Tag später wird plötzlich Gantenbrinks wertvollster Helfer abgezogen, Ulrich Kapp vom DAI! Niemand bereitete das Team darauf vor, niemand erklärte warum. Kapp wurde schlagartig nach Oberägypten beordert! Wurde die Sache vielleicht langsam brenzlig, weil Gantenbrink am Ende (des Schachtes und seiner Unternehmung) zu erfolgreich war?

»Dem Ingenieur ist nichts zu schwör«, so sagt man. Tatsächlich: Am 22. März 1993 gelingt es Rudolf Gantenbrink, das neuerliche steinerne Hindernis zu überwinden und *Upuaut* noch höher klettern zu lassen. Dem Team fällt auf, dass die Wände immer glätter werden, die Qualität ihrer Bearbeitung nimmt zu! Ganz klar: Hier wartet irgendetwas auf seine Entdeckung, das für die Erbauer der Pyramide wichtig war! Um Punkt 11.05 Uhr vormittags erreicht der kleine Roboter seine Position volle neunundfünfzig Meter jenseits des Schachteingangs. Die Kamera sendet das Bild einer verschlossenen Steintüre zu den erstaunten Forschern herunter.

Während aller Ausgrabungen und Forschungen in Ägypten sind spezielle Beauftragte der ägyptischen Altertümer-Verwaltung dabei, die als Unterstützung für die Archäologen gedacht sind, mehr noch aber als Wächter über die Aktivitäten. Ihren Blicken darf nichts entgehen. Auch in dieser denkwürdigen Stunde sitzt ein solcher Inspektor gleich neben Gantenbrink, der sich an dessen Reaktion erinnert: »Das Gesicht des Inspektors ... ist kalkweiß geworden. Er lenkt meine Aufmerksamkeit auf zwei runde weiße Markierungen an den Kupferbeschlägen. ›Das sind Siegel, das sind Siegel!‹, ruft er aus, sichtlich bewegt. ›Wir müssen mit der Arbeit aufhören und unseren Vorsitzenden informieren.‹ «

Gantenbrink verständigt Hawass und natürlich auch Stadelmann, den er ohnehin täglich per Telefon auf dem Laufenden hält. Der deutsche Professor zeigt sich skeptisch, was die Siegel angeht. Runde Siegel habe es im Alten Reich nicht gegeben, was sich später allerdings als unzutreffend herausstellt. Doch diese Diskussion ist am 22. März zweitrangig. Die beiden Archäologen zeigen sich hocherfreut über die Entdeckung des Ingenieurs, und Prof. Stadelmann schlägt vor, er solle eine Presse-Erklärung vorbereiten. Dr. Hawass will den Kultusminister informieren.

Am nächsten Morgen soll *Upuaut* die mysteriöse Steintüre genauer inspizieren. Zahlreiche Zeugen sind anwesend. Vom DAI allerdings hat sich niemand herbequemt. Am 24. Mai rät Prof. Stadelmann, den Pressetext noch einmal zu überarbeiten. Mit der Neufassung einen Tag später ist er wieder nicht zufrieden. Rudolf Gantenbrink fällt auf, dass der Professor ungewöhnlich nervös und besorgt erscheint. Am 26. Mai: dasselbe. Also, noch eine Fassung! Am 27. Mai wieder. Auch der nochmal bearbeitete Text gefällt Stadelmann nicht. Schließlich erklärt er, man solle doch bis Mai am besten gar nichts veröffentlichen oder noch besser bis November warten, wenn die folgende Forschungs-Kampagne voraussichtlich beginnen würde. Der Ingenieur hat mittlerweile die Nase gestrichen voll von all den Vorschlägen des DAI-Chefs, kündigt die Zusammenarbeit auf und fliegt nach seiner grandiosen Entdeckung verärgert nach Deutschland zurück.

Da gibt es eine Türe am Ende des unteren südlichen Luftschachtes der Großen Pyramide und die Öffentlichkeit soll nicht informiert werden! Professor Stadelmann dementierte die Entdeckung sogar in ihrem wesentlichen Bestandteil. Die immerhin doch *denkbare* Möglichkeit, dass sich hinter der »Gantenbrink-Tür« vielleicht eine der lange gesuchten geheimen (Schatz-)Kammern befinden könnte, wies er strikt von sich. Vor der Presse erklärte der namhafte deutsche Ägyptologe: »Allgemein ist bekannt, dass alle Schätze der Pyramide längst geraubt sind ... Hinter dieser Türe gibt es keine Kammer!« Und einer seiner Mitarbeiter, Dr. Günther Dreyer, stimmte ein: »Alles Einbildung! Ein nettes neues Detail, aber auch nichts mehr – zumindest, bis wir weitere Untersuchungen durchgeführt haben!« Wovon sollten wir sprechen, von Überheblichkeit oder von versuchter Vertuschung?

Christel Egorov, Sprecherin des DAI, erklärte zur Idee einer weiteren Kammer ebenso freiweg wie Dreyer: »Das ist völliger Quatsch!« denn der Stollen sei eben einer der Luftschächte und außerdem wisse man, dass in der Pyramide keine weiteren Kammern vorhanden seien! Ja, wer weiß denn das *so genau?* Von ansonsten so übervorsichtigen Forschern hört man da plötzlich so bestimmte Worte über etwas, was nun niemand wirklich wissen kann. Die zahlreichen Sondierungen der Pyramide hatten ja immerhin Hinweise auf solche Kammern geliefert. Wenn man diese Messungen in der Fachwelt aber als unzulänglich bezeichnete, dann konnte man sie auch nicht als Beweis für das Gegenteil heranziehen, sondern musste sie schlichtweg als völlig aussagelos ignorieren. Dann aber konnte auch niemand wissen, ob es noch verborgene Gewölbe in der Pyramide gibt oder aber nicht.

Immerhin, *Upuauts* feiner Laserstrahl trat unter dem Türspalt am Boden hindurch und verschwand im Dunkel. *Irgendetwas* ist also unbestreitbar hinter der Tür, einen Hohlraum gibt es dort. David Keys, Journalist und Archäologie-Korrespondent einer Londoner Zeitung mit dem bezeichnenden Namen »The Independent« machte kurz nach der Entdeckung auf einen interessanten Zusammenhang aufmerksam. Der Boden der Königskammer liegt genau 21,5 Meter oberhalb des Bodens der Königinkammer, der Boden des Eingangs zum Raum hinter der neu entdeckten Tür liegt wiederum 21,5 Meter höher als der Boden der Königskammer. Keys hält es daher für möglich, dass sich dort vielleicht sogar ein ziemlich großer Raum befindet!

Die Gantenbrink-Tür ist keine »Scheintüre« und genausowenig ein Produkt der Einbildung. Der mittlerweile verstorbene, hoch gerühmte britische Pyramidenforscher Dr. Iorwerth Eiddon S. Edwards äußerte sich etwas vorsichtiger oder sagen wir diplomatischer als andere Ägyptologen zu Gantenbrinks Fund. In der Londoner »Times« sagt er zwar, es sei Unsinn zu glauben, dass sich der Pharaonenschatz hinter dieser Türe befinde, doch könnte dort eine geheime Kammer mit religiöser Bedeutung auf ihre Entdeckung warten. Edwards war also wohl kein Anhänger der Dreikammer-Hypothese, deren geistiger Vater übrigens niemand anderes als Professor Stadelmann ist, der augenscheinlich nicht zu viele Kammern in einer Pyramide mag. Zumindest soll wohl die Öffentlichkeit nicht unbedingt etwas über sie erfahren. Solange die neue Belüftung der Pyramide im Vordergrund von Gantenbrinks Arbeit stand, war alles noch in Ordnung, und da konnte man auch eine Pressekonferenz vorschlagen. Dann aber wurde die Sache doch zu gefährlich und der Professor wohl nicht umsonst nervös. Ich will niemandem etwas unterstellen, aber meiner Meinung nach ist die Faktenlage einfach wieder einmal auffallend dubios.

Wenn wir überlegen, wer vor allem den geheimen Kammern nachjagt und auch nicht unbedingt daran interessiert ist, dass eine solche Entdeckung an die Öffentlichkeit gelangt, dann fallen uns sicherlich zuerst die Freimaurer ein. Wie gesagt, ich will nichts unterstellen, aber ich will auch nichts unterdrücken. Freimaurer geben sich bekanntlich durch seit langem tradierte Signale untereinander zu erkennen, sie verwenden zahllose geheime Gesten und verschlüsselte Symbole. Manches erkennt man aber auch als Außenstehender ganz gut. Aufgefallen ist mir eine Widmung in einem deutschsprachigen Buch mit dem Titel »Die ägyptischen Pyramiden – Vom Ziegelbau zum Weltwunder«. Dieses Buch ist dem wohl angesehensten Pyramidenkenner der Gegenwart gewidmet, Jean Philippe Lauer. Der Autor des genannten Buches schrieb hinter Lauers Namen: »… dem Ausgräber der Stufenpyramide des Djoser und Großmeister der Pyramiden …«

Großmeister – Gelehrte wählen ihre Worte in der Regel genau bedacht, vor allem doch, wenn der Anlass für sie Bedeutung hat. Warum *Großmeister*? Es gäbe viele andere Möglichkeiten, die einzigartige Bedeutung Lauers als den führenden Ägyptologen herauszustellen – »*Altmeister*«, »Herr der Pyramiden«, vielleicht auch ein wenig launig »Grand Old Man« oder »Doyen« oder wie auch immer. Doch der Autor des Buches entschied sich für einen anderen Begriff. Zufall? Notwendigkeit? Wer war überhaupt der Autor?

Richtig geraten: Professor Rainer Stadelmann!

Heimlichkeiten, soweit das Udjat-Auge reicht!

Die Gantenbrink-Tür sollte eigentlich schon lange weiter erforscht werden. Immer wieder wurde angekündigt, alles zu unternehmen, um sie zu öffnen. Schon Anfang 1998 hatte Dr. Hawass die Öffnung für Mitte März 1998 angekündigt, dann war die Rede von Mai 1998. Doch nichts geschah. Genausowenig wurde der nächste Termin eingehalten, der 31. Dezember 1999. Die Öffentlichkeit wartet immer noch auf Ergebnisse. Rudolf Gantenbrink plant, zusammen mit National Geographic an diese Aufgabe heranzugehen. Wieviel Freiheiten wird das neue Team haben und wieviel wird man wieder von offizieller Seite aus versuchen zu unterdrücken? Man darf gespannt sein, auch auf einen Bericht in Buchform, den der unermüdliche Ingenieur über seine bisherigen Erfahrungen vorbereitet. Schon jetzt können Sie sich auf einer hervorragenden Seite im Internet sehr genau über das *Upuaut*-Projekt informieren, wenn Sie einmal www.cheops.org anklicken.

Nach all dem, was wir gerade über die enttäuschende Trägheit der offiziellen Stellen gehört haben, werden Sie sich bestimmt etwas wundern zu hören, dass sich trotzdem in der Zeit seit der Entdeckung der Türe einige spannende Dinge in der Pyramide abgespielt haben – allerdings alles wiederum in einem ziemlich inoffiziellen, gedämpften Licht!

Im März 1997 erklärte der oberste Chef des Pyramiden-Plateaus, Zahi Hawass, frei heraus: »Es gibt keine geheimen Arbeiten in Giseh!« Dr.

Hawass ist schwer einzuordnen. Niemand kann ihm vorwerfen, die Forschungen von Rudolf Gantenbrink nicht tatkräftig unterstützt zu haben. Der deutsche Ingenieur war beeindruckt von der ständigen Hilfsbereitschaft und dem völlig unautoritären Stil, der Hawass auszeichnet. Andererseits bleiben einige Fragen offen. Dr. Hawass wurde während seiner Ausbildung von ARE unterstützt, jener finanzkräftigen Organisation der Cayce-Jünger, und steht bis heute in engem Kontakt mit dieser Gruppe. Der Kontakt ist in sich zwiespältig, denn Dr. Hawass hat ARE einiges zu verdanken, hält dort aber auch Vorträge, mit denen er offenbar zeigen will, dass in Giseh alles seine Ordnung hat und nichts »unter der Hand« läuft. Der Amerikaner Dr. Mark Lehner übrigens, neben Hawass der wohl einflussreichste Archäologe von Giseh, steht interessanterweise ebenfalls in der Schuld von ARE, die seine archäologische Ausbildung finanzierte. Wie weit aber ist es mit der Behauptung her, in Giseh gebe es keinerlei geheime Aktivitäten?

Mit der Davison-Kammer, der ersten Entlastungskammer über der Königskammer, haben wir uns ja schon befasst. Sie war der Ausgangspunkt für die von Perring und Howard-Vyse betriebene Suche nach weiteren Kammern über ihr. In der Davison-Kammer nistete sich auch

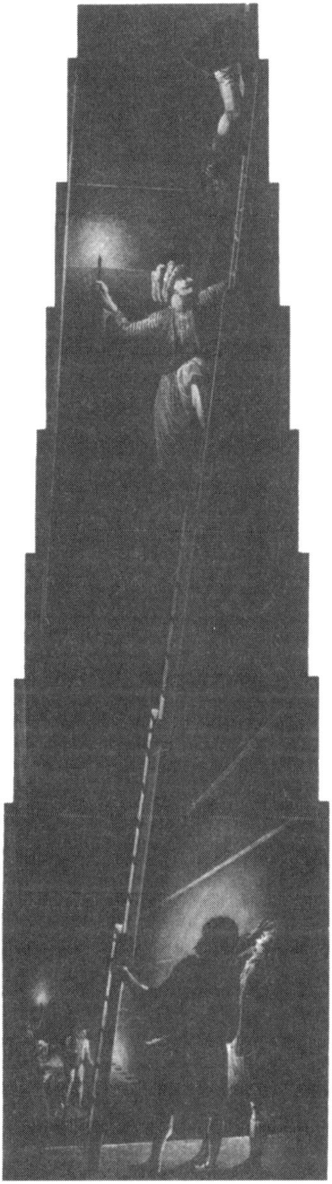

Der Zugang zur Davison-Kammer, um die sich heute geheimnisvolle Aktivitäten entfalten, ist nicht ganz einfach.

der sonderliche Mystiker Giovanni Battista Caviglia ein, der sich bis an die Grenzen des Möglichen auf hermetische Geheimlehren eingelassen hatte. Von dieser Kammer aus wollte Caviglia zu Anfang des 19. Jahrhunderts einen waagerechten Tunnel in südliche Richtung graben, hinüber zu dem von der Königinkammer heraufführenden Schacht. Caviglia vermutete genau dort eine geheime Kammer. Nach drei Metern Länge musste Caviglia aufgeben, er kam nicht weiter. Hätte er es geschafft, er wäre genau auf den Raum gestoßen, der hinter der Gantenbrink-Tür liegt!

Wie ich schon erwähnt habe, erhielten bisher nur sehr wenige Ägyptologen – darunter natürlich auch Prof. Stadelmann – die Erlaubnis, sich im Bereich der Davison-Kammer aufzuhalten. Das hat auch seinen guten Grund. Denn *irgendwer* gräbt heute genau dort weiter, wo Caviglia schlapp machte!

Dr. Joseph M. Schor, ehedem Direktor eines pharmazeutischen Konzerns und Begründer der im Umfeld von Cayce angesiedelten *Joseph M. Schor Foundation,* startete im Herbst 1996 ein Forschungsprojekt in der Großen Pyramide. Als Ziel war die Durchführung und Aufzeichnung akustischer Experimente angegeben. Allein schon der Umstand, dass Dr. Schor die offizielle Genehmigung erhielt, vier Nächte in der Cheopspyramide zu verbringen, verdient Beachtung. Möglicherweise hing das mit den gemeinsamen, freimaurerischen Wurzeln aller Parteien zusammen, doch mit den eigentlich geheimen Aktivitäten hat Schor bestimmt nicht viel zu tun. Letztlich kamen durch sein Projekt – wenn auch indirekt – einige unerwartete Vorgänge in der Pyramide ans Tageslicht. Der Schor-Expedition schloss sich nämlich der NASA-Techniker Thomas Danley mit seinem privaten Team an und berichtete später von deutlichen Anzeichen geheimer Grabungsaktivitäten. Danley ist ein Ton-Ingenieur, der sich für ein ziemlich ausgefallenes Thema interessiert – Gegenstände durch bestimmte Schalleffekte zum Schweben zu bringen! Bei seinem Aufenthalt in der Pyramide nutzte Danley die Gunst der Stunde und verschaffte sich Zutritt zur Davison-Kammer. Sie ist nicht leicht zu erreichen: Ihr Eingang befindet sich in fast neun Meter Höhe am oberen (südlichen) Ende der Großen Galerie. Wer nicht weiß, dass dort oben ein Loch in die Davison-Kammer hineinführt, dem fällt das sicher auch nicht auf. Danley wusste davon, und er stieg über eine Leiter und ein die oberen Meter herabhängendes Seil in den engen Schacht zur Kammer. Als er sich dort umsah, entdeckte er den Caviglia-Tunnel, der aber jetzt verblüffenderweise dreimal so lang war und somit gute zehn Meter in den

Fels hinein verläuft. Wer hatte dort in der Zwischenzeit klammheimlich gebuddelt? In den über Davisons Raum liegenden Kammern stieß Danley dann auf mehrere Säcke mit frisch herausgeschlagenem Tura-Kalkstein. Als er drei Monate später wieder in der Pyramide war, fiel ihm ein neu verlegtes Stromkabel auf, das in die Davison-Kammer führt.

Die Schor-Expedition kam bald zu einem jähen Ende, als die ägyptische Regierung alle weiteren Aktionen untersagte.

Danley berichtete aber öffentlich über seine Beobachtungen, und bald schalteten sich andere ein, um seine Behauptungen nachzuprüfen. Vielleicht erinnern Sie sich noch an Richard Hoagland, den einflussreichen Verfechter eines künstlichen Ursprungs der Mars-Monumente. Ich hatte ihn bislang hauptsächlich wegen seiner angeblichen Entdeckung der Abydos-Hieroglyphen erwähnt. Richard Hoagland gründete eine eigene Forschungsgruppe, die »Enterprise Mission« und weiß, mit den Medien umzugehen und sich, beziehungsweise seine Ideen, sehr effektvoll ins Licht zu setzen. Immer wieder sorgt er mit einfallsreichen Unternehmungen für Aufsehen. Er regte zum Beispiel an, den Prototypen des Raumpendlers *Space Shuttle* »Enterprise« zu taufen, propagierte einen belebten Ozean unter dem Eispanzer des Jupitermonds Europa und künstliche Strukturen auf unserem Mond, machte nach dem Verschwinden des *Mars-Observer*-Raumschiffs einiges Furore um eine verdeckte Operation auf Mars und so weiter und so fort. Man sollte auch nicht vergessen, dass Hoagland ganz wie Hurtak in enger Verbindung mit dem »Rat der Neun« steht. Nur vermeidet er, seine Informations-Quelle in seinen streng wissenschaftlich wirkenden Veröffentlichungen zu nennen.

Auf seiner Internet-Seite berichtet Hoagland darüber, ein frustriertes Mitglied der Schor-Expedition habe sich wenige Wochen nach deren Abbruch bei der »Enterprise Mission« gemeldet. Zwar verrät uns Hoagland den Namen dieser Person nicht, es ist aber sicher nicht ganz abwegig, Danley dahinter zu vermuten. Das Expeditionsmitglied trug denselben Groll mit sich herum, den auch Gantenbrink als Andenken aus Ägypten nach Hause genommen hatte. Die ägyptischen Behörden verzögerten alles, schoben wichtige Termine hinaus oder ließen sie komplett platzen. Der anonyme Informant erklärte, er habe Beweise für geheime Aktivitäten gefunden und sei überzeugt, dass bestimmte Mitglieder der ägyptischen Regierung darauf bedacht seien, die aufregenden neuen Entdeckungen vor der Öffentlichkeit zu verbergen. Nun gehe es darum, andere Mitglieder der Regierung über diese Agenda zu informieren, um ausreichenden politischen Druck ausüben zu können.

Die »Enterprise Mission« beauftragte den Amerikaner Larry Hunter, die Schilderungen des Mannes zu prüfen. Hoagland bezeichnet Hunter als einen »unabhängigen« Ägyptologen mit einer zwanzigjährigen praktischen Erfahrung. Er kroch zwar nicht in die Davison-Kammer hinein, bestätigte aber die anderen Veränderungen. Er fotografierte auch eine neu installierte Video-Überwachungskamera am südlichen Ende der Großen Galerie. Im ersten Moment scheint nichts Besonderes daran zu sein, dass in einem vielbesuchten Museum – und das ist die Pyramide mit Sicherheit – eine Kamera angebracht ist. Komisch ist aber ihr Blickwinkel. Sie ist nämlich nicht auf die Galerie gerichtet, durch die alle Besucher im Entenmarsch zur Königskammer trotten, sondern genau auf die Mauer, an deren Oberseite der kleine Eingang zur Davison-Kammer liegt. Jeder, der jetzt den Versuch unternimmt, in sie hineinzuklettern, wird auf dem Video inflagranti erfasst.

Der Dokumentarfilmer Boris Said stellt lapidar fest, dass die Ägypter überall in Giseh graben. An sich nicht verwunderlich. Warum aber *mauern* sie? Und warum mauern auch wichtige Vertreter des *Deutschen Archäologischen Instituts?* Sie wollen wohl, das Wortspiel sei erlaubt, etwas *freimauern*, das unter Ihresgleichen bleiben soll.

In Giseh begegnet uns ständig das Weltbild der Freimaurer. Zum Wechsel ins Jahr 2000 lief vor den Pyramiden eine giganische Milleniumsfeier ab, mitten im Fastenmonat. Der Komponist Jean-Michel Jarre hatte den Auftrag erhalten, für zehn Millionen US-Dollar eine zwölfstündige Mammut-Oper mit dem Titel »Die zwölf Träume der Sonne« aufzuführen, inklusive Lasershow, die die Projektion eines riesigen Auges auf die Flanke der Großen Pyramide beinhaltete. Wenn das nicht ein Zeichen ist! Und, um dem wahrhaftig noch eins draufzusetzen, hatte niemand anderes als Dr. Hawass vorgeschlagen, die Pyramide zu jener feierlichen Stunde auch noch mit einem goldenen Abschlusspyramidion aus leichtem Material zu krönen. In einem Scheinwerfer-Spektakel sollte es ein Hubschrauber auf die obere Plattform der Großen Pyramide aufsetzen. Und die vollendete Spitze der Pyramide hätte am Morgen des 1. Januar 2000 ganz im Sinne der betreffenden Prophezeiungen die jungen Sonnenstrahlen weithin sichtbar reflektiert. Diese Aktion wurde dann aber so ziemlich im letzten Moment doch noch abgeblasen. Dr. Hawass beteuerte zwar, die Idee habe nichts mit dem Glauben der Freimaurer zu tun, aber das kaufte ihm niemand ab.

Die Nähe sämtlicher wichtiger Giseh-Persönlichkeiten zu den Neun, zu Cayce und zu den Freimaurern ist wirklich auffallend. Sie hat Methode. Die Freimaurer stehen in der Tradition altägyptischen Wissens und kennen seine Kraft. Für sie besteht auch kein Zweifel an der Existenz von verborgenen Kammern. Die Botschaft, die wir aus Giseh und auch von anderen bedeutenden Stätten des Pharaonenreichs mitnehmen, ist die der »Schadensbegrenzung«. In einer von Geheimniskrämerei eingehüllten fieberhaften Suche wollen in sich geschlossene Zirkel eine reiche Ernte an uralten Schätzen halten – Schätzen, bestehend aus heute längst verlorenem Wissen, das einst von fremden Kulturbringern zu den Ägyptern kam.

Tatsächlich versuchen mehrere Gruppen auf unterschiedliche Weise, an das alte Wissen zu gelangen. Jede von ihnen aber scheint davon überzeugt zu sein, dass es weiterhin geheim bleiben muss, da die Zeit für seine Preisgabe noch nicht reif ist und dieses Wissen einen Machtvorteil gegenüber anderen verschafft. Wer unter den Mächtigen in unseren Tagen zum Beispiel über weit fortgeschrittene technologische Information verfügt, im Extremfall vielleicht sogar über solche außerirdischer Herkunft, wird sie für sich behalten. Er wird darüber hinaus falsche Information über sie verbreiten und jeden durch Lächerlichmachung vernichten, der in der Öffentlichkeit über die wahren Hintergründe aussagt. Nichts anderes geschieht zur Zeit auf unserem Planeten. Doch, was nützt all die Vernebelung gegenwärtiger Ereignisse, wenn Beweise aus der Vergangenheit auftauchen? Also muss auch hier alles vertuscht werden, was den Panzer aufbrechen könnte. Die paradoxen Zeichen, all die Rätsel, wie sie bei der Erforschung des alten Ägypten zwischen Sand, Steinen und Gräbern aufgetaucht sind, haben bei den Mächtigen eine geradezu schon bange Neugierde geweckt. Geheimdienste und offizielle Behörden, Rüstungskonzerne und archäologische Forschungsinstitute, geheime Gesellschaften und alle möglichen anderen Gruppierungen scharen sich allesamt um die alten Monumente, um dort Schätze für sich zu gewinnen, natürlich unerkannt von der übrigen Welt.

Doch die Geschichte ist noch komplizierter. Eine heimliche Gruppe verwendet heute für ihre Forschungen und Experimente sehr ungewöhnliche Methoden, die zum Teil ganz offensichtlich selbst für altägyptische Rätsel gesorgt hat – *Stargate*-Technologie.

11.

Geheime Projekte

Nach allem, worüber bisher die Rede war, dürfte kaum mehr ein Zweifel daran bestehen, dass in Ägypten manches nicht mit rechten Dingen zugeht. Unsere Suche nach Zusammenhängen und Hintergründen hat uns immer wieder zu ungewöhnlichen Phänomenen geführt, sehr oft zu Phänomenen der Raumzeit.

Herausragend ist das Beispiel der Hieroglyphen im auch sonst nicht gerade gewöhnlichen Tempel von Abydos. Panzer, Hubschrauber und U-Boote, eine Technologie des 20. Jahrhunderts in einem altägyptischen Monument! Wie lässt sich das auch nur einigermaßen verstehen? Die Erklärung der Ägyptologen, die da bekanntlich lautet: »Zwei verschiedene Schichten von Hieroglyphen haben sich vermischt und rein zufällig modern wirkende Muster geschaffen«, konnten wir kaum akzeptieren. Andere »normale« Erklärungen scheiden, wie wir feststellen mussten, auch aus. Was bleibt, ist aber wieder so fantastisch, dass sich der »gesunde Menschenverstand« dagegen sträubt!

Ein echtes Dilemma also. Doch es hilft alles nichts, die beobachteten Tatsachen verlangen nach einer Erklärung, und über kurz oder lang werden wir allesamt unseren Horizont ohnehin stark erweitern müssen, um zu verstehen, was um uns herum geschieht. Jeder, der selbst schon einmal eine ungewöhnliche Erfahrung gemacht hat, beispielsweise in der Königskammer der Großen Pyramide oder aber auch an einem ganz anderen Ort in der Welt, wird wissen, welcher Kampf sich danach im Kopf abspielt. Wir werden aus allem, was uns vertraut ist, hinausgeworfen in eine fremde, unbekannte Welt. Alles, was wir nicht begreifen können und worüber wir keine Erfahrungswerte besitzen, macht uns im Übermaß Angst. Deshalb scheuen wir uns letzten Endes allesamt und ohne Ausnahme auch so davor, die Möglichkeit seltener und fremdartiger Phänomene anzuerkennen. Auch die Wissenschaft liebt die Bequemlichkeit. Was nicht ins Konzept passt, fällt eben aus dem Raster und wird lieber mal eben schnell als unwissenschaftlich deklassifiziert.

Und dann gibt es auch ganz spezielle Bereiche, die sowieso obskur sind und gleichzeitig oft so sehr von Geheimdienst- und Militärprojekten beschlagnahmt sind, dass ihre zivile Erforschung kilometerweit in Kinderschuhen hinterherhinkt. So wie es aussieht, können wir eines nicht ausschließen: nämlich, dass auch die Abydos-Hieroglyphen das Ergebnis eines supergeheimen Projektes des 20. Jahrhunderts sind. Einmal »laut nachgedacht«: Sie könnten auch so etwas wie in Stein gespeicherte Erinnerungen an den Wahrtraum eines ägyptischen Eingeweihten sein, der eine *geistige* Reise in *unsere* Zeit unternahm. Doch warum sollte er einen Grund haben, ausgerechnet in unser Jahrhundert zu reisen? Er hätte sehr viele Zeiten zur Auswahl gehabt und viele bestimmt auch noch beeindruckendere Ereignisse und Gegenstände sehen können, als die in Abydos verewigten, auch wenn er wohl ihren Sinn und Zweck gar nicht verstanden hätte. Unter anderem deshalb denke ich, dass wir den Zeitpfeil umkehren müssen, um zu einer Erklärung zu gelangen. Und dabei fallen uns wieder einmal jene hartnäckigen Gerüchte ein, für die es aber immerhin eine Reihe an Zeugen gibt. Der Status der absoluten Beweisbarkeit wird unter Berücksichtigung der extremen Geheimhaltung allerdings nie erreichbar sein. Ich denke, niemand, der in der Lage ist, den absoluten Beweis für das folgende Szenario zu liefern, wird ohne ernste Gefahr für seine Wohlergehen damit an die Öffentlichkeit gehen können. Wir müssen diese Gedanken also zwangsläufig als spekulativ hinnehmen – doch ihr Hintergrund ist bereits nicht übel fundamentiert. Worum geht es diesen Gerüchten zufolge:

Im 20. Jahrhundert fanden Experimente statt, unter strengster Verschwiegenheit und Ausschluss der Öffentlichkeit. Es waren gewagte Experimente, die Menschen *physisch* in der Raumzeit versetzten – nicht nur hinein in verschiedene Vergangenheiten, sondern auch in die Zukunft. Doch zur Erforschung von Spuren der Zeitmanipulation steht uns nur die Vergangenheit offen. Und wir finden: *Anachronismen* – nicht nur in Ägypten. Ich habe mich in diesem Buch absichtlich voll und ganz auf die allerdings auch wirklich sehr zahlreichen Anomalien im alten (und doch so modernen!) Ägypten beschränkt, auch wenn es weltweit ähnliche Seltsamkeiten zu bestaunen gibt. Für mich aber ist das Beispiel und die Tatsache an sich das Wesentliche. Ägypten sticht dadurch hervor, dass dort gerade gegenwärtig eine ungewöhnliche, heimliche Betriebsamkeit herrscht, und dass im ehemaligen Reich der Pharaonen zwei Kräfte aufeinanderstoßen – die kosmischen »Ur-Götter« und die Technologie des 20. Jahrhunderts. Das Ganze stellt eigentlich eine positive Rückkopplung dar, eine Endlos-Schleife. Unser archäologisches Wissen über die alte Kultur zieht uns magisch an. Wer würde nicht gerne einmal eine *Zeit*reise nach Ägypten unternehmen wollen? Und verdeckte Zirkel, die durch eine lange Tradition über die Existenz eines weitreichenden Geheimwissens der Ägypter informiert sind, haben zusätzlich Grund, sich zu dessen Wurzeln zu begeben.

Es gibt trotz der konstanten absichtlichen Lächerlichmachung des Themas heute beachtliche Indizien für die Anwesenheit einer nichtirdischen Intelligenz auf diesem Planeten, die schon lange in unserer Nähe ist. Es gibt beachtliche Indizien dafür, dass eine sehr geheime Gruppierung vor allem der US-amerikanischen, aber weltbeherrschenden Machtstruktur (ich vermeide die Bezeichnung *US-Regierung*, denn sie trifft nicht annähernd zu!) sich im Besitz von Bestandteilen einer fremden Technologie befindet sowie von Informationen, die ihr helfen, wirksame Zeitexperimente durchzuführen. Diese gelungenen Experimente stellen einen kaum zu überschätzenden Machtfaktor dar und bieten die Möglichkeit, sich dem Urquell des ungeheuren ägyptischen Wissens zu nähern oder ihm sogar direkt zu begegnen.

Wie aber sieht es mit den Belegen für dieses wirklich (in der Raumzeit) verrückte Szenario aus?

Die in unseren Tagen bekannt gewordenen Programme, die sich mit dem Reisen durch die Raumzeit beschäftigten, wurden naturgemäß unter höchster Geheimhaltung durchgeführt. Sie sind von sich aus schon verwirrend, doch spielen bei ihrer Rekonstruktion noch zusätzliche Erschwernisse hinein. Denn das beteiligte Personal wurde den Zeugenberichten zufolge gehirngewaschen und mit neuen Identitäten versorgt. Nur wenig ist bekannt, doch selbst dieses Wenige ist schwer durchschaubar und entsprechend kompliziert. Alles in allem eine lange Geschichte, deren wesentliche Details nur über zufällige Ereignisse bekannt wurden. Es gibt mehrere umfangreiche Bücher, in denen einige der Hauptbeteiligten über diese Projekte berichten, die ich hier nur gerade streifen kann.

Ich werde mich im Folgenden ganz schlicht und ohne Schnörkel an den Aussagen dieser Zeugen orientieren. Es sind Aussagen, deren Wahrheitsgehalt ich nicht überprüfen kann. Doch stimmen diese Aussagen trotz der überwältigen Zahl an Detailinformationen so verblüffend überein, dass eine grobe Verfälschung des Sachverhalts recht abwegig erscheint.

Die ungewöhnliche Geschichte der Experimente führt uns wieder an den Anfang dieses Buches zurück, hin zum Jahr 1943 – zum mysteriösen Philadelphia-Experiment. Bestimmt erinnern Sie sich noch: Der Zerstörer *USS Eldridge* sollte für das Radar unsichtbar gemacht werden, indem er komplett von einer »magnetischen Flasche« umgeben wurde. Dieser Test war ein ziemlich perfekter Vorläufer der Tarnkappen- oder *Stealth*-Technologie. »Project Rainbow« – so hieß das Philadelphia-Experiment eigentlich – hatte den Status einer TOP-SECRET-Operation und sollte dazu beitragen, den Zweiten Weltkrieg mit einer dem Feind weit überlegenen Technik zu beenden. Tatsächlich verschwand die *Eldridge* vom Radarschirm, als die Magnetflasche aktiviert wurde. Aber es passierte weit mehr, das Schiff wurde unsichtbar und verschwand sogar physisch aus dem Raumzeit-Kontinuum! Es löste sich auf und materialisierte sich hunderte von Meilen entfernt in Norfolk, Virginia.

Die Zeugen des Experiments berichten einhellig davon, dass die Sache vom naturwissenschaftlich-technischen Standpunkt her betrachtet ein echter Erfolg war, allerdings gab es für die Besatzung des Schiffes katastrophale Nebenwirkungen. Sie wurden ihres existentiellen, raum-zeitlichen Bezugspunktes entrissen. Als das Schiff wieder auftauchte, waren ihre Körper teils mit den Stahlstrukturen der *Eldridge* verschmolzen. Eigentlich gab es schon in der Entwicklungs-Phase von »Project Rainbow« ernste Bedenken, ob der Versuch wirklich wie geplant funktionieren würde. Am Projekt waren glänzende Persönlichkeiten der Forschung beteiligt. Die ersten theoretischen Grundlagen schuf der deutsche Mathematiker David Hilbert schon im Jahr 1912. Die nach ihm benannten »Hilbert-Räume« waren Ausgangspunkt für neue mathematisch-physikalische Strukturen in der Raumzeit. Hilbert traf 1926 mit dem genialen Mathematiker John von Neumann zusammen, ein ungarnstämmiger Deutscher, einer der Pioniere des Computerwesens, der die kompliziertesten Formeln und Theorien in eine praxisnahe Anwendung umsetzen konnte. Auch der bis heute in der etablierten Wissenschaft fast überall totgeschwiegene Nikola Tesla trat in das Projekt ein und nicht zuletzt soll auch Albert Einstein mit seinen Forschungen zur einheitlichen Feldtheo-

»Philadelphia«-Chef
John von Neumann

rie beteiligt gewesen sein. Bald sammelte sich die Forscher-Elite im amerikanischen Princeton, wo 1933 unter Beteiligung von Einstein das legendäre *Institute for Advanced Study* gegründet wurde – bemerkenswert, wie der zukunftsorientierte Charakter dieser Einrichtung betont wurde: *Institut für fortgeschrittene Studien!*

Tesla, der nominell zum Direktor des Unternehmens ernannt wurde, und von Neuman verstanden sich nicht sonderlich, und vor allem in einem Punkt herrschte eine ernste Meinungsverschiedenheit. Tesla machte sich Sorgen, dass die Besatzung körperlich zu stark durch das Experiment belastet werden könne, und bat daher um mehr Zeit für Tests, doch von Neumann drängte auf eine möglichst schnelle Vollendung. Als Tesla im März 1942 aus dem Programm ausschied, wurde von Neumann der neue Chef. Die Sache nahm ihren Lauf.

Nach dem katastrophalen Test am 12. August 1943 löste sich »Rainbow« auf, Dr. von Neumann kam nach dessen Beendigung zum Manhattan-Projekt, dem geheimen Bau der ersten US-Atombombe. Doch die Geschichte war damit noch lange nicht abgeschlossen. Gegen Ende der vierziger Jahre erwachte das Interesse an den Ereignissen von 1943 erneut und damit kam auch »Project Rainbow« wieder in die Diskussion. Dr. von Neumann und seine Gruppe wurden reaktiviert und sollten nun herausfinden, was damals wirklich geschehen und warum das Projekt außer Kontrolle geraten war. Alles hatte funktioniert, sogar weit perfekter als erwartet. Aber die Menschen an Bord der Eldridge waren Opfer des Versuchs geworden. »Rainbow« wurde mit einem Projekt zur Wetterkontrolle (»Phoenix«) zusammengeschlossen, um eine Antwort zu finden. Handlungszentrale des neu bestimmten »Phoenix Project« waren die Brookhaven-Laboratorien auf Long Island, dem langgestreckten Inselbogen direkt vor New York an der Ostküste der USA. von Neumann machte nach jahrlangen Forschungen eine interessante Entdeckung. Der Fehler von 1943 bestand darin, dass die Besatzung der Eldridge keinen fixen Zeitbezugspunkt mehr besaß, als sie durch die Raumzeit geschleudert wurde. Somit bestand keine Verbindung mehr zum bekannten Universum und zur bekannten Realität. Die Lösung sollte sein, einen solchen Fixpunkt von außen künstlich zu generieren. Die Orientierungsmarke sollte jedem Menschen, der sich in der magnetischen »Flasche« befand, virtuell und subjektiv den Eindruck eines fortlaufenden Zeitstroms vermitteln.

Das alles lief darauf hinaus, ein im Grunde ägyptisches Ideal zu verwirklichen: die Beherschung des Geistes. Mit anderen Worten ging es um die Kontrolle von Gedanken vermittels bestimmter elektromagnetischer Wellen. Dem amerikanischen Kongress waren diese Experimente unheimlich und er beschloss eine Einstellung der Versuche zum Jahr 1969. Das Militär sah die Sache völlig anders. Klar, denn wer möchte seinen Feind nicht geistig beeinflussen können!

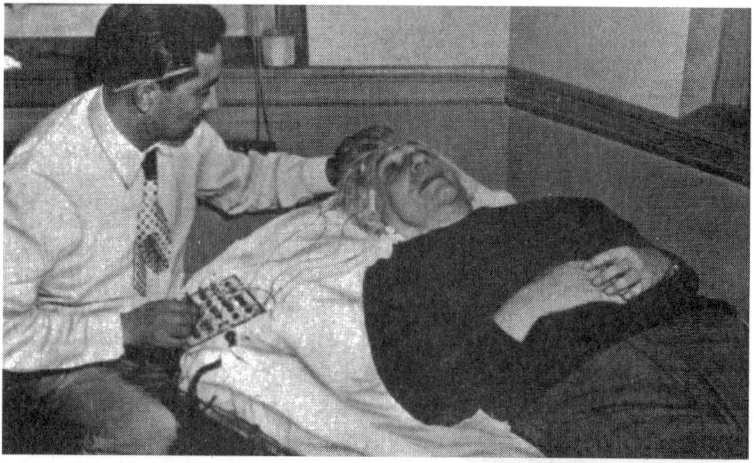

Oben: Albert Einstein – hier bei der Aufzeichnung seiner Gehirntätigkeit – lieferte laut einigen Behauptungen wesentliche theoretische Grundlagen für das Philadelphia-Experiment und die nachfolgenden Projekte.

Rechts: Der bedeutendste Wissenschaftler der Welt – Albert Einstein – macht sich auf den Weg zu seinem Segelboot. Hätten Sie ihn erkannt? Äußerlichkeiten waren für ihn bedeutungslos – das Wasser und sein Boot nicht. Wieviel wusste er über das »Philadelphia-Experiment«?

Der Neustart des Projektes war durch die Kooperation mit dem US-Militär besiegelt. Die Leute des Brookhaven-Laboratoriums auf Long Island benötigten nun einen möglichst abgelegenen Ort, um ihre mehr und mehr geheimen Forschungen weiterzuführen. Für das Militär war das kein größeres Problem, und außerdem konnte man dort froh darüber sein, keine weiteren finanziellen Mittel in das Unternehmen hineinstekken zu müssen, das nun als »Phoenix II« tituliert wurde. Woher die Brookhaven-Gruppe ihr Geld hatte, ist unbekannt. Preston Nichols, ein Zeuge des Projekts, der seine Beteiligung nach der Gehirnwäsche nur ganz schrittweise und eher zufällig entdeckte, vermutet, dass hier Nazi-Gold eine Rolle spielte und erwähnt in seinem Buch über das Projekt einen Vorfall, der sich 1944 in Frankreich zugetragen hat. Damals wurde ein Zug, der Nazi-Gold im Wert von seinerzeit zehn Billionen Dollar transportierte, in einem Tunnel in die Luft gesprengt.

Das Gold ist spurlos verschwunden. Einundfünfzig GIs, die den Transport begleiteten, kommen dabei ums Leben. Der US-General George Patton hatte den Auftrag, die Drahtzieher und Hintergründe des Anschlags zu enttarnen. Wo auch immer er mit Informationen rechnen konnte, er wurde hoffnungslos blockiert. Irgendwelche Kräfte im Hintergrund konnten sehr wirksam verhinderten, dass auch nur der kleinste Hinweis ans Tageslicht kam. Nichols sagt, er konnte in Erfahrung bringen, dass das Gold in Montauk auftauchte. Montauk Point, das ist genau der Ort am äußersten Ende von Long Island, an dem die Brookhaven-Gruppe ihre Arbeit mit »Phoenix II« fortsetzte. Deshalb wurde dieses neue Raumzeit-Programm auch vor allem als das »Montauk-Projekt« bekannt. Warum ausgerechnet in Montauk?

In kurzen Worten zusammengefasst ist die Erklärung dafür, dass der Ort nicht nur in ausreichender Abgeschiedenheit liegt, sondern auch über eine alte Militäranlage und ein besonderes Radar verfügte, das zwar längst überholt war, sich aber für die speziellen Zwecke der geheimen Experimente als genau das Richtige erwies. Mit dem SAGE-Radar (SAGE = *Semi-Automatic Ground Environment*), dem ersten computergestützten Echtzeit-Radarwarnsystem, war den Montauk-Leuten die Arbeit mit Frequenzen im Bereich von 425 bis 450 Megahertz möglich. Genau diese Frequenzen hatten sich als geeignet erwiesen, in das menschliche Bewusstsein einzudringen!

1970/71 wurde die bis dahin stillgelegte alte Montauk-Luftwaffenbasis wieder aktiviert und gegen Ende 1971 konnte das Montauk-Projekt starten. Als oberstes Versuchskaninchen hielt laut Nichols fast ausschließlich der Projekt-Mitarbeiter Duncan Cameron her, der außergewöhnliche geistige Fähigkeiten besaß. Die längliche, wie eine Banane gekrümmte SAGE-Antenne von Montauk wurde für die Experimente auf einen rund hundert Meter entfernten Raum gerichtet, in dem sich Cameron befand. Cameron erlitt über die Zeit schwere Gehirnschäden durch die permanente Mikrowellen-Bestrahlung. Bei einer ärztlichen Untersuchung stellte sich heraus, dass er eigentlich hirntot war, was natürlich gar nicht möglich sein konnte. Cameron lebte und dachte normal weiter, aber offenbar nur unter Aufbietung ungewöhnlicher mentaler Reserven. Auch andere Personen, darunter Militärangehörige ebenso wie Menschen ohne festen Wohnsitz, fielen später den Experimenten von Montauk zum Opfer. Die Ergebnisse wurden immer verblüffender. Schließlich waren die Montauk-Leute in der Lage dazu, gezielte Gedankenmuster auszulösen und sie zu kopieren und abzuspeichern. Während diese Anordnung spezielle Gedanken *erzeugen* konnte, war ein anderes Gerät in der Lage, Gedanken zu *lesen*. Die Montauk-Mannschaft war begeistert, als sie von einer Konstruktion des ITT-Konzerns erfuhr, der so ein Instrument gebaut hatte. Für Nichols ist die Herkunft dieser fortgeschrittenen Technologie ein Rätsel, er erwähnt aber Informationen, die eine außerirdische Quelle nahelegen sollen und sagt, die Forschungen seien von Wesen unterstützt worden, die aus dem Sirius-System kamen.

Die große SAGE-Antenne von Montauk

Die Anlage scheint verblüffend einfach. Um einen Stuhl waren mehrere Sensor-Spulen in pyramidenförmiger Anordnung angebracht, die das Signal der Person abgriffen. Über sechs Ausgangskanäle gelangten die Daten dann in einen Digitalwandler und von dort weiter in einen Cray-1-Computer. Bald konnten auf dem Monitor die Gedanken dreidimensional und plastisch wiedergegeben werden. Ziel der Leute von Montauk war, dieses Gerät in einen Gedankensender umzuwandeln, um eine bei den Raumzeit-Experimenten notwendige Ersatzrealität auf die beteiligten Personen zu übertragen. Auf diese Weise entstand der berühmte »Montauk-Stuhl«. Über die Sensoren am Stuhl und zusammengeschaltete Computer verlief eine Signalkette, die schließlich von einem Sender übertragen wurde. Nichols beschreibt zahlreiche Details der Konstruktion und auch die vielen Probleme, die bei den ersten Versuchen vor allem wegen der Abstimmung der einzelnen Komponenten auftraten. Kaum vorstellbar, dass diese Einzelheiten *allesamt* seiner Phantasie entspringen sollten!

Nach etlichen Fehlschlägen war man schließlich am Ziel angekommen. Die Montauk-Leute hatten das System 1977 sogar soweit perfektioniert, dass sie damit Gedankenbilder materialisieren konnten. Wenn Duncan Cameron sich auf einen Gegenstand konzentrierte, konnte er ihn auf der Basis erscheinen lassen. Wenn diese Behauptung Nichols der Wahrheit entspricht, war man in Montauk nun wirklich in technische Bereiche vorgedrungen, die man normalerweise eigentlich als »Magie« bezeichnen würde. Gelegentlich erschien der materialisierte Gegenstand nicht stabil genug und ließ sich nicht anfassen, doch die Methode wurde mit der Zeit durch weitere Feinabstimmung immer ausgereifter. Andere Experimente sollten die Frage klären, wieweit sich wirklich fremde Gedanken ins Gehirn eines anderen Menschen einpflanzen ließen. 1978 hatte das Team die Bewusstseinskontrolle völlig im Griff. Dabei erwies sich die Form der Pyramiden, die man in Montauk auch genau studierte, sowie eine sogenannte Orion-Delta-T-Antenne als sehr bedeutsam.

In den folgenden Jahren schlossen sich Versuche an, die Zeit zu krümmen und Verbindungstunnels in andere Zeiten zu schaffen. Denn den Experimentatoren fiel auf, dass kein Objekt, das Cameron sich vorstellte, auch genau in diesem Moment entstand, sondern immer mit zeitlichem Versatz. Nicht selten vergingen viele Stunden, bis es auftauchte. Die Folgerung war die einer Zeitkrümmung. Das »Medium« Cameron begann, sich auf Zeit-Tore zu konzentrieren und sie zu öffnen. Seine Gedanken führten 1980 mit Hilfe des Montauk-Stuhls und der Delta-T-Antenne dazu, dass in der Mitte der Antenne ein Korridor in der Raumzeit entstand, an dessen fernem Ende eine fremdartige Lichtquelle strahlte. Das alles müsste ausgesehen haben wie reine Sciencefiction im Sinne des Kassenknüllers *Stargate*.

Auch mit den Zeit-Toren gab es erst einmal Probleme, denn sie ließen sich nicht stabil halten und »verrutschten«. Wenn Cameron sich bewegte, übertrug sich das kaum berechenbar auf das geschaffene Tor. Natürlich war das gefährlich für die Zeitreisenden, die dadurch irgendwo in der Raumzeit auf Nimmerwiedersehen verloren gehen konnten. Dabei half den Forschern die Entdeckung von stabilen Hauptwirbeln oder von ihnen Ankerpunkte genannten Zeitbaken, die sich in einem merkwürdigen natürlichen Rhythmus alle zwanzig Jahre einstellen; 1943 war so ein Datum, demnach ebenso 1963 und 1983. Wenn man zuerst ein solches Datum anpeilte und von dort dann eine kleinere Brücke zum eigentlich beabsichtigten Datum schlug, konnte man damit rechnen, dass die Sache gut verlief. Das Projekt unterlag nun der denkbar höchsten Geheimhaltungsstufe. Im Februar 1981 traf ein neues Team auf Montauk ein, von deren Angehörigen Nichols, wie er sagt, niemanden kannte. Dieses Team nannte man »Secret Crew«, die »Geheime Gruppe«. Von da an erhielt das Unternehmen die Bezeichnung »Phoenix III«.

Wenn sich das Raumzeit-Tor auftat, entstand ein Energiewirbel, in den die Reisenden schon hinein gezogen wurden, wenn sie ihn gerade mit einem Bein betreten hatten. Nichols erwähnt in seinem Buch »Das Montauk-Projekt«, dass die Forscher mit der Zeit um die beiden Weltkriege experimentierten, doch er wisse nicht, was sie wirklich anstellten. Aber sie wussten genau, was sie machten. Sie erzeugten sogar einen kleineren Zeit-Tunnel, über den sie kontrollieren konnten, was im Hauptwirbel geschah, und nannten diese Aktion die »Sehendes-Auge«-Funktion – das wachende Udjat-Auge des Horus. Vor allem die Bemerkung, der Hauptstrudel sei so stabil gewesen, dass man sogar mit einem Laster hindurchfahren konnte, ist bemerkenswert. Zwar ist nicht direkt die Rede davon, doch: Kommt uns da nicht auch die Idee, die Montauk-Gruppe hätte auch Panzer oder Hubschrauber durch den Tunnel schicken können, in eine andere Zeit, vielleicht sogar ins alte Ägypten? Mit der Montauk-Anlage hatte man doch nun das beste Mittel in der Hand, eine Expedition dorthin zu entsenden und zur rechten Zeit am rechten Ort nach den großen Geheimnissen zu suchen.

Es gäbe noch viel zu den verwickelten Vorgängen in Montauk und und vor allem den Vorgängen während des gleichnamigen Projektes zu sagen. Ich will wenigstens noch kurz erwähnen, dass die Geräte am 12. August 1983 eine Art Eigendynamik entwickelt haben sollen. Sie schalteten sich mit etwas zunächst Unbekanntem synchron. Dann plötzlich wurde die Sache klar. An jenem Tag hatten sich zwei Ankerpunkte miteinander verknüpft, und plötzlich tauchte die *USS Eldridge* aus dem Jahr 1943 im Raum-Reit-Tor auf! Das brachte aus bestimmten Gründen schwerwiegende Komplikationen in Form von Zeitparadoxien mit sich, die ich hier aus Platzgründen leider nicht mehr näher erwähnen kann – das Raum-Zeit-Tor dieses Buches ist eben viel zu klein für die *Eldridge!* Jedenfalls hatten einige Mitarbeiter des Projektes schon länger das Gefühl gehabt, mit dem ganzen Experiment viel zu weit zu gehen, und so sabotierten sie an jenem Tag die Anlage, um das Schlimmste zu verhindern. So kam das Montauk-Projekt »Phoenix III« im August 1983 zu einem jähen Ende.

Für uns ist in erster Linie wichtig, dass recht präzise Gerüchte über ein solches supergeheimes Projekt kursieren, mit dem Zeitreisen möglich gewesen sein sollen, die auch die ägyptischen Anachronismen erklären könnten und die schreckliche Geheimniskrämerei, die viele Tempelstätten umgibt. Montauk selbst ist ein faszinierender Ort, der wohl nicht nur wegen der SAGE-Antenne gerade für solche mysteriösen Raum-Zeit-Experimente hervorragend geeignet war beziehungsweise ist. Interessant ist, dass Montauk etliche Verbindungen zu Ägypten besitzt. Früher existierten dort einige kleine Pyramiden unbekannten Ursprungs. Manche sprechen davon, dass dort, wo Pyramiden stehen, auch jenes morphogenetische Feld, das allen Raum und alle Zeit in sich birgt und damit auch sämtliche Ereignisse des Universums in sich gespeichert hat, verstärkt ist und Zeitphänomene fördert.

Merkwürdig ist ebenfalls, dass bei den ursprünglichen Bewohnern der Region, den Montauk-Indianern, ein sehr alter Familienname von großer Bedeutung ist. Diese Familie heißt *Pharoah!* Auch der Namen Montauk selbst und seine Herkunft ist hochinteressant. Denn auch er führt augenscheinlich nach Ägypten. Dazu muss ich jetzt noch einmal an den genauen Wortlaut jenes alten arabischen Berichts von Ibn Abd Hokm erinnern. Er schreibt: »Und er [Thoth, Anm. d. Verf.] ließ darauf in der westlichen Pyramide dreißig Schatzkammern anlegen, gefüllt mit Schätzen und Gerätschaften, mit Schmuck und Zierrat aus Edelsteinen, mit eisernen Instrumenten, mit tönernen Schiffsmodellen, mit Waffen, die nicht rosteten und Glasgefäßen, die man biegen konnte, ohne dass sie brachen.«

Ich habe eine Besonderheit dieser ohnehin schon bemerkenswerten Aussage bisher noch absichtlich unkommentiert gelassen, denn ich wollte erst ein paar Dinge zu Montauk gesagt haben, um die Sache in den kompletten Zusammenhang zu stellen. Klar, am auffallendsten ist natürlich die Erwähnung von biegsamem Glas und nichtrostenden Waffen. Wenn man nun von geheimen Kammern in einer Pyramide liest und von derartigen Wunderdingen, dann könnte man eines sehr schnell übersehen: Hier ist von der *westlichen* Pyramide die Rede! Nun gilt die Große Pyramide von Giseh zwar als das westliche *Haus* der Isis – das östliche ist der Sinai! – doch jener alte Araber spricht von der westlichen *Pyramide* und bezieht sich somit auf die Verhältnisse *innerhalb* des Giseh-Komplexes. Doch von den drei Haupt-Pyramiden dort ist die Große Pyramide die *öst-*

liche! Die westliche ist die kleinste der drei, die dem Pharao Mykerinos zugeschrieben wird (ebenfalls aufgrund eines Namensfundes von Howard-Vyse). Demnach müssten sich zumindest die von Abd Ibn Hokm beschriebenen dreißig Geheimkammern mit den ungewöhnlichen Gegenständen in dieser eher unauffälligen Pyramide befinden, während sich fast alle Aufmerksamkeit auf die Geheimnisse der Großen Pyramide richtet.

Ich habe schon erwähnt, dass die drei Pyramiden von Giseh zueinander genauso angeordnet sind wie die Gürtelsterne des Orion. Ihre Größe spiegelt in etwa auch die relativen Helligkeiten der drei Sterne wieder. Der Name des Sternes, den die Mykerinos-Pyramide repräsentiert, lässt aufhorchen. Er lautet *Mintaka!* Das klingt sehr ähnlich wie *Montauk*, dessen Bedeutung auch ganz gut zur Pyramide passt. Der Forscher Dr. J. H. Trumbull, führend auf dem Gebiet der Erkundung der Algonquin-Indianer, zu denen auch die Montauk zählen, sieht die Wurzel ihres Namens im Wort *manatuck.* Und das bedeutet soviel wie Hügel! Im Englischen spiegelt sich die Bedeutung ebenfalls wieder, im Wort für Berg – *Mountain*. Es gibt noch viele andere Verbindungen. Der einstige US-Präsident Thomas Jefferson, ein Freimaurer, machte sich Sorgen, dass mit den Montauk-Indianern auch ihre ganz besondere Sprache aussterben würde, von der andere sagen, sie sei die »Sprache der Engel« und gehe auf Hennoch zurück – *Ennochitisch.* Hennoch ist aber gleich Thoth, der uns sowieso schon treu und brav durch das ganze Buch begleitet hat. Wahrscheinlich lässt sich die Behauptung über den Ursprung der Montauk-Sprache nicht belegen, interessant ist sie aber schon. Der Co-Autor von Preston Nichols geht bestimmt zu weit, wenn er eine Verbindung zum englischen Wort für Affe herstellt, zu *monkey*. Er sieht darin ein Wortspiel, nämlich *mon-key,* was er mit »der Schlüssel (engl.: *key*) zu *mon*, also Montauk übersetzt. Wir könnten dem noch eins draufsetzen und feststellen, dass der Affe in Ägypten immerhin den Thoth symbolisierte, so dass die Sache daher schon einen gewissen Sinn hätte.

Bemerkenswerter ist aber sicherlich, dass sich in Montauk auch die Tahuti- oder Thoth-Loge des aus Europa nach Kalifornien ausgewanderten *Ordo Templi Orientis OTO* (des *Orden der östlichen Templer*) trifft. Schon wieder versammeln sich ungewöhnliche Gruppen an Orten mit ägyptischem Flair! Ich möchte das aber nicht vertiefen, sondern jetzt viel eher noch der Frage nachgehen, was mit den Raum-Zeit-Experimenten nach 1983 geschah und wer sie heute durchführt. Denn auch darauf gibt es verblüffende Antworten!

12.

Wo ist das Sternentor?

Weltweit gibt es Pyramiden. So geheimnisvoll wie sie sind, so geheimnisvoll sind oft auch die Orte, an denen sie errichtet wurden. Wissen Sie, wo es eine »lebensgroße« Nachbildung der Großen Pyramide von Giseh und des Sphinx gibt? Sicher, Sie wissen es! Diese Nachbildung befindet sich, natürlich in stark modernisierter Form, in einer der verrücktesten Städte der Welt, im Paradies der Spieler und Zocker – Las Vegas in Nevada. Dort steht das Luxor, ein riesiges Casino, das bald eine Milliarde Dollar Baukosten verschlungen hat. Es hat genau die Form der Großen Pyramide und steht ihr auch an Größe nicht nach. Allerdings ist das Luxor innen größtenteils hohl und würde nur einen winzigen Bruchteil der Masse seines ägyptischen Vorbilds auf die Waage bringen. Auch äußerlich sieht das Casino natürlich anders aus, seine dreieckigen Seitenflächen bestehen durchweg aus dunkel getöntem Kunstglas. Vor dieser Pyramide ruht außerdem eine – wie vieles in den USA und fast alles in Las Vegas – klischeehaft wirkende Nachbildung des Sphinx von Giseh.

Sicher werden Sie jetzt einwenden, dass es absolut blödsinnig wäre, hier vielleicht auch noch geheime Kammern und besondere Kraftorte zu vermuten, direkt unter dem Casino. Da haben Sie ganz bestimmt auch recht. Bekanntlich ist ja jede der Spielhöllen in der Wüstenstadt einem bestimmten Thema gewidmet. Wenn dann eben ein »ägyptisches« Casino dabei ist, dürfte das doch kein großes Wunder sein!

Keine Frage. Trotzdem gibt es wieder einmal einen bemerkenswerten Zufall. Der Las-Vegas-Sphinx blickt exakt wie der Giseh-Sphinx in

Pyramide und Sphinx von Nevada

Richtung Osten. Das Erstaunliche aber daran: Genau dort, nur wenige hundert Meter im Osten und gewissermaßen direkt vor der Nase der Figur, befinden sich einige streng bewachte Tore und dahinter ein sehr ungewöhnlicher Flughafen. Er fällt zwar überhaupt nicht weiter auf, denn sein Gelände geht nahtlos in den großen Flughafen von Las Vegas über, den McCarran-Airport. Doch die Vorgänge auf dem kleineren und so hervorragend geschützten Gelände sind sehr interessant.

Dieses Gelände gilt als das »Tor zur *Schwarzen Welt*«. Von dort aus starten nämlich unmarkierte Linienmaschinen mehrmals täglich, um anynomes Spezialpersonal in die Wüste hinauszufliegen. Etwa zweihundert Kilometer nördlich von Las Vegas landen die Jets in einem Niemandsland, einer riesigen verborgenen Militäranlage, von der zwar viele Menschen schon einmal gehört haben, die aber trotzdem meist für eine Erfindung von Verschwörungstheoretikern gehalten wird, weil nur sehr wenige sie bisher gesehen haben. Ich kann Ihnen mit absoluter Gewissheit bestätigen, dass sie existiert, denn ich habe sie mit eigenen Augen gesehen. Sie liegt völlig abgeschieden hinter hohen Berggipfeln in einem gigantischen Sperrbezirk. Kaum etwas ist bislang darüber durchgesickert, was dort geschieht. Zeugen, die einige Andeutungen geäußert haben, wurden wegen der Ungeheuerlichkeit ihrer Aussagen mit aller Konsequenz lächerlich gemacht. Manche Insider haben nur unter der Hand berichtet. Doch auch die wenigen Anwohner in der Gegend des jenseits von TOP SECRET angesiedelten Gebiets, das oft »Schwarze Welt« genannt wird, haben wieder und wieder sehr ungewöhnliche Vorgänge beobachten können. In meinem Buch »Geheimbasis Area 51 –

Die Rätsel von Dreamland« habe ich sehr ausführlich darüber berichtet und will mich daher hier kurz fassen.

Niemand in der US-Regierung und im Militär gibt zu, dass diese Anlage tatsächlich existiert. Selbstverständlich bleibt den offiziellen Sprechern der dunklen, mächtigen Hintermänner nichts anderes übrig, als zumindest die Existenz eines geheimen Testgeländes in diesem einsamen Landstrich Nevadas zuzugeben. Aber mehr auch nicht.

Wer einmal aus der Luft einen Blick auf die gewalige Anlage werfen will, muss damit rechnen, mit seinem Flieger abgeschossen zu werden; selbst die Air-Force-Piloten der unüberschaubar großen Nellis-Luftwaffenbasis, auf der auch das Sperrgebiet liegt – hierher gehört eigentlich ein dickes Ausrufezeichen! –, dürfen nicht über dessen Grenzen hinwegfliegen! Wer es trotzdem wagt, muss im schlimmsten Extremfall mit seinem Leben bezahlen – also: »Die *Schwarze Welt* sehen und sterben!« Gleiches gilt für Eindringlinge am Boden. Die Wächter jener abgeschotteten Welt sind im Prinzip befugt, jeden zu erschießen, der versucht, zur Basis vorzudringen. Von der Sperrlinie bis zu den Anlagen sind es mindestens zwanzig Kilometer, trotzdem: Wer nur einen Fuß in das Gelände setzen will, kann mächtig Probleme bekommen.

Entlang der verbotenen Zone patrouillieren die Wächter Tag für Tag und Nacht für Nacht mit weißen Jeeps. Über kilometerweite Strecken und riesige Flächen wird alles beobachtet, was sich nähert. An manchen Stellen sind Sensoren in den Boden eingegraben und melden Erschütterungen weiter, Video-Kameras zeichnen an den Zufahrtswegen auf, wenn

Das »Tor zur Schwarzen Welt« – der Weg zur Sternentor-Technologie. Im Hintergrund drei unmarkierte Boeing-Maschinen zum geheimen Transfer nach Area 51.

jemand sich den Warnschildern nähert, auf denen die Anwendung tödlicher Gewalt angedroht wird. Tarnkappen-Flugzeuge ziehen ihre Kreise, um selbst im entfernten Bergland noch nachzusehen, ob Spione ihr Unwesen treiben. In dieser Grauzone vor der »Schwarzen Welt« sind auch die US-Bürgerrechte außer Kraft gesetzt.

Was ist das für eine Welt?

Erste Spuren geheimer Aktivität finden sich bereits in den vierziger und fünfziger Jahren. Bald vereinnahmte der CIA das Gebiet für sich, um fortschrittliche Geheimflugzeuge zu testen. Dort liegt auch die Wiege der Tarnkappen-Technologie! Technologie zur Unsichtbarmachung! Das Land wurde immer mehr abgeschottet, und bald entstanden zahlreiche Gebäude, Rollbahnen und gigantische Radaranlagen. Mittlerweile wurde bekannt, dass es in der *Schwarzen Welt* sogar zwei Anlagen gibt, die durch ein Bergmassiv getrennt sind: Die eine liegt im Osten davon und ist die berühmt-berüchtigte *Area 51* am Groom-Trockensee, die andere, im Westen des Bergzuges, ist die nicht weniger legendäre *S-4*-Installation am ebenfalls ausgetrockneten Papoose-See.

Schon früh hörte man Gerüchte, dass auf dem Gelände außerirdische Flugscheiben getestet werden, in deren Besitz die US-Regierung oder, besser gesagt, eine geheime Splitterregierung nach dem viel zitierten Roswell-UFO-Absturz gekommen sei. Einige Forscher haben faszinierende Zeugenaussagen gesammelt und darüber soweit möglich berichtet. Vor allem die Schilderungen des Physikers Robert Scott Lazar haben eine ganze Menge Furore gemacht, denn sie enthalten unzählige Details. Seine Geschichte ist in etwa so facettenreich wie die von Preston Nichols und anderer Beteiligter des obskuren Montauk-Projektes. Ich kann sie hier unmöglich wiedergeben, aber für unsere Betrachtung genügen die Kernaussagen völlig. Lazar behauptet, er habe von Ende 1988 bis Mai 1989 auf S-4 gearbeitet. Dort gebe es in den Berg hineingebaute Hallen, deren Tore als natürliches Felsmassiv getarnt sind – so etwas wie eine moderne Variante der »Hallen der Aufzeichnungen«, in denen sich ungewöhnliche, geheime Gegenstände befinden. Auch im Fels von *S-4* sollen ungewöhnliche Dinge gelagert sein. Die Rede ist von neun (!) fliegenden Scheiben, Raumschiffen außerirdischer Herkunft. Lazar will sie selbst gesehen und an einer davon auch geforscht haben. Sie konnten nicht alle vom Roswell-Absturz stammen. Also, entweder handelte es sich um Prototypen, verschiedene Nachbildungen wie sie die Geheim-Regierung von den originalen Raumschiffen angefertigt hatte, oder aber sie stammten noch aus anderen Quellen. Ihr Alter ist unbekannt. Ich muss zugeben, wir werden die verflixte Zahl Neun nicht los. Wäre es nicht verrückt, wenn diese Flugmaschinen irgendetwas mit den neun Urgöttern zu tun hätten? Das ist sicher zu weit hergeholt, allein der Gedanke reizt, mehr auch nicht. Aber, mit Ägypten und dem Phänomen der Zeitreisen hat die Sache wohl einiges zu tun. Sie haben im übrigen ja schon gesehen, dass auch in Montauk offenbar außerirdische Technologie eine unabdingbare Hilfe für die Zeitreise-Experimente darstellte, die von einer heimlichen Gruppe betrieben wurden. Doch da gibt es noch mehr Gemeinsamkeiten.

Robert Lazar berichtete, seine Aufgabe sei es gewesen, die Art des UFO-Antriebs zu erforschen. Er will herausgefunden haben, dass das Raumschiff seine Energie aus einer Materie-Antimaterie-Reaktion bezieht. Ein Generator erzeugt Gravitationswellen, die von drei Verstärkern im Raum konzentriert und auf einen Zielpunkt gerichtet werden können. Der Effekt ist eine Veränderung im Raumzeit-Kontinuum, mit deren Hilfe der Berg gewissermaßen zum Propheten kommt. Das Raumschiff »zieht« sein Ziel also durch die Krümmung der Raumzeit an sich heran. Dadurch spannt sich ihr Gefüge wie ein Gummiband und reißt das Raumschiff anschließend wie durch ein Sternentor in Nullzeit zu sich herüber. Ein Steinschleuder-Prinzip also und eine gewagte These, die bei anderen Physikern in der Regel nur Kopfschütteln erntet.

Im Prinzip ist mir aber leidlich egal, ob Lazar mit den Einzelheiten dieser immerhin reizvollen und in sich logisch klingenden Idee nun wirklich den Nagel auf dem Kopf trifft oder aber Lichtjahre danebenklopft. Wesentlich ist vielmehr der Grundgedanke von raumzeitlichen Veränderungen, die, wie er sagt, auch dazu führen, dass die Raumschiffe aus einem gewissen Winkel betrachtet sogar unsichtbar zu werden scheinen und außerdem bei Tests in wirren Sprüngen über den Nachthimmel zucken. In Nullzeit erscheinen sie plötzlich an einem anderen Ort und führen Manöver auf, die unserer Physik eine Narrenkappe aufsetzen – oder vielleicht auch *Tarn*kappe! Die Raumschiffe beziehungsweise Flugobjekte von S-4 manipulieren die Raumzeit. Sie sind fliegende Zeitmaschinen. Wenn ich die Fakten und Gerüchte ansehe, wie sie über die Schwarze Welt nach außen gedrungen sind, erinnert mich das gesamte Gebilde mit seinen vielen Projekten an das morphogenetische Feld, an eine verborgene Ebene, auf der viele scheinbar getrennte Phänomene plötzlich miteinander verbunden sind und regelrecht verschmelzen.

Dieselbe Beobachtung machen wir im alten Ägypten oder in Montauk. Alles ist miteinander verbunden.

Auf *Area 51* finden neben den Experimenten zu einer utopisch fortgeschrittenen Flugtechnologie ebenfalls Mind-Control-Experimente statt, es geht dort unter vielem anderem auch um die Schaffung von Waffen für das dritte Jahrtausend, nicht-lethale Systeme, die unser Bewusstsein manipulieren und damit einen schleichenden Sieg erringen. Es geht im Prinzip um genau das, was bei Philadelphia und in Montauk begonnen und vielleicht schon verwirklicht wurde. Auch in der Öffentlichkeit gab es bereits schwache Zeichen für die neue Methode der Kriegsführung. So wurden schon im Golfkrieg ungewöhnliche Psychowaffen eingesetzt:

Ein Trupp von Irakern hatte sich in massiven Bunkern verschanzt und sollte nun von den Amerikanern zur Aufgabe bewegt werden. Die Situation war natürlich völlig festgefahren. Doch merkwürdig, am Himmel erschien ein Helikopter mit einigen ungewöhnlichen Aufbauten und flog über den Bunker hinweg. Daraufhin öffneten sich die Türen und die Iraker kamen mit erhobenen Händen und fast verklärten Gesichtern heraus. Zufall? Wieder einmal?

Ein britischer Journalist befragte Brigadegeneral Neil für den Sender BBC und wollte kurz vor dem Vorfall wissen, was man zu tun gedenke, um die Sache zum Ende zu bringen. Neil begann: »Wir setzen nun die psychologischen …«, brach dann aber den Satz sogleich mit einem etwas künstlich wirkenden Hüsteln ab, entschuldigte sich für die Unpässlichkeit und fing dann von vorne an: »Wir werden Hubschrauber mit Lautsprechern einsetzen und sie [die Iraker] durch Gespräche zum Herauskommen bewegen.« Die Formulierung, die er vorher benutzen wollte, war aber offenkundig eine andere, und die ging tiefer. Denn viel eher als ein paar gut gewählte Worte sollten demnach wohl technische Psychosysteme weiterhelfen.

Mind Control, Projekte wie *MK Ultra* und andere, werden zu einem immer wichtigeren Bestandteil im Arsenal »subtiler« Waffen. Wir sollten auch nicht übersehen, dass die sowjetischen Geheimdienste ebenfalls tief in der Gedankenkontrolle mittels Psychotronik steckten und dass gewisse Kreise sie immer noch praktizieren. Das altägyptische Ideal der völligen Beherrschung von Raum, Zeit und Materie, derer sich wohl bereits die Priester der Pharaonen bedienten, wird heute an den geheimsten Forschungsstätten der Welt von verschworenen Zirkeln praktiziert. Damals wie in der Gegenwart sind es die Eingeweihten und Mächtigen, die diese Prozeduren durchführen, fast wie in einer uralten Tradition. Mind Control hängt, wie wir schon gesehen haben, ziemlich eng mit Time Control, der Kontrolle der Zeit zusammen. Ich habe anklingen lassen, dass die Projekte auf Area 51 damit zu tun haben.

Und 1998 erfuhr ich von einer merkwürdigen Geschichte. Ich erhielt den Anruf eines Freundes, der mir erzählte, über einen »Mittelsmann« von einigen jungen Leuten erfahren zu haben, von denen einer ein ziemlich begabter Hacker war. Der wiederum hatte behauptet, über eine andere Militäranlage in ein geheimes Computersystem von Area 51 eingedrungen zu sein und ein sehr ungewöhnliches Dokument abgefangen zu haben. Der Hacker, der die Sache schon einige Zeit lang für zu »heiß« empfand und nichts mehr damit zu tun haben wollte, sei dann wenig später unter mysteriösen Umständen ums Leben gekommen. Doch das Dokument hatte er seinen Freunden bereits auf Diskette übergeben. Mein Kollege und ich hätten der Sache wohl weniger Bedeutung beigemessen, wenn sich nicht noch etwas recht Seltsames ereignet hätte. Mein Freund führte einige Gespräche über eine private Geheimnummer, die nur seine Familienangehörigen und ich besaßen. Andere Privatgespräche liefen über einen anderen Anschluss.

Einen Tag, nachdem ihn jener Mittelsmann angerufen hatte, und kurz nach dem ersten Gespräch mit einem der Jugendlichen, klingelte das Telefon auf der Geheimnummer. Am anderen Ende der Leitung meldete sich aber eine völlig unbekannte männliche Stimme! Der Fremde sagte dann ein paar sehr merkwürdige Dinge. So sei es das beste, den jungen Leuten die ganze Geschichte auszureden, denn das alles sei für sie viel zu gefährlich und die Welt für die Wahrheit noch längst nicht reif. Mein ziemlich überraschter Kollege fragte nach, mit wem er denn überhaupt das »Vergnügen« habe. Der Unbekannte sagte, er sei »Schmidt« [?] vom »Sicherheitsdienst«. Er sei bereits im Jahr 2088 gewesen und erklärte, schon in den Jahren 2008 und und 2020 würden sich wichtige Dinge ereignen.

Sein verblüffter Gesprächspartner notierte sich später den Verlauf des Gesprächs. Er schrieb unter anderem: »Der Mann sagte, wenn die Jugendlichen nicht sofort aufhören würden, in der Sache herumzubohren, müsse man sie ›isolieren‹. Als ich ihn darauf ansprach, was er mit ›isolieren‹ meinte, fragte er zurück, ob ich der Meinung sei, dass man einen Menschen mit Hilfe eines implantierten Mikrochips total kontrollieren könne. Er wiederholte auch mehrmals, dass die Menschen nicht bereit seien für die Wahrheit. Nachdem ich zu ihm sagte: ›Erzählen Sie

DREAMLAND			
Area 51 (Groom Lake)		**S-4 (Papoose Lake)**	
oberirdisch	unterirdisch	oberirdisch	»unterirdisch«
Testgelände CIA/Lockheed etc.	Mind Control Nachfolge von »MK Ultra«, »ARTICHOKE« u.ä.	Nur eng zeitbegrenzt aktiv, sonst *nichts* sichtbar. Hangars als natürliche Bergflanke getarnt.	Versenkbare Anlage auf Papoose. Möglicherweise auf runder Fläche Ø ca. 200 m
Radarreflektivität, Stealth, »Chamäleon-Technologie«	Fortsetzung der Forschungen von Montauk seit 1984, → S-4		Im Papoose Mountain: »UFO«-Technologie (ETI/TI) »Back-Engineering« = »Re-Konstruktion« der Einzelteile aus fertigem Fremdprodukt
Neue Antriebssysteme (Pulsantrieb PDWE)	»Stargate« → S-4 »Phoenix IV«		Fortsetzung von SI - III? Paperclip-Projekte Gravitationsantrieb
Flugzeugtechnologie (Spionage, Höhenaufklärer, Drohnen etc.) Aurora (Citizen Smart, Senior Citizen, 0603223F o.ä.) TR-3A usw.	Psych. Kriegsführung		Beeinflussung des Raum-Zeit-Kontinuums. Montauk-Forschung, »Stargate«, »Phoenix IV«
Nichtlethale Waffensysteme, psych. Warfare	Remote Viewing		
Paperclip-Projekte			
+	+	+	+

Diese Überblicks-Tabelle schlüsselt die Aufteilung von geheimen Projekten auf den beiden TOP-SECRET-Anlagen Area 51 und S-4 in Nevada, USA, jeweils in unter- und oberirdische Aktivitäten auf. Hervorgehobene Projekte sind definitiv nachgewiesen, normal gedruckte finden wahrscheinlich an den entsprechendeOn Lokalitäten statt; ihre Nennung fußt auf verschiedenen Indizien und Zeugenaussagen, teils auch aus dem militärischen Bereich. Die Pfeile verweisen darauf, dass die betreffenden Projekte wohl ebenso auf S-4 durchgeführt werden. »Paperclip« bezieht sich auf die bis heute in größeren Teilen geheime, gleichnamige Operation, bei der deutsche Wissenschaftler in die USA verbracht wurden, um dort ihre Forschungen im Dienste der Vereinigten Staaten weiterzuführen. Die Plus-Zeichen deuten an, das mit Sicherheit an allen vier Örtlichkeiten zahlreiche weitere, bislang unbekannte Projekte durchgeführt werden.

mir vom Jahr 2088!‹, entstand eine lange Pause, dann legte er auf.« Dieses Gespräch war für uns ein Grund, die Sache ernster zu nehmen und nicht nur als Ulk einiger Jugendlicher abzutun, die jene Geheimnummer natürlich auch nicht kannten. Bei dem von ihnen vorgeführten Dokument handelte es sich um eine verschlüsselte und ad actas gelegte Datei, also ein altes, überholtes Dokument. Erstellt wurde diese Datei offenbar *im Jahr 2006* für einen sich wiederholenden Funkruf, dessen Charakteristika von einer unbekannten Technologie herrühren. Das »alte« Dokument soll aber dem Archivierungsdatum zufolge im Jahr 2088 zu den Akten gelegt worden sein. Eine wirklich ungewöhnliche Geschichte!

Einer der Jugendlichen will weitere Einzelheiten herausgefunden haben. Seine Behauptungen werden aber von den anderen in seiner Gruppe angezweifelt. Er sagt, das nur in kleinen Teilen entschlüsselte Dokument enthalte zwei Zahlen-/Buchstaben-Kombinationen (1949 BA und 1963 SJ), bei denen es sich um alte Code-Bezeichnungen für Schlachtschiffe handle. Beide Schiffe seien verschwunden. Erwähnt wird auch der 65. Breitengrad, wobei aber nicht gesagt wird, ob nord oder süd. Ich bin gespannt, was sich bei den weiteren Recherchen an dieser ziemlich frischen Geschichte herausstellen wird.

Alles deutet geradezu zwingend darauf hin, dass das Montauk-Experiment *Phoenix III* nach dem Jahr 1983 in Fortsetzung der Stargate-Technologie auf die Area 51 und/oder S-4 verlagert worden ist und dort als *Phoenix IV* weitergeführt wird. Sollten wir »S-4« vielleicht als »Stargate-4« übersetzen? Bis heute bleibt die Bedeutung des Kürzels im Dunkeln, auch ist unklar, warum das benachbarte Gebiet ausgerechnet *Area 51* heißt. Wenn man von dort mit Stargate-Technologie auf der Suche nach altem Wissen auch ins Ägypten der Pharaonen reiste, wenn im übrigen diese Technologie einen engen Bezug zu den Pyramiden von Giseh hat, dann wäre die »51« allerdings schon verständlich. Denn das ist genau der »Pyramidenwinkel«. Die Flanken der Großen

Pyramide sind im Winkel von 51 Grad und 51 Minuten gegen die Horizontale geneigt. Aber das ist alles sicher nur Zufall. Wir könnten ja beispielsweise auch annehmen, dass die »51« zu Ehren der ausgerechnet 51 US-Soldaten gewählt wurde, die beim Raub des Nazi-Goldes in Frankreich ums Leben kamen, jenes Goldes, das zur Finanzierung der Stargate-Projekte verwendet worden sein soll.

Die *Schwarze Welt* ist auch als *Dreamland* bekannt – »Traumland«! Gäbe es eine bessere Bezeichnung? Auf dem Gelände arbeiten viele Rüstungs- und Technologie-Konzerne, Luftfahrtfirmen und Nachrichtendienste an supergeheimen Projekten. Der CIA war seit den ersten Tagen mit von der Partie, und er wählte die Firmen und Teams, die dort an superschnellen Aufklärern und Unsichtbarkeits-Technologie arbeiten sollten – Firmen wie Northrop und Lockheed. Auch verschwiegene Riesen wie EG&G, Raytheon, E-Systems oder Bechtel zählen zur verschworenen Elite. Vieles spricht dafür: Sie arbeiten eifrig am geheimsten Projekt der Welt – der Stargate-Technologie zur Beeinflussung von Raum und Zeit und damit auch der Menschheit. Bechtel ist übrigens einer der Hauptklienten von SRI International, jener mächtigen Corporation, die auch in Ägypten so fieberhaft forscht. Er war sogar aktiv an der Schaffung von SRI beteiligt. Der Bechtel-Konzern ist ein Spezialist in der Einrichtung von Untergrund-Anlagen und in der Ausführung von Tiefbohrungen.

Eine Zeit lang sah es sogar so aus, als würde Bechtel (nach EG&G) die »Geschäftsführung« von Area 51 übernehmen, Tatsache ist aber, dass dieser Konzern eine sehr wichtige Rolle dort spielt. Und er spielt auch eine wichtige Rolle in der Mind Control. Schon vor Jahren führte Bechtel eine merkwürdige Aktion durch, bei der in verschiedenen Downtown-Gebieten amerikanischer Städte Kabel verlegt wurden, deren Zweck nie klargestellt wurde. Sie dienten weder der Telekommunikation noch der Stromversorgung noch irgendwelchen anderen bekannten Aufgaben. Bechtel erklärte lediglich, diese Arbeit »für andere« zu tun, legte aber niemals offen, wer das war und was mit dieser Arbeit beabsichtigt worden war.

Der eigentliche Betreiber des Area-51-Komplexes ist unbekannt. Sicherlich ist es nicht nur einer. Ganz im Hintergrund scheint offenbar eine stets verborgene Gruppe Mächtiger zu stehen, die wir als die moderne Variante der Neun bezeichnen könnten, eine geheime oder heimliche Gruppe, die sich im Besitz eines weitreichenden Wissens über fremde

Technologien und die wirklich großen Zusammenhänge befindet. Sie muss so mächtig geworden sein, dass herkömmliche Regierungssysteme für sie keine Bedeutung mehr haben. Daher auch kam es gelegentlich zu Ereignissen, bei denen sich herausstellte, dass es Instanzen gibt, die jenseits der Gesetze der Vereinigten Staaten oder anderer Nationen rangieren und agieren. Hier sind alle üblichen Kräfte und Gewalten der Welt außer Kraft gesetzt. Diese Gruppe trägt viele Namen und ist damit letztlich – namenlos.

Von den eher greifbaren Mächten auf Area 51 habe ich eine sehr wesentliche noch nicht genannt. Es ist die Navy, die US-Marine. Wir wundern uns nicht darüber, denn sie ist ja auch in das Philadelphia-Experiment verstrickt.

Noch etwas zeigt im übrigen, wie nahtlos sich die Vorgänge aneinander reihen. Am 12. August 1983 ging das Montauk-Projekt dramatisch zu Ende. Bis zum Ausgang des Jahres war niemand mehr auf dem Gelände, und ein Sondertrupp, Black Berets, erhielt sogar den Auftrag, alles zu töten, was sich dort noch bewegte. Im Mai und Juni 1984 tauchte die Spezialeinheit auf dem Stützpunkt auf. Anschließend wurden alle Spuren beseitigt, die Hinweise auf die Ereignisse hätten geben können, wie sie sich dort zugetragen hatten. Wie es heißt, wurde das Projekt aber nicht wirklich abgeschlossen, sondern an einen geheimen Ort im Westen der Vereinigten Staaten verlagert.

Ziemlich zur selben Zeit geschah um Area 51 etwas Bemerkenswertes. Die Betreiber vereinnahmten rund 36 000 Hektar Land, ohne irgendjemanden zu fragen. Das war ein illegaler Akt. Eigentlich hätte erst einmal der Kongress informiert werden müssen. Doch das wiederum hätte viel Öffentlichkeit bedeutet, was niemandem auf der »anderen Seite« recht war. Irgendwie schaffte diese dunkle Seite es dann auch wirklich, dass der Kongress die Landnahme nachträglich ohne großes Murren und Knurren genehmigte. Das Land verleibte man sich eigentlich nur deshalb ein, um das geheime Gelände noch uneinsehbarer werden zu lassen. Offenbar startete also just 1984 dort ein gewaltiges Projekt, geheimer als alles bisher Dagewesene – *Stargate – Phoenix IV!*

So bleibt am Ende eine tief verschworene und kompliziert verwobene Konstellation: die Existenz einer irdischen, weltmächtigen Gruppe über allen Regierungen – die Existenz einer nichtirdischen Macht, die seit Urzeiten unter uns weilt – die Existenz von unheimlichen Projekten zur Kontrolle des Bewusstseins und der Raumzeit – und die mit allem zusammenhängenden Rätsel des alten Ägypten, hinter denen weit mehr steckt als nur die Phantasien überdrehter Forscher und Magier. All diese Hintergründe und Querverbindungen sollen in engen Kreisen gehalten und vernebelt werden, denn die Stargate-Verschwörung betrifft die größten Geheimnisse dieses Planeten.

Es gibt wirklich viel zu vertuschen.

Doch nichts, was unter den wachenden Augen von Horus und Rê geschieht, kann auf ewig verborgen bleiben!

Anhang

Literatur

Allen, Marcus:
Giza: The Truth
o.O., 1999

Arndt, Helmut:
Johann Ludwig Burckhardt. Entdeckungen in Nubien 1813–1814
Tübingen, 1981

Baigent, M. & Leigh, R.:
Der Tempel und die Loge – Das geheime Erbe der Templer in der Freimauerei
Bergisch-Gladbach, 1999.

Bailey, Foster:
The Spirit of Masonry
Tumbridge Wells, 1957

Bauval, R. & Gilbert, A.:
The Orion Mystery
1995

Berlitz, C. & Moore, W.:
Das Philadelphia-Experiment
München, 1982

Blavatsky, Helena P.:
Isis Unveiled. A Master-Key to the Mysteries of Ancient and Modern Science and Theology
New York, 1877

Bourbon, Fabio:
Ägypten – gestern und heute
Lithographien und Reisetagebuch von David Roberts, o.O., o.J.

Brackman, Arnold C.:
Das Leben des Tutanchamun
Augsburg 1998

Breasted, James H.:
Ancient Records of Egypt. I. – IV
Chicago, 1906

Brier, Robert:
Zauber und Magie im alten Ägypten – Geheimes Wissen und Totenkult im Pharaonenreich
Bern – München, 1991

Brunner-Traut, E.:
Altägyptische Märchen
Reinbek, 1991

Brunton, Paul:
Geheimnisvolles Ägypten
Zürich, 1951

Carmin, E. R.:
Das schwarze Reich –
Geheimgesellschaften und
Politik im 20. Jahrhundert
München, 1999

Carter, Howard:
Tut-ench-Amun –
ein ägyptisches Königsgrab
Leipzig, 1927

Ceram, C.W.:
Götter, Gräber und Gelehrte im Bild
Klagenfurt, o.J.
Götter, Gräber und Gelehrte
Hamburg, o.J.

Champdor, Albert:
Das ägyptische Totenbuch
Bern – München – Wien, 1977

Clayton, P. A.:
Die Pharaonen
Augsburg, 1998

Curic, Anton:
Die Medizin der Pharaonen –
Heilkunst im alten Ägypten
Eltville/Rhein, 1999

Daniel, Glyn (Hrsg.):
Lübbes Enzyklopädie der Archäologie
Bergisch-Gladbach, 1980

Darlington, David:
Area 51 – The Dreamland Chronicles
New York, 1997

Darlton, Clark:
Die neun Unbekannten
Rastatt 1983

Desroches-Noblecourt, Christiane:
Tut-ench-Amun –
Leben und Tod eines Pharao
Frankfurt/M. – Berlin – Wien, 1963

Doblhofer, Ernst:
Zeichen und Wunder – Geschichte
und Entzifferung verschollener
Schriften und Sprachen
Augsburg, 1990

Dosch, Reinhold:
Deutsches Freimaurer-Lexikon
Bonn, 1999

Edwards, I. E. S.:
The Pyramids of Egypt
Harmondsworth, 1993

Fagan, Brian M.:
The Adventure of Archaeology
Washington, D.C., 1985

Fahkry, A.:
The Pyramids
Chicago, 1961

Fanthorpe, L. & P.:
Rennes-le-Château –
Its Mysteries and Secrets
Ashford, UK, 1991

Fawcett, L. & Greenwood, B.:
The UFO Cover-Up –
What the Government Won't Say
New York, 1992

Fiebag, Johannes:
Sternentore
München, 1996

Flinders Petrie, W. M.:
Tanis – Part I., 1883 4.
Second Memoir of the
Egypt Exploration Fund
London, 1885

Frisell, Bob:
Zurück in unsere Zukunft –
Die Merkaba: Ein Schlüssel zu
den höheren Dimensionen
Peiting, 1999

Göll, Hermann:
Illustrierte Mythologie
1873

Goodrick-Clarke, Nicholas:
The Occult Roots of Nazism
London, 1985

Griaule, M. & Dieterlen, G.:
Le renard pâle
Paris, 1965

Grimberg, Carl:
Große illustrierte Weltgeschichte – Band 1: Das alte Ägypten und seine Nachbarvölker
Amsterdam, 1975

Haase, M. & Sasse, T.:
Im Schatten der Pyramiden
Düsseldorf, 1997

Haase, Michael:
Die Rätsel des Cheops
München, 1998
Im Zeichen des Re
München, 1997

Habeck, Reinhard:
Das Unerklärliche
Wien, 1997

Haich, Elisabeth:
Einweihung
o.O., 1997

Hassan, S.:
Excavations at Giza. IV
Cairo, 1943

Hoagland, Richard C.:
The Monuments of Mars: A City on the Edge of Forever
Berkeley, 1996

Hornung, Erik:
Das Totenbuch der Ägypter
Düsseldorf/Zürich, 1998

Howard-Vyse, R.:
Operations carried out on the Pyramids of Gizeh. I.-III.
London, 1840-1842

Hurry, Jamieson B.:
Imhotep – The Vizier and Physician of King Zoser and afterwards the Egyptian God of Medicine
Oxford, 1928

Hurtak, J. J.:
Die leitende Hand
Vortrag, 1982
The Book of Knowledge: The Keys of Enoch
Los Gatos, 1977

Jacq, Christian:
Das Tal der Könige
München, 2000

Joseph, Frank:
The Lost Pyramids of Rock Lake
St. Paul, 1992

Keys, David:
Discovery at pyramid was accidental
In: The Independent, London, April 16, 1993
Intact Chamber found in the Great Pyramid
In: The Independent, London, April 16, 1993

Kin, L.:
Gott & Co. – Nach wessen Pfeife tanzen wir?
Wiesbaden, 1994

Kolpaktchy, Gregoire:
Das altägyptische Totenbuch
München, 1998

Lasseur, M. & Grandadam:
Ägypten
Köln, 1998

Leblanc, C. & Siliotti, A.:
Nefertari – Ausgrabungen im Tal der Königinnen
Augsburg, 1998

Leca, Ange-Pierre:
Die Mumien – Zeugen ägyptischer Vergangenheit
Düsseldorf – Wien, 1982

Lehner, Mark:
The Complete Pyramids
London – Cairo, 1997

Marckowiak, Bernhard:
Atlantis
Stuttgart, 1997

McGourty, Christine:
Portcullis blocks robot in pyramid
In: The Daily Telegraph, London, April 7, 1993

McNeil, George:
Wohnstätten der Götter
Hanau, 1992

Mendelssohn, Kurt:
Das Rätsel der Pyramiden
Bergisch-Gladbach, 1974

Menninger, Bonar:
Mortal Error – The Shot That Killed JFK
New York, 1992

National Geographic Society (Hrsg.):
Ägypten – Schatzkammer der Pharaonen
Augsburg, 1998

Nichols, P. B. & Moon, P.:
Rückkehr nach Montauk – Abenteuer mit der Synchronizität
Peiting, 1995
Das Montauk-Projekt – Experimente mit der Zeit
Fichtenau, 1994
Pyramiden von Montauk – Erforschung des Bewußtsein
Peiting, 1996

Nuttall, Nick:
Secret Chamber may solve pyramid riddle
In: The Times, London, April 17, 1993

Patton, Phil:
Travels in Dreamland – The Secret History of Area 51
London, 1997

Perring, J. S.:
The Pyramids of Gizeh. I. – III.
London, 1839–1842

Posener, Georges:
Knaurs Lexikon der ägyptischen Kultur
München, 1978

Priese, Karl-Heinz:
Das Gold von Meroe
Mainz am Rhein, 1992

Puharich, Andrija:
The Sacred Mushroom – Key to the Door of Eternity
Garden City, 1974

Reisner, George A.:
The Development of the Egyptian Tomb Down to the Accession of Cheops
Cambridge, 1936

Schmidbauer, W. & vom Scheid, J.:
Handbuch der Rauschdrogen:
München, 1997

Schmitz, M. G.:
Bad Schwalbach, Lord Carnarvon und das Grab des Tut-ench-Amun
Kelkheim, 1999

Schul, B. & Petit, E.:
Die geheimnisvollen Kräfte der Pyramide
München, 1978

Settgast, Jürgen (Red.):
Tutanchamun. Katalog der Ausstellung im Ägyptischen Museum, Berlin
Mainz am Rhein, 1980

Stadelmann, Rainer:
Die ägyptischen Pyramiden
Mainz, 1991
Die großen Pyramiden von Giza
Graz, 1990

Temple, Robert K. G.:
The Sirius Mystery – New Scientific Evidence of Alien Contact 5,000 Years Ago
London, 1998

The Book of Mormon
Salt Lake City, 1981

Tompkins, Peter:
Cheops
München – Zürich, 1979

Toth, M. & Nielsen, G.:
Pyramid Power – Kosmische Energie der Pyramiden
Freiburg i. Br., 1977

Tworuschka, M. & Tworuschka, U.:
Religionen der Welt – Grundlagen, Entwicklung und Bedeutung in der Gegenwart
Gütersloh – München, 1992

Vallée, Jacques:
The Invisible College – UFOs, the Psychic Solution
New York, 1975

Vandenberg, Philipp:
Auf den Spuren unserer Vergangenheit – Die größten Abenteuer der Archäologie
München, 1977
Der Fluch der Pharaonen – Moderne Wissenschaft enträtselt einen jahrtausendealten Mythos
Bern – München, 1973
Nofretete, Echnaton und ihre Zeit
München, 1978
Ramses der Große – Der Pharao der Bibel, Gottkönig Ägyptens
Bergisch-Gladbach, 1980

Verner, Miroslav:
Die Pyramiden
Hamburg, 1999

von Däniken, Erich:
Der Jüngste Tag hat längst begonnen
München, 1995
(Hrsg.): *Neue kosmische Spuren*
München, 1992

von Rétyi, Andreas:
Geheimbasis Area 51 – Die Rätsel von Dreamland
Rottenburg, 1998
Wir sind nicht allein!
München, 1994

Wallenwein, Eckhard H.:
Das altägyptische Universum
Heidelberg, 1995

Whitehouse, D. & R.:
Lübbes archäologischer Weltatlas
Bergisch-Gladbach, 1976

Wildung, D.:
Ägyptische Malerei – Das Grab des Nacht
Weyarn, 1997

Wood, David R.:
Genisis –
The First Book of Revelations
Southborough, UK, 1985

Zauzich, Karl-Th.:
Hieroglyphen ohne Geheimnis
Mainz am Rhein, 1980

Anhang

Index

A

B

C

U

V

W

Y

Z